西学大家系列

黄忠品　黄巍　王银瓶　编译

Alfred C. Kinsey

金赛　学术自述

【美】阿尔弗雷德·金赛　著

天津出版传媒集团

天津人民出版社

图书在版编目(CIP)数据

金赛学术自述 / (美) 阿尔弗雷德·金赛著；黄忠晶, 黄巍, 王银瓶编译. -- 天津：天津人民出版社, 2016.8
(西学大家系列)
ISBN 978-7-201-10572-7

Ⅰ. ①金… Ⅱ. ①阿… ②黄… ③黄… ④王… Ⅲ. ①金赛, A.C.(1894-1956)-自传 Ⅳ. ①K837.126.2

中国版本图书馆 CIP 数据核字(2016)第 147489 号

金赛学术自述
JINSAI XUESHU ZISHU

[美]阿尔弗雷德·金赛著　黄忠晶 黄巍 王银瓶 编译

出　　版　天津人民出版社
出 版 人　黄　沛
地　　址　天津市和平区西康路 35 号康岳大厦
邮政编码　300051
邮购电话　(022)23332469
网　　址　http://www.tjrmcbs.com
电子信箱　tjrmcbs@126.com

责任编辑　岳　勇
装帧设计　汤　磊

印　　刷　高教社(天津)印务有限公司
经　　销　新华书店
开　　本　880×1230 毫米　1/32
印　　张　8.875
插　　页　2
字　　数　220 千字
版次印次　2016 年 8 月第 1 版 2016 年 8 月第 1 次印刷
定　　价　30.00 元

目　录

前　言

　　阿尔弗雷德·金赛(Alfred C. Kinsey),1894 年 6 月 23 日出生于美国新泽西州霍波肯市。1914 年到 1916 年在鲍登学院学习生物学和心理学。1919 年 9 月获哈佛大学授予的生物学博士学位。1920 年 8 月在印第安纳大学动物学系任教,1929 年为正教授。他在生物学实验和分类学研究方面成就卓著,获得很高的学术声望。1937 年,他被《美国科学家》列为杰出的科学家之一。

　　正当金赛教授的学术事业蒸蒸日上的时候,他的学术兴趣发生了一个根本改变。1938 年,印第安纳大学女学生联合会的代表要求学校为那些已婚或打算很快结婚的学生开设一门有关性方面的课程,校方同意了学生的要求,并认为金赛教授是担任此课程最合适的人选,将这一任务派给了他。当然,金赛本人也乐意主讲这一课程,此前他已经意识到自己在关于人类性行为方面的知识还很欠缺,搜集了不少这方面的书籍并深入研读。

　　在准备讲课材料的同时,金赛感到,现有的关于人类性行为的有用数据资料极少,许多研究不是泛泛而谈,就是带有先入为主的偏见,或者有根据的个案数量十分有限。有越来越多的学生向金赛谈到自己性方面的难题。他意识到,学生的这些信息是十分有用的,于是他开始主动进行个案访谈,将访谈的内容记录下来。1938 年 7 月,金赛开始获得第一个个案的性历史。到后来,他的全部精力都花在这一新的调查研究上。调查范围从上他课程的学生扩展到其他学生、教职员、朋友,然后是学校外的人员。到 1940 年,他已对芝加哥和印第安纳波利斯的不同社会阶层进行了广泛的个案访谈调查。这时他对自己今后一生的研究目标也已确定：就是获得美国人口性生活历史中有代表性的样本，并作出科学分析。

金赛的调查研究引起全国调查委员会性问题委员会的注意。1941年，通过这个委员会，金赛获得来自洛克菲勒基金会医学部的第一笔资助基金。这一资助使得金赛可以建立一个调查班子，扩大调查范围，加快搜集数据资料的速度。到1947年，金赛调查的个案已达12000多人。

在开始调查研究的头两年，金赛和他的调查班子遇到不少麻烦，有时甚至是危险。有些医学团体状告他们无证行医；还有警察干涉他们的调查活动，并要求印第安纳大学停止这一研究，将金赛开除出学校。这一调查研究能够坚持进行下去，主要在于金赛为科学献身的不屈不挠的精神，再就是印第安纳大学对金赛的坚定支持。

1947年，金赛发起成立了性调查研究所，它是一个非营利性质的公司。成立这一机构的实际目的是，为了明确调查访谈记录的所有权，确保访谈记录的秘密不受侵犯，以及对于即将出版的著作版税所有权的保护。

1948年，金赛第一个调查研究报告《人类男性性行为》出版，立即在社会公众中产生巨大反响。1953年，他的第二个报告《人类女性性行为》出版，反响同样巨大，甚至在某种程度上说是更加巨大的反响。没有哪个科学调查研究报告能像金赛的这两个报告一样，在社会公众中引起如此巨大的轰动。当时有评论者将它的效应比之为原子弹爆炸。一时间它成了美国最畅销的书，"金赛报告"家喻户晓，金赛的名字成了性研究的同义词。

1954年，由于受到种种压力，洛克菲勒基金会终止了对金赛性行为科学研究的资金支持，只有全国调查委员会仍然坚持对金赛的支持，但所能给的资金只有三五千美元。在这样困难的条件下，金赛继续他的现场调查研究工作，同时通过演讲等方式来为自己的研究作宣传和寻求资金支持。由于过度劳累,终因心脏病发作于1956年去世。

金赛去世后,性调查研究所沿着金赛努力的方向继续前进,先后出版《怀孕、分娩和流产》(1958年)、《性犯罪者:一种类型分析》(1965年)、《金赛数据》(1979年)等。1982年,性调查研究所冠以金赛二字,以表示对这位创始者的纪念和敬意。

金赛对于人类性行为调查,采用的是个案访谈方法。在金赛以前的同类性调查中,个案访谈人数都很少,一般是几十人,最多的也只有300人。金赛性调查的规模是其40倍以上。金赛认为,如果要想获得整个美国人口的性行为基本信息,样本太小、个案太少是不可能达到这一目的的。个案人数充足的样本是科学调查的必要条件。他设想的样本人数是10万,计划的时间是28年。就其规模而言,金赛的个案访谈调查不仅可以说是前无古人,也可以说是后无来者。至今尚未闻有规模超过金赛的性行为个案访谈调查。

不仅在规模上,而且在调查的指导思想和方法上,金赛的个案访谈调查也都有以前的同类调查不曾具有的特点。金赛在报告中对他的调查研究的性质作了说明:"这是一个对人类性行为所有方面的研究,而不是一个内部分离的实体,它不是一个生物学方面的研究,不是一个心理学方面的研究,也不是一个社会学方面的研究。人类动物的性活动可能是许多学科所关注的,而每一个案中的行为应该被理解为几个事实同时发生的统一体。"这一调查研究的性质是建立在对于人类性行为的总体认识之上的:"人类动物的性行为是其形态学和生理学组织机构的结果,是其经历所带来的条件作用的结果,是其生命和非生命环境中所有力量的结果。就学术理论而言,这包括生物学、心理学和社会学等因素;然而所有这些因素是同时起作用的,其最终产物是一种单个统一的现象,实质上不仅仅是生物学的、心理学的或社会学的。"

因此,金赛在确定自己调查班子的成员时有意识地选择了不同专业背景的人：人类学、生物学、心理学、社会学等。有些人认为金赛只是从动物学的角度来研究人类性行为，只是注意人类性行为的动物机能方面，这是对金赛最大的误解。金赛的这一调查研究是跨学科的、综合性的，甚至很难说他更重视哪个学科。或者说，他认为每一种因素都是同样重要的，忽视了其中任何一个都会对总体研究造成影响。金赛对自己调查研究性质的定位具有开拓性的意义，他是真正意义上的性行为科学的创始人。

金赛在报告中多次强调了他的调查研究的客观真实性。他说："本调查包括所有种类的人和人类性行为的所有方面。在对个案历史作选择或在记录它们名称的选择上没有任何先入为主的偏见：不预先确定什么是罕见的或什么是普遍的；什么是道德的或有社会意义的，或什么是正常的和什么是不正常的。"金赛明确指出，以前出版的许多关于性的研究，明显地将道德价值、哲学理论和科学事实混为一谈。这些研究的兴趣在于将性行为划分为或好或坏、或正常或反常等类型，然后作出普遍适用的结论，并以此为社会问题开处方，而实际上它们远离了客观求实的科学态度。他认为自己的做法与这些研究有本质的区别。在整个调查研究过程中，金赛十分注意将人们的各种偏见同真实情况区别开来，将人们对自己行为的主观认识同客观事实区别开来。

金赛认识到，落实到单个个体，偏见或主观态度是不可避免的，而作为一个调查研究者，则应该将这种主观态度从客观事实中剥离出来，尽可能地剔除各种偏见成分。为此，金赛在设计调查过程时想了许多办法。例如，为了让被访谈对象能够毫无顾虑地说出事实真相，金赛采取了严格的保密措施，作出郑重的保密承诺。调查者采用密码记录，没有可以被盗取的密码钥匙，只有六个实际获取调查对象性历史的人知道密码的一部分，而且仅仅四个人在写作调查报告时才可能得到全部密码，而其他所有工作人员都不知道密码。金赛调查的保密工作做得如此之好，在10年中对12000余人的个案访谈过程中,没有出现一例泄密事件。

又如,金赛对调查者提出许多要求,总的一条就是,在访谈时要抛弃自己的任何偏见,克服自己的局限性,不先入为主地认定任何东西的性质,善于理解并非自己所属的各种社会阶层的态度、习惯和作为,不用语言、肢体动作或面部表情来给访谈对象任何暗示和压力,以确保对方可以完全自由地、不受任何干扰地表达自己的意思。

再如,金赛为了检验获得数据的客观真实性,采用了许多方式。其一,对已经访谈过的对象,经过较长一段时间后再次进行访谈,提出同样一些问题,并比较两次回答的结果;其二,对同为调查对象的夫妻双方的访谈结果进行比较,以判定数据的真实性;其三,对准确性进行交叉核查,即对从几种不同渠道获得的材料进行比较对照,以确定数据的准确程度;其四,将通过对象回忆获得的数据与直接观察获得的数据进行比较对照,以确定数据的准确程度;其五,将数位调查者对同一个对象的访谈数据进行比较对照,以确定可能有的误差和相关数据的准确性;其六,将同一个调查者不同时期的调查数据进行比较对照,以确定调查者调查技巧的稳定程度,以及由此带给数据准确性的影响;其七,将通过长远回忆获得的数据与当下记忆获得的数据进行比较对照,以确定数据的准确程度;其八,将从两代人那里获得的数据进行比较对照,以确定数据的准确性;等等。

金赛报告的另一特点是实事求是,"知之为知之,不知为不知"。在有充足数据资料作出明确论断和一般结论的地方,金赛是说得十分肯定的。另一方面,在不少地方,金赛都表示,他对某一现象还无法作出解释;由于样本数量不足,他的某一结论不是普遍适用的;由于样本数量太少,他无法作出进一步分析;他的某一观点只是一种猜测,还缺乏数据支撑;等等。他说:"应该建立一个重要原则:除非已经对所发生的现象有充分了解,否则就应该避免去作分类,特别是如果这种划分反映的不是起源于科学的评价。"

金赛报告的又一个特点是,彻底抛弃那种非此即彼的僵硬思维,很好地协调了坚持归类与承认变异、坚持规则与采取灵活性的关系，将个案访谈的优点发挥到极致，而将其不足降低到最小。金赛在调查中采用了6种方式分类(准备以后采用12种方式分类)，建立了一整套明确严谨的操作规则，将同质的人口进行比较，克服了以前的研究笼统含混地计算性行为数据的缺陷。他拟定的数百个研究项目都是有确切内涵的，不会产生歧义或模棱两可的做法。另一方面，他又承认个体之间存在着巨大差异，每个人的情况都有其独特之处。在访谈过程中调查者的工作应该富有创造性，在不违背规则的情况下，尽可能多地吸纳所有的信息。金赛调查的样本中有两例个案：一个身体健康的男子，30年中只有一次射精；另一个同样身体健康的男子(他是一个学者和很有能力的律师)，30年来保持着平均每星期射精30次以上的活动频率。金赛说，这只是他获得的样本中数以千计的巨大差异的一个例子。这样的两个人可能生活在同一个城镇，可能是邻居，可能因为某个事务在同一个地方碰面，可能一起参加社会公共活动；他们在社会组织中可能是同样重要或同样不重要，而那些不知道他们性历史的亲密朋友会把他们看成类似的人。

在金赛看来，承认个体性活动的差异是具有重大社会意义的。通常的道德规则、社会体制、婚姻习惯、性法律以及教育和宗教体系大都是建立在一种假定的基础上：个体在性方面是很类似的，因此他们应该将自己的行为限制在这些社会规范所要求的单一模式之中。实际上，许多社会问题就是在这两个方面的冲突中产生的。

在确定同性恋的问题上特别可以看出金赛对那种非此即彼的思维方式的反对。他明确指出："任何关于世界上有多少人是同性恋者，多少人是异性恋者这类问题是不能回答的。"因为这样说太笼统。实际上有较多的人既有同性恋倾向，也有异性恋倾向，无法将他们简单归类。以前的一些研究者只知道要统计那些"真正的同性恋者"，但什么是"真正的同性恋者"，他们也不清楚。金赛的做法则完全不同，他按照人们反应和行为的不同程度，从完全的异性恋到完全的同性恋，一共分为 7 个等级，然后再以这一套分类标准来进行异性恋和同性恋情况的统计，最后得出的数据使人一目了然。

立足于充分数据和具体分析之上，在关于女性性行为方面，金赛对以前一些似乎是已成定论的说法包括某些权威的看法进行辩证，提出自己新的观点。例如，有一种广为流传的观点认为，女性的性反应速度比男性要慢，这是先天的，是男女两性在生理上的差异所致。金赛反驳了这一说法。一个有力的证据就是，在自慰达到高潮的速度上，男女之间几乎没有差别。记录显示，女性平均不到 4 分钟就可以在自慰中达到性高潮，男性达到性高潮的自慰平均也需要 2 到 4 分钟。另一方面，在性行为中，女性通常的反应速度确实比男性慢，一般要 20 分钟或更长时间来达到性高潮。但这并不是女性的生理特征造成的，而主要是因为通常的性行为方式在刺激女性上没那么有效，这种无效性在很大程度是由于男性不了解男女两性在承受心理刺激方面的差异而造成的。

人们通常认为，女人比男人衰老得快，在性能力上更是如此。然而金赛调查用大量数据有力地说明，情况并非如此。女性单独的性活动如自慰和达到高潮的性梦频率逐渐升高到最大值，然后一直维持这个水平直到 55 岁或 60 岁以后才下降。由于女性自慰在很大程度上是她自己的选择，这种性活动的频率是最好的衡量女性性兴趣和性能力的标准。与此相对照，男性性活动在青春期达到顶点，然后逐渐下降到老年。从性能力上看，数据表明，在先于青春期加速发展的那些年是能力的最高点；而实际活动的最高点则是在 15 岁左右或更晚一点；未婚男性在 16 岁到 18 岁之间性活动频率处于最大值，已婚男性在 16 岁到 20 岁之间性活动频率达到最高点。这样看来，情况恰恰相反，在性能力方面是男性而不是女性衰退得更早。

金赛还对所谓的女性"性冷淡"提出质疑。女性不能被性激发或在性行为中不能达到高潮通常被专业人士称为"性冷淡"。金赛说，他不喜欢这个词，因为它包含在性功能方面不愿意或无能力的意思。他认为,在大多数情况下,这些含义都是错误的。尽管个体确实在反应程度上表现出差异,但是否有性能力的完全缺失,这本身还是一个问题。总的来说,女性和男性对所有能造成性反应的身体刺激有同等的性反应。具体数据表明,大多数女性在被充分刺激并对自己的活动没有拘束感的时候,她的性反应并不比大多数男性慢。女性可能不是那么经常地被心理刺激所激发;但如果有足够的身体刺激,所有的女性都能在生理上有性反应并达到高潮。对于那些看来似乎完全没有性反应的女性,金赛认为,在她们身上没有任何证据可以表明,一旦抛掉束缚,她们还不能有性反应。他列举了一些例子。一位女性在和丈夫结婚 28 年之后,才有了自己的第一次性高潮。也有一些女性在结婚离婚 2 次、3 次甚至 4 次后,才终于能在性行为中达到高潮。任何人对这样的女性在达到高潮前的经历作研究,都会认为她们性冷淡或根本不能有性反应;但她们后来的反应证明了情况并非如此。事实上,在这些例子中,原先没有性反应的女性会在性交中变得有性反应,达到高潮甚至是多次高潮。金赛指出,大多数没有性反应的女性需要临床医生的帮助,来克服心理障碍和其他许多造成不能性反应的束缚。因此,要解决"性冷淡"问题,就不能把它看成某些女性内在的生理缺陷,而应该把它看作一种人为的环境。

在对男女性行为进行比较时,金赛认识到,在犹太—基督教文明的传统背景下,美国社会充满了对女性的歧视和偏见,在这种男女比较上有着太多的错误观念。金赛说:"我们这些研究者自然也很难摆脱这些根深蒂固的偏见,在比较两种性别时也不可能像研究那些不太跟人直接相关的课题那样完全客观。但是我们确实积累了很多数据,尽最大可能避免任何先入为主的观点并尽量作出与这些数据相适应的解释。"金赛用了"战战兢兢、责任重大"八个字来形容他进行这一工作时的心态。

金赛做这种男女两性比较工作的目的,是为了让双方能真正互相了解。他说:"要延续人类社会,必须两种性别的人共同起作用。除非男女两性能真正了解对方,而不是把对方想象成他(她)们所希望的样子,否则他(她)们就永远无法更好地相处。如果我们继续被长久以来关于男女两性相似之处、特征及差异的胡言乱语所蛊惑,两性之间的关系,特别是性关系,就永远无法得到改善。"金赛的调查报告从解剖学、生理学、心理学、神经机能、激素因素等方面对男女两性的性反应和性行为方式之异同作了全面深入的比较研究,得出了许多重要结论。

金赛特别谈到,科学家有研究的权利,而他一旦投入研究活动之中,就同时负有义务,即让人们知道他的研究工作,共享其研究成果。对于研究人类性行为的科学家来说尤其是这样,因为这一研究与那么多人的生活息息相关。他把这称为"个体知情权"。大多数女性和男性、青少年甚至是青春期前的孩子,往往会面临许多性问题,如果有更多性知识就可能解决这些问题。因此金赛希望自己的研究成果能够广为人知,他反对少数人垄断性知识的做法。他对自己的调查报告"成为这个国家甚至是全世界千万人思考的对象"而感到高兴。怀着跟金赛同样的愿望,我们编译了这本书。本书是从金赛篇幅巨大的调查报告中撷取那些最能反映其学术个性、研究思路和调研成果的内容,分为若干主题编排而成。

作为纯粹的科学调查报告, 金赛的著作为什么一出版就成为最畅销的书呢?最根本的原因是人们通过金赛报告看清楚了自己。此前人们并非不知道自己在做什么, 但他们不知道这个社会中有多少人也这样做,或者有多少人不这样做。有许多人甚至以为只有他一个人是这样做的,特别是自慰、婚前性行为、婚外性行为、同性恋等社会禁忌的活动。许多人发现,人们在公开场合表示的态度与他们的实际行为之间差距之大,甚至达到难以想象的程度。这些公开表示的东西遮蔽了事实真相,而金赛通过自己坚持不懈的长期努力,通过科学调查研究,将事实真相揭示出来。而人们是需要了解真相的,也就是重新认识自己。

20世纪80年代,我在成为人文社会科学专业研究人员后,有一段时间曾专门探究性问题,主要读一些国外性学名著,包括金赛报告,也翻译了几本这方面的书。我觉得,国外这些研究成果对我们是很有用处的。金赛报告主要是对美国白种人情况的调查,其结论适用于美国多数人口,我们不应该将这些结论直接拿来用到中国人身上。另一方面,尽管人种不同、社会背景不同,同为人类,总有不少共通的东西;金赛报告对中国人认识自己的性行为,仍然富有启发意义。特别是他的研究方法,有许多地方值得中国性科学研究者借鉴。

最后对本书中两个词的译法作一点说明。一个是 masturbation,以前通行的译法是"手淫",明显带有一种道德评价,带有贬义或谴责的意味,不符合金赛使用这一词语的原意:他是不带任何道德评价的。因此,我们未采用这一译法,而采用了现在比较通行的译法"自慰"。不过这一译法也有问题:它较为委婉,也显得有些模糊,容易与一般意义上的"自我安慰"相混淆。直接的译法应该是(主要用手进行的)自我性刺激。但这一译法字数太多,似乎不像一个词。"自慰"的译法既然已经通行,在本书中这个词似乎也不会产生歧义,斟酌再三,我们最后仍然决定采用这一译法。不过书中这个词有时也用在对他人(或动物)用手进行性刺激上,这时还译成自慰就明显不通了。遇到这种情况我们都对译法作了相应处理。

另一个词是 erotic arousal。arousal 可译为觉醒、唤醒、唤起、激起、激发等,因此 erotic arousal 可译为性觉醒、性唤醒、性唤起、性激起、性激发等。这些译法的意思差别都不大,应该都可以用。我们也是再三斟酌,最后选定了"性激发"的译法。这只是从语感上觉得也许更好一些。

今年是金赛诞辰 122 周年,谨以此书作为对这位人类性行为科学开创者的纪念。

黄忠晶

2016 年 1 月 30 日于无锡静泊斋

一、关于我的研究工作

1.我研究人类性行为的缘起

我之所以进行这项研究，是因为在大学教生物学的时候，有成年学生向我请教关于性的问题，希望我作为一个科学家，可以给他们一些事实信息，供他们在探究性行为方式时作为思考的根据。这些学生可以从多个渠道获得是否采用某种特定性行为方式的建议，但他们发现，要获得严格意义上真实而不受道德、哲学和社会偏见影响的信息却要难得多。

我试图用我们对动物生物学的一般了解来回答这些学生提出的问题，但更多的答案需要到医学、心理学、神经学、社会学和其他希望能给出一个满意答案的学科中去寻找。但是，在寻找过程中，我们发现，对人类性行为的科学了解几乎比对人体所有其他功能的科学了解都要少。

对性反应和性高潮的基础解剖学或生理学研究看来是很不够的。生物学家和哲学家都把生育功能和性行为混为一谈，而且想当然地认为生殖器官尤其是外生殖器，是解剖学上唯一与这两种功能有关的部分。这比认为性反应来自于心脏的古老想法好不了多少。还有一些人认为性反应来自头脑，认为只要全神贯注，人就能控制性行为。现在我们知道，不仅外生殖器，事实上没有任何结构不是性反应的主要结构。迄今为止，为了试图解释性行为，我们所做的就像不知道消化器官的人想要理解消化过程、不知道肺和循环系统的人想了解呼吸功能一样弱智。

由于在研究性问题时通常会受到限制，科学家们犹豫着要不要对这一领域进行研究。个体对性的了解往往来自自身的经历，从有限的熟人那里得到的零星知识，以及逐渐增多但仍然有限的医学书籍。即使是临床医生关于人类性行为特征的知识，也主要是来自他们的临床经历，没有谁能确定临床病人的行为在多大程度上能够反映所有人的行为。心理学和精神病学的研究基于一些特殊类型的病人，临床医生通常更关注解决病人当时的病痛、调整他们的行为，而不是对完整的性历史进行系统积累。蔼理士、弗洛伊德以及其他一些欧洲先驱者在性研究方面有着里程碑式的贡献，但他们并没有对那些尚无性难题要寻求专业帮助的人们进行一般性的调查。

在20世纪的最初10年，俄罗斯的科学家曾试图调查非临床群体的性行为，美国在1920年前也有过类似研究。在20年代和30年代，凯瑟琳·戴维斯、汉密尔顿、迪金森、特尔曼和兰迪斯曾获取过普通群体中更为典型的个案性历史。其中一些研究是非常不错的，让我们获益匪浅，因为它们不仅证明了通过个案历史和访谈技术获取性数据的可能性，还展示了其优点。但15年前，我们赖以获得人类性行为数据的个体总数，要远远少于生物学家认为要了解任何其他物种变化所必需的数量。已公布的人类资料和我们最初的发现使我们清楚地了解到，人类性行为的变异要远远大于已知的人类解剖学或生理学的变异。因此，要对人类性行为变异以及造成这些变异的原因有一个完全清楚的了解，就必须要有取自各个不同群体的广泛的个案性历史。

在过去20年里，抽样理论和分析人口数据的统计方法有了很大进步。因此在各个领域，如在生物学、医学、经济学、生理学和社会学中，都越来越多地采用统计方法。对公众健康、公众观点和市场调查有兴趣的人已经研制出对人群广泛抽样的实用方法。我们可以借鉴他们的经验。当然在这个项目中，我们还面临着性研究所特有的问题。

因为能观察性行为的机会有限，而我们要获得延续多年的性行为的记录，所以必须依据数据中的个案历史材料。但我们想要获得的，是人类行为中多数人认为是私密的信息，是除了与亲密朋友外不会交谈的内容。另一方面，我们社会的道德观和法律与普通民众的实际生活并不相符，几乎没有人能公开谈论他们的性历史而不会惹上社会和法律麻烦。因此，我们无法使用理想的统计方法，或是遵循进行不像人类性行为那么私密复杂的调查时所采用的程序。

由于我们保证记录的秘密性，完全不对访谈对象的性行为作任何评判或试图纠正，迄今为止，我们已经获得来自不同群体抽样的 16000 多个历史记录。样本包括男性和女性；不同年龄段的从最年轻到年龄最大的人；受教育程度不同的人，从文盲到受过很少教育到受过最好教育的专业人士；属于不同职业等级和城乡背景的人；信仰不同宗教且信仰程度不同的人；生活在美国各地的人。虽然从很多方面来说，样本仍然是不够的，但与以前的研究相比，我们的样本已经是非常多样化了。

应该清楚地认识到，我们研究的最初目的是希望对一个原来了解并不多的领域有更多的了解。在这些年里，我们所获得的数据可能有助于理解一些社会问题，但这绝不是我们开始这项研究的最初目的。在科学史上，任何新的知识最终都可能有助于人类掌握物质世界。通常一些非常有用的调查成果在开始调查时似乎都没有什么实用意义。

另一方面，当研究局限于为当前的问题寻求解决之道时，研究者通常会受限于能马上应用的要求，而没有时间去研究问题的

基础方面。例如，在人类性行为领域中，对婚姻性生活和谐问题有
直接的抨击，但这些抨击都没有表现出可能有的力度，因为没有
人充分了解性反应的基础生理学，或者是男性和女性性反应的心
理差异。再举一个例子，根据正常与不正常之间未经证实的差别，
制定了针对性精神病患者的法律。但这些法律是不现实的、没有
执行力度的，同样也不能提供社会组织认为能够提供的保护。除
非我们对人类性行为的哺乳动物起源、性反应的解剖学和生理
学、我们之外的人类文明性行为方式以及影响儿童和青少年性行
为的因素有更多的了解，我们的临床实践和性法律才有效果。除
非法律和公众能给研究者以更充裕的时间来发现这些问题的基
础方面，我们才能最终解决自身的问题。

2.我们研究的进展

　　作为一个生物学教师，一些学生的情况使得我开始关注某些
性方面的问题。我对生物学、心理学、精神病学以及社会学的相关
研究作了调查，希望获得对这些问题的回答。结果是，作为一个分
类学家，我为这些研究的样本之不足而深感震惊：这些调查者显
然没有意识到，他们的一般结论是建立在这样少的样本之上，因
此是不可能得到证实的。只是由于偶然，一些个体在这里被研究，
另一些个体在那里被研究，下一个研究中有 40 个男性，而最细致
的个案历史研究中也只有 300 名女性。数量较大的样本仅仅在调
查问卷表的研究中得到运用，但在关系到性这样的对象时，这种
调查样本的有效性是值得质疑的。所有这些研究放在一起都不能
提供一个数量充足的样本，而这种样本对于科学的性研究是必要
的，这就像一个分类学家在研究一个植物或动物种类时不必为样

本之不足而烦恼,或者像一个研究民意的学者,在有把握描述公众看法或预测任何一部分人下一步的行为之前,手中掌握着数量充足的样本。性研究与昆虫研究有一个非常不同的规模数量要求,前些年在对瘿蜂类的研究中,我们可利用的黄蜂个体有 15 万只之多。

在许多已出版的关于性的研究中,明显地将道德价值、哲学理论和科学事实混为一谈。许多研究的兴趣在于划分性行为类型,发展广泛适用的结论,以及为社会运作开处方,而实际上它们远离客观事实的科学确定。这些情况仿佛在给出暗示,这里有一个绝好的机会,可以让我们像一个科学探测器那样去开始对人类性行为的研究。

在从事这样一个研究时, 会遇到比研究昆虫大得多的困难。搜集人类的数据要求我们学习新的技术,其中人类个性可能是需要我们去克服的障碍, 而人类记忆又是我们不得不利用的工具。对卷入人类行为中的因素分析是更加困难的,因为行为变异的来源要比昆虫结构特征的变异复杂得多。这样一种研究的复杂性构成了对我们科学能力的检验。以前的一些研究取得一定程度的成功表明, 至少有些人是可能被劝说去提供他们活动记录的;而我们同其他社会阶层的人有足够的接触,在城市社区、在农村地区、在边远地区以及在遥远山区,在那里我们搜集瘿蜂,从而使我们相信自己有能力去获得各种不同的人的广泛合作。在确定一个性历史应该包括什么的问题上,这个调查报告提供了一个很有价值的基础;而我们的心理学和生理学背景,使得补充的问题具有调查价值。一些亲密的朋友给了本计划以极大的鼓励。1938 年 7 月,我们开始获得第一个个案的历史。

要学会怎样去获得对象以及弄明白什么样的访谈技巧是最有成效的,这是一个缓慢的过程。教科书关于怎样进行一个访谈的指示实际上是没有什么用处的。我们在昆虫学领域工作中训练人们以及同他们打交道的经历,让我们能较好地赢得信任并获取诚实的回答。我们花了 6 个月的工夫去说服第一批 62 个人提供他们的情况。后来我们开始较快地获得对象,正像下面的记录所表明的那样:

个案历史总数量

年份	增加数	总计
1938 年(6 个月)	62	62
1939 年	671	733
1940 年	959	1692
1941 年	843	2535
1942 年	816	3351
1943 年	1510	4861
1944 年	2490	7351
1945 年	2668	10019
1946 年	1467	11486
1947 年(部分)	728	12214

我们发现,主要是由于本研究的情况在数万人中间被越来越广泛地传播开去,其意义得到越来越多的理解,也就有越来越多的人愿意提供他们的历史。经过数年努力,到现在要去寻求比我们已经掌握的更多的个案历史,是完全有可能的。第一批个案历史主要来自大学生,因为他们是最合乎要求的;但在第一年后,样本持续不断的扩展就开始覆盖人口的所有部分。要获得一个数量充足、描述到位的样本,甚至以 10 万名个案历史作为目标,对我们来说已经不再是一个难题。

在从事这个研究前,搜集与社会问题有关的人类行为数据通常被理解成与搜集科学材料无关的事情,因为科学材料很少直接影响人们的情感生活。在从事这一研究的第一年或第二年,我们一再受到警告:进行这一活动是有危险的,可能遇到特别的麻烦。我们碰到一些有组织的反对,主要来自一个特定的医学群体。该医学社团企图在一个城市状告我们无证行医，而警察也在两三个城市对我们的调查活动进行了干涉；在一个农村地区，一位警长对我们作了调查，并试图说服大学管理部门来中止我们的研究，或阻止我们的成果出版，或将本书资深作者从大学里开除出去，或建立一个由本研究引发的对所有出版物的审查制度。印第安纳大学管理部门对所有这些企图进行了抵制，坚决维护我们进行客观科学研究的权利，本计划的成功很大程度上应归功于这种保护。在一个城市，一个学校董事会的头头儿是一个医生，开除了一名中学教师，原因是这人在这个城市同我们合作获取个案历史，尽管他是在校外进行的。我们还受到其他一些法律活动的威胁、政治调查的威胁、审查制度的威胁，以及一些来自科学界同行的批评。这让我们觉得很有意思，因为由此可以观察到，古代传统和社会习惯是怎样深远地影响着那些甚至身为科学家、受过专业训练的人。

对我们调查研究的反对主要有两种类型。有些心理学家认为性行为主要是一个心理问题，一个生物学家是没有资格去作这样的研究的。有些社会学家觉得这一问题主要是一个社会问题，生物学家和心理学家都没有权利去作性研究。而在一些精神分析学家看来，除了精神分析学家，其他任何人来研究性行为都是不合适的。一个医生群体反对从临床实践中获得性历史，并认为所有这样的研究都应该在公益诊所医生内部进行。

第二种类型的反对来自一些科学家，他们承认对其他动物的性研究是合适的，但怀疑人类研究是否可能建立在像其他科学研究同样客观的基础上。他们认为在这一方面不可能建立起有效的数据，出版这些数据资料也是不合适的，因为社会并没有准备面对现实。各种各样的人，特别是那些负责性教育的人，主张人类性行为首先是一个感情问题，而科学研究不可能成功地测量出情感；如果有可能做出这样的测量，要出版这样的数据也是太危险了，至少在这 10 万个个案历史被搜集完整之前是这样的。有些劝告者对我们心怀善意而胆子有点小，他们建议，在我们的研究实际出版之前，应该一直保守秘密不让人知道。有几个科学家承认，这样一个研究应该是合乎需要的，但多少有些明确地表示，即使是作为科学家，在访问对象和分析数据时也应该作出道德评价。还有几位科学家朋友极力主张，本研究应该限定在"正常"性行为的范围之内，这样就不至于产生"正常和不正常行为之间，哪些是可接受的以及哪些是有效的"之类问题。

以上这些为自己的"科学"主张辩护的说法，没有一个像一位旅馆老板说得那样透彻，他在有意拒绝我们从该旅馆居住者获得性历史时说："因为我不希望在我的旅馆里有任何人精神上光着身子！"

我们确实搞不清楚，人们对这个研究的反对同沙漠、高山和峡谷以及有时我们在昆虫调查中要对付的怀有敌意的土著者相比，哪个对我们更有威胁一些。但这些干扰从没有对我们的研究造成实质性的延缓，因为总有一些人愿意合作，来反对少数企图干涉我们研究的人。我们这里已经有 12000 人对本项调查研究有充分的信任，以至于愿意提供他们的历史；而一旦我们有时间去作进一步访谈，还会有数万人随时准备来提供自己的历史。

在调查研究进行几年之后，这种种干涉大都过去了，总的来说，人们越来越理解我们这个覆盖所有个案历史的研究，它强调的是来自任何人和任何群体合作之上的明确记录。针对每一个科学家的干涉，马上就有数百名各个领域的其他科学家来给予帮助。

在从事这个研究前，我们只知道一些人在他们的朋友和邻居面前表现出的东西；而现在我们有机会去了解更多的东西，了解他们的满足和悲痛，以及了解他们的生活背景，这就大大增强了我们对还其本来面目的人们同情和接受的态度。

3.关于我们的两个调查报告

　　本书是一个关于人类性行为个案历史研究进展的报告。这一研究是在过去9年中进行的。这些年来，印第安纳大学发起和支持了本研究；在过去6年，这一研究得到全国性问题调查委员会的支持，并获得洛克菲勒基金会医学部提供的基金资助。这是一个发现事实的调查，试图去发现人们在性方面的所作所为，以及解释个体之间和不同人口之间性行为的差别。

　　现在有越来越多的人意识到，那些代表科学事实积累的性数据是非常有用的，要把它们从道德价值和社会习惯中分离出来。临床医生发现，他们数以千计的病人需要这样的客观数据。精神病医生和精神分析学家看到，他们多数病人在解决来自其生活的性冲突时需要帮助。越来越多的人愿意以一种受过教育而有理解力的身份来考虑诸如婚姻中的性调节、儿童性指导、年轻人婚前性指导、性教育、同习俗冲突的性活动等问题，以及思考那些通过宗教、习惯和法律等社会力量来控制行为的难题，有些人对这样的难题是很感兴趣的。在可能对这些问题作出科学思考之前，有必要较多地了解人们的实际行为，以及他们生理和社会方面内在关系的历史。

　　迄今为止，对这些问题还没有十分充分的回答，因为人类性行为可以说是生物学、心理学和社会学中最少被人探索的部分。在性行为方面，从科学角度有较多了解的，只有饲养的动物以及实验室的某些动物。在西欧—美国文明中，与其他生理活动相比，人类性反应更多的是受宗教评价、社会禁忌以及正式立法的支配。我们对人类性活动了解较少，显然是作为个人的科学家的习惯以及法律影响的结果，是对这一领域科学调查压制的结果，尽管这种压制往往是不露痕迹的。

有些文明的群体在接受性活动方面较为自由，而作为日常生理事务，围绕进食活动，却维持着广泛的仪式并建立起一些禁忌。如果在我们的社会里主要的禁忌关系到食物，人们就会对有关消化功能的科学知识感到怀疑。但性反应要比其他生理活动伴随着更多的情感改变，因此很难理解任何社会怎么可能变成只是关注诸如呼吸功能、消化功能、排泄功能或其他生理过程功能的问题。在大多数世界文明中，性的密切交往、宗教价值、仪式以及习惯很可能是性行为情感内容的主要结果。

性活动可能影响那些不直接进行这些活动的人，或者对作为一个整体的社会组织造成伤害。为社会习惯辩护的人经常宣称，这就足以解释社会对个体性行为的意义；但这也许是对他们自己行为的一种辩解，不能解释社会习惯起源的历史根据。人们普遍认为，设立刑法是为了保护财产和人，如果社会的兴趣仅仅在于，控制性行为就是保护人，那么关于侵犯人身和殴打的刑法条文就足以提供这种保护了。实际上在保护人的法律之外还有一个性法律，这两者的不同作用体现在保护社会习惯的差别上。性习惯和性法律的作用，更多地体现在利用人类情感来为自己辩护，而较少直接使用那些涉及财产和人的法律。科学家在深入其性研究时遇到的困难，无疑是这一领域中社会态度的反映。

科学家们无法确定大多数人是否愿意去作一个客观的发现事实的性调查。我们现在从事的这一调查在以前是十分困难的；但我们发现，现在更多的人对这一研究产生了浓厚的兴趣。数以千计的人通过提供他们自己性活动的记录，通过让其他人对这个调查研究产生兴趣，以及通过提供持久不断的支持和鼓励来帮助我们；如果没有他们的支持和鼓励，实现这一研究不说是不可能的，至少要困难得多。甚至科学家也低估了普通人在科学方法上的诚实态度、他们对调查研究结果的尊重以及他们相信自己的生活和整个社会组织最终将受益于建立在科学之上的数据积累。

在印第安纳大学期间，我们对人类性行为进行了为期大约十五年的研究，这本书是第二阶段的报告。这是一项以事实为基础的调查，试图发现人类的性行为状况、是什么因素影响了人类的性行为方式、他们的性经历又如何影响了他们的生活，以及各种性行为方式的社会意义。

我们的第一份报告是基于对 5300 名白人男性的调查。他们所提供的大部分数据我们都在《人类男性性行为》一书中作了统计分析。同样的，本书中大部分统计数据都是基于 5940 名白人女性所提供的个案历史，但除此之外，也有相当一部分资料来自别的途径。

在进行研究的这 15 年里，我们得到印第安纳大学的支持，在过去 12 年里部分地得到全国性问题调查委员会的资金支持。该委员会负责调度洛克菲勒基金会医学部提供的基金。现在我们的项目组已经成为性调查研究所。研究所对个案历史、图书馆和其他积累的相关研究资料拥有所有权，接受所有的出版版税、私人或其他途径的捐赠，并负责制订和执行研究项目规划。研究所的成员包括生物学、临床心理学、人类学、法律、统计学、各种语言和其他专业人员。在本书的准备过程中，研究所有 16 位研究人员，他们中的每一位都专门负责本书的一部分。

我们也和不同领域的大量专业人员一起合作，例如医学、生物学、生理学、心理学、精神病学、统计学、动物行为学、神经生理学、社会学、监狱管理学、婚姻咨询、文学、美学等专业的人员。他们当中一些人提供了已包含在本书中的具体数据，大部分人员都在涉及他们专业领域的问题上作出了重要指导。

我们对女性历史的积累开始于 1938 年 7 月这项研究进行之初。在这些年里，女性性历史增加的比率跟男性性历史增加的比率几乎相同。因此在准备关于男性的报告时,可以使用一些女性的数据,而在本书中则可以同时使用男性和女性的数据。除了本书中可供总结之用的 5940 位白人女性性历史外,我们还另有1849 位女性的性历史,但因为她们属于一些特殊群体,而我们对这些群体的分析尚未准备就绪,因此没有包含在本书的统计分析之内。但这些数据大大拓展了我们的思考范围,也有助于我们在本书中得出一些更一般的结论。

4.怎样才能让被调查者愿意合作

有两种原因让一个人在对一个科学计划提供自己性历史时感到犹豫。当他担心访谈者会厌恶他的历史中的某些东西时,当他担心失去社会名声或受到刑事惩罚时,当他的性历史变得广为人知时,他就会感到犹豫。此外,偶尔有个体犹豫是因为他不愿意激起与其性生活伴随在一起的旧时的恐惧、伤痛或缺憾;偶尔一个精神病患者——或者仅仅是一个自相矛盾的个体——在合作时什么都不写,留给我们的是空白;但大多数人犹豫是因为他们担心在访谈者面前感到尴尬,或者担心他们的性活动会被公开暴露。

因此,调查者必须有能力说服调查对象相信:首先,作为一个科学家,他对调查对象进行的任何一种性行为都不会持反对态度;其次,这个记录的保密性是不成问题的。

研究性的科学家应该有能力客观地接受任何类型的性行为,听取这个记录时,不带有任何意见;在记录时,不作任何社会或道德评价。这就像其他学科的学者在测量昆虫翅膀的长度,记录发生在试管中的化学变化, 或者观察星球的颜色时所应该做的那样。期待人类行为的研究者有同样的客观态度，这并不过分。

但在处理人类对象时，又需要比冷漠的客观性更多的东西。除非调查者可以说服一个人类对象相信，他因了解自己的经历而产生的焦虑是自暴自弃的表现，这个调查者就不可能同对象处于一种和睦友善的关系之中，对象也不可能对自己的行为有一种充分而坦白的陈述。性历史的记录通常是受过伤害，有过挫折、痛苦、不满足的渴望、失望、令人绝望的悲惨境况以及完全的大灾难。这个对象感到，仅仅例行公事地提一些问题的调查者，是没有权知道另一个人历史中的这些事情的。这个访谈者至少分享了调查对象的满足、痛苦或狼狈，分享了对象朝着正确方向发展的希望，这样他的活动就更有效力，尽管他可能不是完全中立的。

有同情心的访谈者作出自己的反应并不是通过说话，却很容易被大多数人所理解。面部表情的短暂变化、肌肉的轻微紧张、眼睛的轻轻跳动、嗓音的细小改变、重音的轻微变化、说话速度的些许变化、在提出问题或随后提下一个问题时的稍稍犹豫、选择的词语、在询问偏离常规项目时的反应，或者任何一种无心的反应都可能暴露出访谈者的情感，而大多数对象很快就能理解它们。没有文化的人和智力低下的人在另一个人反应的真实性质上通常是特别敏感的。

如果访谈者的方式包含了惊讶、反对、谴责，甚至冷漠，他不可能得到整个记录。如果他的反应算得上正确，对象就愿意告诉自己的事情。访谈变成对象的一个机会，是让他去进行的思考，去表达自己的失望和希望，去将以前不愿意对自己承认的东西变成明显的事情，去想办法克服自己的困难。他很快认识到，一个充分而坦白的陈述对自己是有益的。而掩盖、否定或不说出发生过的任何事情，在他看来已经是不可想象的了。

访谈是在一个人对另一个人当中完成的，它代表了两个人类个体——对象和访谈者之间的一种深深的沟通。有些事情在一个写好的调查表中,或在一个问题被公式化、调查被严格限制的直接访谈中,是不可能完成的。在本研究中,有些人承认进行过每一种类型的性活动,特别是社会禁忌的活动类型,这要比任何调查表研究发现的多得多;本研究的数据和以前发表的研究之比较应该对个人访谈——作为个案历史研究中的一种技术——的可能性作出衡量。

有人会问,当人们夸张事实、掩盖真相或者以其他方式歪曲记录时,一个访谈者怎样知道他们说的是真是假。这就像去问一个精明的商人,他怎样知道什么时候去结束一个交易一样!有经验的访谈者知道,何时建立一个和睦友善的关系来得到一个诚实的记录;这个对象同样知道,他可以将这个诚实的记录交给这个访谈者。学会识别这些指示物,它们是控制一个访谈最重要的事情,却可能是无法触及的。此外我们还有交叉核查、观察的协调性、查询证据问题以及其他方法来检验数据的有效性。

在开始一个访谈时,应该让调查对象确信自己可以谈论一切,但刚开始并不总能获得一种完全和睦友善的关系。在访谈过程中,还需要多次让对象打消疑虑,访谈者明显的同情态度会不断地说服他。对象往往是从承认他活动的很小一部分开始的,当渐渐确信自己这样做不会遭到反对时,他谈话中增加的内容就越来越多。

　　——"是的,我接近这样的关系,但我没有注意。"
　　——"是的,这里有些身体接触,但他们对我不感兴趣。"
　　——"是的,这里有完全的接触——那时我睡着了。"
　　——"是的,这里有一个事件,我做出反应,是在一种和缓的方式中。"
　　——"是的,我非常喜欢它,但我并不认为自己希望得到比它更多的东西。"

　　——"好,是的,我还想再干一次。"

　　——"是的,因为那时我变得感兴趣了,而后来我又干了许多次。"

　　这一个案的性历史就是这样建立起来的。在每一步,这个对象都试图停止在最小的信息量上,如果有任何迹象表明访谈者感到惊讶、不高兴或不赞同,调查就会完全停下来。信息被一点点增加是因为对象发现自己还可以谈得更多。如果在任何时段上这个访谈者失败了,这一个案的情况就停止在那里。

　　有时调查者的能力会受到严重考验。无论一个人的性背景如何,由于以前的经历,他总有不能理解事物的时候;由于将其当作社会权宜之计并希望占有它们,他总有不能表达自己对事物理解的时候;由于对他人很重要的东西只是匆匆一瞥,他总有对事物缺乏同情认可的时候。此外,这里总有一些东西看起来让人产生审美厌恶,是烦琐的、呆傻的、无益的、无意义的、不明智的、可耻的、卑贱的或对社会有害的。逐渐地,一个访谈者学会对这些事物放弃判断,仅仅作为记录一个事实而接受它们。如果在这种接受中访谈者失败了,他会通过其对象的表现而明白这一点:对象会突然表现得局促不安和十分紧张, 那么这一访谈就会很快结束。如果访谈者能够不让自己处于这种混乱状态,对象就可能告诉他一切,并感谢他激起了"去得到它"的能力和意愿。

　　许多给本研究提供性历史的人都是自愿这样做的,他们对我们通过提问而试图弄明白的东西有着充分的理解。而任何错误策略的运用都会破坏对象对我们正在进行的每件事情的信任。有人一再提议:我们应该尝试用麻醉精神疗法、测谎仪或其他类似手段来检验某个对象至少某个回答的可靠性;但如果我们运用任何一种这样的手段来强加在一个人身上,我们将丧失赢得其他任何人信任的能力。任何研究都需要从人类对象中获取相当的数据,而这除了建立和睦友善的关系——它是一种无法触摸的存在——从而赢得他们的自愿合作之外，没有其他的办法。

5.怎样做到为被访谈者保密

我们的法律和习惯离人类动物的实际行为是那样遥远，以至于很少有人会允许将其充分的性历史让法庭或甚至让他们的邻居和最好的朋友知道；而那些期待去发现他们性历史的人应该保证，这一记录绝不会被同他们有关系的个体所知晓。在研究中，每一个对象愿意提供自己的性历史，是因为他在一个可信任的朋友或访谈开始时在一个调查者那里得到保证。这里要特别注意的是，对记录的保密，只有在这种保证的意图是诚实的，并且在任何情况下都不会在实施过程中被破坏，它才是有作用的。如果在保密过程中出现了纰漏，那么其他人一旦知道了，就会拒绝提供自己的性历史。在本研究中，对于保密的小心程度，可以说是没有其他任何关系到人类材料的计划所能超过的。

为了保守秘密，我们启用了密码，所有的数据都用密码记录。在数据分析的任何阶段，密码都不会被翻译成词语。每一个访谈者记忆密码，并不存在可以打开密码的钥匙。只有六个实际获取历史的人知道密码的一部分，而且仅仅四个人在写作本书时可以得到全部密码。在我们的实验室帮助做技术工作的其他任何人都不知道密码。有些非性项目的常规表格由技术助手制作；但所有数据的实际处理，包括何勒内斯卡的打孔以及在 IBM 公司统计器中对它们的操作，都是由我们能获得性历史的人来进行的。在这一历时 9 年的调查过程中，从来没有任何其他人进入特定个体历史的有用信息之中。

我们有必要保留每一个研究对象的身份，以便日后作补充调查和历史的交叉核查，以及协调来自两个以上参加同一个性活动的人的数据。(如在一般性活动中一个婚姻的一对配偶，或异性恋和同性恋的伴侣。)身份识别是通过运用符号编码系列而得以实现的，这里也不存在开启密码的钥匙。代码是由有经验的密码专家帮助编制的，同时使用了几套装置让解码过程尽可能复杂化。根据密码专家的测定，除非一个人花费大量时间进入所有的个案历史和所有的文件，否则他想最终破译密码是不可能的。

在很大程度上，对材料的分析包括补充数据，总计进行的特定活动，制作年龄表格，制作频率表格，总计其他数据以及确定事实和因素的相关关系；作为分类学家，我们感兴趣的是人口整个部分的行为；没有料想的是，我们会碰上特殊个体的特殊历史是否公开发表的问题。这里我们应该作出保证，在可能辨认出它是某一个个体历史的情况下，不让任何个案的性历史公布出来。我们可以解释这种出版方式的安全性，甚至对未受过教育的和智力低下的个体保证，并让他们相信，他们可以十分安全地提供自己的性历史。

本计划中的个体性历史仅仅在我们这个调查班子的同事中进行讨论。他们甚至不同班子外的专业朋友谈论有关情况。在公开演讲或群体谈话中，我们绝不运用特定的历史，虽然有些事例是从真实个案中综合而成的。甚至从地理位置上说，是那样遥远的个体进行的活动，看起来是无法辨认的，我们也不会去谈论他们；因为有些人在这个国家旅行，或许访谈者碰上的一些人是同那个遥远镇上的调查对象认识的。

很少有专业人士懂得什么是保守一个记录的绝对秘密。他们往往在专业团体中同任何人谈论一些个案情况，将专业秘密泄露出来。在这样的讨论中，往往有护士听到秘密后，很快将信息传播到外面，因而反过来，让那些得到严格保密承诺才提供性历史的对象感到狼狈不堪。同法庭有联系的专业人士,由于承诺对记录保密而得到对象的供述,这样的事情是太经常了,但当这些数据被送往法庭时,这种保密性就遭到破坏。调查人类个案历史的学者经常将材料拿给研究生去研究,有时还把标有姓名的材料给整个班级的学生作考试资料用。很少有诊所的病历记录是用暗码写的,试图将病人姓名从明白写下的记录中分开的情况就更少。在许多社会福利机构,查看信用记录的非专业人员要比这一机构的专业人员多得多。在刑事机构中,总有在押者被当作记录员使用,他们可以看到这些"秘密"记录;而有关信息则通过他们传播到整个在押者群体。在有些刑事机构里,在押者甚至比官员自己更多地了解这些记录的内容。经历过这些破坏保密事件的人们,自然不愿意再为任何专业人士提供进一步的数据;也正是由于这种情况,往往很难说服他们相信,我们的记录是可以保证不受侵犯的。

我们受到来自许多人的压力,他们渴望了解提供性历史者的特定信息。丈夫和妻子往往希望了解他们配偶的有关数据,在许多情况下,这样的信息有助于建立更好的婚姻调节;但如果我们给出这样的信息,其他的丈夫和妻子可能就不愿意再给出他们的性历史了。父母向我们询问他们孩子的情况;共同性活动中的伴侣往往想跟我们作交换:在给出他们的性历史的同时,要得到他们需要的秘密记录。我们让许多未能获得信息的人失望,但他们对记录保密性的评价必然会提高,并因此愿意提供他们自己的性历史,并让他们的朋友对这个计划发生兴趣。

在刑事和其他强制机构中,我们坚持一个不变的规则:没有在押者本人的授权,就不能将他的秘密传递给该机构的管理部门。只有在这些机构接受我们这一条件的情况下,我们才去那里进行调查。并没有哪个管理部门要求我们破坏这一规则。在有些情况下,我们觉得,如果某个在押者让管理部门更多地了解他的历史,会对他更有益处,于是我们建议这个对象这样做:如果他同意,我们帮助他进行这样的接触,但仅仅在他自愿的情况下。

从法律上说,并没有谁授权给任何人去保守任何信息的秘密。但这里有惯例:法庭普遍认可一个牧师或医生有权利保守他们实施其专业责任时得到的秘密,但并没有成文法建立这样一种权利。如果我们被带到一个法庭面前,我们希望这样的先例将扩展到以人类性行为作为调查对象的科学家身上。如果所有层次的法庭都拒绝承认这样一种特权,除了破坏我们记录的完整性并承受由于法庭这种无视带来的后果外,将不会有任何可取之处;如果法律执行官员、法学家以及对社会问题感兴趣的人们希望科学能够帮助理解这样的难题;那么他们就必须承认,一个科学家有保守他的记录绝对秘密的权利,否则,他就不可能说服人们将自己的性历史提供给这种研究。

6.访谈者的知识背景

一般来说,一个人除非对他可能发现的事物有某种理解,否则很难做到富有成效的探究。如果他不理解性行为的可能性,就不可能推进对性行为问题的解答。这些可能性必然会超出访谈者的个人经历,因此,性行为学者需要从大量的性文献,以及更多地从他获取性历史的那些人的大量经历中学会许多东西。

特别地说,一个访谈者需要了解每一种性活动类型可能的全部技巧系列,包括自慰、爱抚、性行为、同性恋活动、同动物的性接触、同妓女的关系等等;他还需要了解与每一种活动联系在一起的可能产生的心理难题以及可能发展的值得注意的社会纠纷。在性行为中有数以百计的可能的姿势,虽然最初的访谈限定访谈者问六种主要姿势的可能性,但他应该有区别地去调查一个喜好体验的对象所运用的所有不同姿势。当有机会得到相关的信息时，访谈者也应该调查同性恋中各种不同的技巧。在准备从一个妓女那里获得充足的性历史前，需要了解关于卖淫的数以百计的事情。缺乏关于妓女的知识，访谈者只会得到最常规的记录，而这个妓女也许实际上已经给了他丰富的信息。

许多差异很大而相对稀少的境况提供了人类性行为背景最有意义的数据。在许多例子中，行为变异类型代表哺乳动物的基本模式，而这些模式被人类文明压抑得那样厉害，以至于它们只是在少数人那里得到坚持和再现，这些人无视社会习惯并有意发展他们偏好的性技巧。在有些例子中，社会允许的模式之外的性行为是最自然的行为，因为它较少受到社会压抑的影响。我们在同性恋者中发现在性行为学习方面最清楚的图像；如果本研究忽略了同性恋的情况，我们就不可能认识到，同样的学习过程也进行在异性恋者的发展中。婚外性行为的历史和整个卖淫的情况提供了影响女性性高潮因素的最可能的数据，这一数据足以作为特别境况条件下值得注意的例子。那些满足于覆盖常规的访谈者，不打算去探究丰富的变异领域，他们会丧失最丰富的科学材料，而这本来是可能在某一个案性历史研究中得到的。

在同对象建立和睦友善的关系中，访谈者的知识背景是最重要的，其重要性怎么强调都不过分。对于那些看起来是在访谈者的体验之外、超出了其知识范围的事情，对象必然会犹豫要不要讨论。自恋癖和受虐狂的男性，十分精心设计其自慰的技巧，他认为自己非常不一般，以至于在第一次参加访谈时，不承认自己有任何超出简单自慰事实的东西；但有经验的访谈者在问一系列常规问题，如在自慰期间他是否有兴趣观看自己的生殖器、他是否在镜子中观察自己、在性关系中他是否咬自己的伴侣、他对同样被咬的反应、他对折磨人的故事的反应以及他对伤害自己的反应等等时，会辨认出这是一个特别的个案。虽然这些问题并不是原来常规问题所设定的,但通过访谈的时间延长而得到扩展。调查者应该有能力将这些答案综合在一起,并理解它们意味着什么。男性自慰者 90%是用一种技巧,但现在同某一个对象谈话前,访谈者应该对其他可能的种种技巧有充分了解,以便有能力让这个对象相信,他是在同一个理解他的人谈话。这个对象应该感到,这里并没什么全新的境况,或者那样陌生的境况,以至于会让访谈者对要谈的事情感到吃惊。应该给对象这样一种印象:访谈者把这些事情看得很平常。访谈者的知识背景是得到丰富的特殊材料的关键,而这在常规问题表那里可能是完全缺失的。

特别重要的是,访谈者要理解社会禁忌的和违法的性活动,因为这是取得诚实记录最困难的项目。他需要理解其对象所属文化的性观点。例如,除非娼妓认识到访谈者了解卖淫的性境况,也理解一个娼妓生活于其中的社会结构,否则要从他们那里得到任何关于娼妓的历史是不可能的。一个能够理解对方的访谈者,他的只言片语往往就足以让对象理解这一点,于是他就获得了一个记录,而对于未受过训练的调查者来说,他们什么也发现不了。一个特别的例子可以更清楚地说明这一点。

这是一个年老的黑人男性,他的第一个回答是小心翼翼的和逃避的。当问题涉及他的职业时,他列出了一张有各种职业的表格;联系他做出反应的方式,我们认为他只是在胡乱拼凑底层社会的活动。我们随即问他是否结婚,以此来获得调查的线索。我们不满足于他对结婚的否认,随即问他是否生活在一个习惯法(的婚姻)之中。我们用本地方言的问话让他感到谈话较为自在一些,他承认自己是那样生活。我们问他第一次在习惯法中生活是多大年龄。他说那时他 14 岁,我们的第一个关于他的底层社会背景的猜测得到证实。我们接着问那个妇女有多大,这时他微笑着承认,她当时 35 岁。这时我们用轻松的和不带惊讶的口吻简短发问:"她是一个妓女,是不是?"这是获得完全信任的必要的最后一步。

这个对象在回答之前停顿了一下,睁大他的眼睛,笑了笑,用一种友好的方式说:"是的,先生,因为您看来好像知道这些事情,我愿意直接告诉您。"如果这个对象并不认为我们理解他生活于其中的世界,我们是不可能得到他是妓院老板这个特别的记录的。

在通常情况下,访谈者获得一个准确性历史的能力取决于他对某些项目相关的知识,以及他对一个特别历史中显现的自相矛盾现象能够作出解释。再举一个例子:访谈者开始问一个姑娘,她多大开始使用她的技巧(他没有问她多大第一次作为妓女而获得报酬)。然后再问,他们第一次同她接触后,这一技巧又使用了多少次。在这个访谈的最后,有一个关系到她使用技巧(即骗取她顾客的钱财)的频率问题。这姑娘回答说,很少有人再次返回,随后还说,她从不骗取任何人的钱财,只是感到需要这样做,并确信自己所做的事情不是人们所说的那种方式。我们会问,如果她没有骗取任何人,为什么他们不再回到她那里? 这一问题很可能会让这个姑娘发出微笑,并承认,因为你知道事情是怎样发生的,她将告诉你整个故事。这话的意思是,如果这样骗取钱财可能获得成功,她每一次都会这样去做。

一个访谈者的成长是一个缓慢而漫长的过程。在本研究中,例如,每一个准备去遥远地方的访谈者,在获取性历史前都要进行全年的培训,要学习有关访谈规则,通过阅读和再次记录文档中已经存在的性历史而得到运用它的经验。进一步的经验是通过观察其他访谈者在提问时的活动和记录而获得的。另一方面,受训者是在这个班子中较有经验的成员在场的情况下,获得一个访谈机会。然后有一个机会,在其他人先前得到的性历史那里再次获取历史,而受训者自己的对象也被一个较有经验的访谈者再次获取历史。当新的访谈者有能力去获得一个记录时,他得到的实际上是一个有经验者获得材料的完整复制品;他是在一种可以对这个年龄较大的访谈者得到的性历史进行补充的情况下获得历史的。最后，每一个新的访谈者都必须了解人们可能在性方面做些什么，表明他能够在一个不常见的性历史个案中吸取知识。在这样一个训练计划之后，一个受训者也许会准备去面对一个人类性行为调查者可能遇到的不同境况。

7.在个案访谈时应该怎样做

大部分研究对象——不管他们开始是不是有意歪曲或者保留信息，也不管他们开始对于提供性历史是否感到尴尬——最终都会在访谈中说出实情，而访谈的双方在尽可能地从记忆中寻找事实这一过程中都会有一种满足感。各种不同背景的人都会这样跟我们合作。

在访谈过程中，我们一直让调查对象相信访谈者不会对任何类型的性活动作出评价，也不会试图改变他们的性行为。我们在每次访谈开始时会用许多时间说明这一点。让调查对象放心的主要原因是访谈者的放松状态和客观风格，提问题时的直截了当，对记录的任何部分都不流露出什么感情色彩，以及我们的声音语调、沉稳的眼神、对于例行问题的不间断提问，以及明显表露出来的对各类经历影响调查对象的兴趣。种种这些都只能在面对面的访谈中完成，而在问卷调查中无法获得同样的效果。

在访谈中我们使对象相信所有的记录都会保密；只有我们四个调查人员才能看到记录性历史的密码；只有收集性历史的调查者本人才能看到文件；所有的性历史都锁在我们印第安纳大学实验室中防火的地方；除了访谈者没有人能利用这些数据进行其他研究；除了访谈者之间会谈到这些性历史的情况外，不会跟任何其他人谈论这些话题，而且没有任何性历史情况会作为单独个体出现在出版物上。

用密码来记录数据在说服调查对象相信记录的保密性方面起了很大作用。尽管在很多调查问卷中也会强调匿名性，但是人们仍然担心他们的回答会暴露自己的身份。他们担心自己用一般英语作的记录可能会被其他人看见，而此类研究的历史证明，他们的担心是有道理的。要知道我们现行的性法律和大众观点是与人们日常性行为模式不符合的，所以有些人会担心他们提供的性历史如果被公开，可能带来社会和法律方面的麻烦。

例如，在较低层的社区中，人们大多遵循习惯法，尽管不一定真正会在习惯法的意义上产生事实婚姻的关系。我们还了解到较低阶层的人会使用"sick"和"hurt"，而不是"ill"和"injured"来表示生病和受伤的意思；同样，他想要做某事时会说"want to do"，而不是"wish to do"；看东西是"see"而不是"perceive"；认识一个人是"know"而不是"be acquainted with"。这个群体的人知道什么是"bad blood"（坏血，梅毒的俗称），但不知道"syphilis"（梅毒）。这一阶层的个体可能听说过某些类型的性活动，或者甚至看见过很多次这样的活动，但是可能会不知道这种活动的名称；而且除非是亲身经历过这样的活动，他们都会表示对此一无所知。当这样的个体被问到关于低俗表演的问题时可能不能理解，但是他却可以向你描述他所看到的低俗表演的情况。他们可能会否认社区内有妓女，但是可能都知道附近有很多女性或男性在"拉皮条"。如果要调查一个妓女盗窃（rob）她顾客的频率，她也许会否认干过这种事，但是她会承认自己的小偷小摸（roll）行为。如果我们对处于较高社会阶层的对象使用这些较低层人群的术语，他们会感到疑惑不解，甚至非常反感。不管在哪种社会阶层中，对于色情文学（pornographic literature）流传情况的询问可能都得不出什么结果，但是实际上几乎所有的青少年都看过成人漫画。在访谈中选择被调查者自己的语言不仅有利于建立起互相信任，还能够得到很多在标准的问卷调查中得不到的信息。

　　访谈应该限制在这样一个范围,即只询问被调查对象确实经历过的性行为领域。访谈者应该搞清楚这个领域的范围,提的问题也不应该超出这个范围。如果调查对象没有过自慰、性行为或同性性经历,那么关于这些方面的细节问题就应该一带而过。因此,在询问儿童和没有性经历的老年人的过程中是可以做到既不使其迷惑,又不使其厌烦的。我们也应该避免谈论他们从来没有了解过的性活动类型而使他们感到吃惊。但是调查问卷会包括一个成年男性有可能经历的所有性活动,因此在一次问卷调查中要包括各种各样的话题,涉及人类性行为中的所有可能性。

　　在面对面访谈中,访谈者会随时检查性历史中收集的材料是否前后一致。访谈者和调查对象应该合作,对记录中前后矛盾的地方进行调整、修改和处理。调查对象偶尔也会故意歪曲陈述的内容;有时是因为调查对象的记忆出了问题;而在以后的记录中访谈者可以从答案中找到不一致的地方,然后回到开始的问题,纠正其中的错误。但在这一过程中又不能让对象觉得自己话语的真实性受到了怀疑。在大部分的问卷调查研究中这些是很难或甚至不可能做到的。

　　另外,这种形式还有助于访谈者确认所有的问题都是调查对象本人回答的。而在调查问卷中,一旦调查对象将写好的答案上交,就无法再作任何修改,这也是导致答案不准确、数据分析困难的一个重要因素。

　　在面对面的访谈中,访谈者有机会确认对象回答的真实性、准确性和确切含义。对象回答问题时的速度和语气、眼光所看的方向、陈述过程中的声调、说话是否直截了当等这些因素都可以用来判断对象所提供的信息的质量。当对象在回答某个问题时不很确定,访谈者可以问另外一些问题,包括在标准的访谈中不会出现的问题。同将访谈内容局限在一定范围内的做法相比,这种做法有时候可以得到更多的重要数据。在问卷调查中，既没有这些判断回答质量的基础，也不可能有机会了解问卷范围之外的数据。

在本研究中，成年人接受访谈的时间平均为一个半小时到两个小时之间。如果对象的性经历比较有限，比如说对于十几岁的少女而言，访谈可能在一个小时或更短的时间内就可以结束；但如果对象的性经历比较丰富，访谈则有可能超过两个小时。一般的性历史访谈大约包括 300 个基本的问题，但是在某些例子中——比如说对于有丰富的婚前和婚外性经历，有丰富的同性性经历，在自慰、性行为和其他性活动中采用较复杂技巧的人——访谈则可能包括 500 个或更多的问题。如果是问卷调查，有没有这么多人愿意花时间来完成这么长的一份问卷是值得怀疑的，而且这样一份问卷的答案，其质量也一定会比较低。

在持续两个小时、涉及 300 到 500 个问题的这样一次访谈中，所牵涉的内容跟大多数民意调查、市场调查、政府调查和其他使用问卷的调查所涉及的问题是完全不同的。通常认为问卷调查的效率较高，但这只适用于涉及较少量的问题、占用调查对象较少时间的研究工作。另外，在其他一些敏感程度不如性行为的研究中，关于问卷调查和访谈孰优孰劣也还在讨论之中。

8. 数据的可靠性和有效性

很自然地，我们会关注访谈中对象陈述的事件在多大程度上能准确表现真正在个体身上发生的事情。这些访谈记录会受如下方面的影响：(1) 当时访谈对象可能会遗忘应该包括在记录中的事件；(2)记忆错误（或失真）；(3)某些事件发生时对象不能理解其本质;(4)情感障碍导致对象不能客观地陈述事实;(5)对事实的故意掩盖或误传;(6)对某些事实的有意夸大。此外,对象的性历史中还有些误差是出于其他种种原因。

对象或陈述的可靠性指的是数据是否前后一致、同一个对象在不同场合作出的陈述内容是否一致。在我们的研究中,特别注意每一份个案历史中的数据内部一致性,在每次访谈结束时我们都会对对象重新询问,以排除那些明显不一致的内容。我们会在另外的时间重新记录对象的陈述,以便进一步检验其可靠性。

有效性指的是陈述的数据与真实事件是否一致。检验有效性的最好办法就是将所记录的数据与称职的观察者所观察到的情况作比较,或者比较数据和机器记录之间的差异。如果没有上述条件,我们还可以通过同一个活动中的两个或更多参与者的不同回答来检验其有效性。例如,我们曾经比较过几百对配偶所提供的数据。更间接的方法是,我们可以通过比较两组可能有着类似性经历的人群的数据来检验数据的有效性。例如,我们比较过男性和女性分别提供的性行为频率方面的数据。对于我们研究中数据的可靠性和有效性的检验还很不够,但我们会在研究允许的范围内继续进行这些检验工作;但是要注意,这是第一次在人类性行为研究中对数据的可靠性和有效性进行检验,而且在其他的个案历史研究中,也没有人像我们这样进行过如此大量的检验工作。

通过对于对象在第一次接受访谈时提供的数据和其在以后另外的时间提供的数据作比较可以检验对象陈述的可靠性(一致性)。总的来说,在两次访谈之间留出充足的时间会使这种检验更加严格,因为这样就较不容易重复在第一次访谈中偶然、任意、故意编造的虚假陈述。如果回答不是基于事实而是随意编造的,那么在一定的时间之后是很难准确地重复这些回答的,而且时间越久,重复的难度就越大。这一点在我们的研究中尤其如此,因为每一个个案历史都包括几百处细节。

　　尽管再次访谈并不能检验对象陈述的有效性——即所陈述的行为是否是真实发生过的情况——但是如果在很长一段时间后进行第二次访谈仍然得到一致的答案，就可以说明这些答案很有可能是基于事实的。

　　我们进行再次访谈距离第一次访谈的时间一般都在 18 个月以上，只有少数例外。有段时间我们要求间隔的时间至少要有两年。两次访谈之间间隔时间的平均值(中值)在男性中为 35 个月，在女性中为 33 个月。在很多案例中，我们会在 10 到 12 年之后才进行再次访谈。这么长的时间间隔使得个体很难回忆起每个个案历史中所包括的 300 多个问题。

　　所以，我们花了一些时间来对一部分为我们提供性历史的对象进行了再次访谈。在《人类男性性行为》一书中我们报告了 162个再次访谈的例子，这其中既包括男性，也包括女性。我们现在可以再报告 319 个再次访谈的例子，其中包括 124 例女性和 195 例男性。只要研究工作允许，我们还会继续收集这样的材料。我们需要比较从不同年龄、不同社会阶层和其他不同群体中收集来的数据的可靠性。

　　最初访谈数据和再次访谈数据之间的比较可以用来检验对象陈述的一致性，而比较婚姻双方配偶或者性伴侣双方所提供的数据则可以检验数据是否与真实的事件相符——即陈述的有效性。但这种检验也并不能完全有效，因为在性伴侣之间会有些事先约定，同时更改某些事实，或者双方可能出于共同的原因有意无意地歪曲某些事实。不过，通过对数据的比较我们还是会发现不少有价值的信息。

　　我们在《人类男性性行为》中比较了 231 对夫妇的答案。现在我们有关于 706 对(1412 人)配偶在 33 项内容上的比较结果。这些项目包括了人口统计方面的内容、跟婚姻性行为有关的数据、在性活动前嬉戏中采取的各种方式的发生率以及各种性行为姿势的发生率。

女性和男性进行婚姻性行为的频率应该是一致的。如果女性和男性两个样本具有可比性，如果从女性和男性那里收集到的资料足够多，那么不管样本是否能代表整个人群的情况，某一类人群中已婚女性婚姻性行为的频率应该和相应的男性婚姻性交的频率是完全一样的。已婚男性的数据和已婚女性的数据是否一致可以用来检验样本的质量，也可以用来检验女性和男性的回答的有效性。

检验有效性的最好办法是将访谈中记录的数据与对类似样本直接观察得到的数据相比较。很遗憾，在对人类性行为的研究中一般是很难作这种比较的。但是，在个体进入青春期时各种身体发育现象开始的年龄这一方面，比较却是可行的。我们通过对象的回忆得到的数据和其他人对相关人群直接观察而得到的数据是惊人的一致。

如果两项或更多项独立的研究结果一致，就可以表明研究结果有一定的有效性，或者表示所有的研究都受到同一种错误的影响。尽管这两种解释都是有道理的，但是大多数人，不管是进行实验研究的科学家还是处理日常事务的普通人都会认为一致的结果具有重要意义。

我们的研究成果和一些其他人曾经进行的针对各种规模的样本数据的分析研究所得出的结果也是惊人的一致，比如说在发生率、初次经历的时间、某些活动的频率、某一类性活动持续的时间等方面以及其他人类性行为的各个方面中都有较大的一致性。甚至我们在本书中某些让读者吃惊的发现，如女性较低的自慰发生率、女性较低的同性性接触发生率以及许多其他统计数据，都跟其他人曾经统计研究得出的结论一致。

二、我看青春期前性发展

1.男孩青春期前性游戏

人们假定在儿童早期历史中就出现了性态度的发展和首次明显的性活动,但很少有专门数据能用来说明这一点。近来我们通过对幼儿和他们家长的访谈积累了一些信息;同时我们对一些实验对象(幼儿和年龄较大的儿童)进行直接观察并得到一些材料。这些历史情况表明了早期态度的发展对以后成年性行为模式的重要性;但这些材料要等到下一本书,即后面我们积累了更多的专门数据之后,才能得到全面的分析。这里我们只对青春期前特殊的生殖器游戏和明显的社会—性行为作一些报告。

我们不讨论那些被一般人称作性的儿童感觉反应的发展,而只讨论具体的生殖器活动。弗洛伊德和精神分析学家认为,一切触觉刺激和反应都基本上是性的;就哺乳类动物那种普遍的触觉器官刺激来看,这种观点是有道理的。性这个词有日常和科学两个方面的意义,现在我们不考虑一个婴孩每次同时既抓耳朵又抓生殖器的记录,也不考虑他每次吮吸拇指的记录。如果所有这些行动都被解释为自慰,那么就可以很简单地得出结论:自慰和早期性活动是普遍现象。应该说明的是,这些原初的触摸体验是同成人性行为的发展有关系的。

成人行为显然是童年特殊生殖器游戏的产物，现在我们可以提供一种充足的记录。我们对 5 岁以下儿童的访谈，以及在这个研究中作为调查对象的父母和其他人的观察表明，搂抱和接吻是幼儿最常见的活动，而在 2 到 5 岁儿童中，对生殖器的自我触摸、生殖器暴露、对别的儿童生殖器的探究、对别的儿童生殖器用手（偶尔用口）接触的频率要比成年人后来回忆的普遍得多。这种早期性游戏完全是探究性的，由好奇心所激发，而且是犹如拳击、搏斗或成人间其他非性的身体接触那样缺乏性爱内容。但在这样早的时期，儿童已学会把社会价值加于这些活动之上，他在这种游戏中表现的情感刺激是对神秘、禁果之类社会危险行为的反应，正像在真正的性爱反应中常有的那样。

在青春期前和青春期早期的男孩那里很容易产生勃起和高潮。他们比年龄大的男性更容易受到激发。正像许多善于观察的母亲（以及一些科学家）所了解的那样，男孩在诞生后即可出现勃起，从新生儿一直到较大的男孩，勃起都是一个最常见的现象。轻微的生殖器身体刺激、一般的身体紧张以及一般的情感境况都可以立即产生勃起，即使这时并没有特别的性境况。

有关记录表明，情感反应（生气、惊骇、痛苦等）的生理机制可能是性反应的基本机制。最初青春期前儿童的勃起可由整个情感境况任意引起，无论它是性的还是非性的。到了 10 多岁后，男孩的这种反应是有条件的。对年长的男性来说，身体的刺激是很少起作用的，除非伴随着心理的氛围。图画就是一种性心理的产物，它是来自非常普遍和基本的生理能力，通过体验和环境——成年人都知道这个——转变为性的东西。

小男孩中最特别的活动是生殖器暴露以及同其他儿童的生殖器接触。大多数（57%）年龄较大的儿童和成人都能记起自己在青春期前有这种性游戏。这个百分比要比其他一些研究数据所发现的高一些；但它仍然偏低，在本研究中，70%的青春期前男孩承认有这样的经历,而他们无疑还对许多早期活动有所遗忘。可能几乎所有的男孩都有这种同其他男孩或同小女孩的青春期前生殖器游戏。而只有大约五分之一的女孩有这种游戏。

大多数青春期前性游戏发生在 8 岁到 13 岁,虽然从童年早期一直到青春期的任何年龄都可能有这种游戏。有这种游戏的男孩,大约四分之一其活动只限于青春期前 1 年内(24.3%),或 2 年内(17.9%),或 3 年内(10.4%)。他们许多人只有一次经历。有三分之一的男性(36.2%)继续这种游戏在 5 年以上。这种活动没有进一步发展,显然是文化压抑的结果。而类人猿的青春期前性游戏则一直持续到成年。大多数游戏都是同年龄相当的伙伴一起进行的。另一方面,男孩最初的体验往往(虽然并不必然)是同一个年龄较大的男孩或女孩相处时获得的。年龄较大的人在一切问题也包括性问题上,是年龄较小者的老师。我们的记录包括一些青春期前的男孩同成年女性性接触的个案,而更多的是青春期前男孩同成年男性性接触的个案。我们对这方面的数据还没有进行全面系统的搜集,因此还不能准确测出他们同成人接触的频率。

总的来说,我们在较多的性历史中发现儿童同性性游戏发生得较为经常,要比青春期前异性性游戏更为确定。跟许多成年同性性活动一样,这是由于男孩易于跟同性相接近的缘故。在小男孩中,这也是由于社会鼓励他藐视女孩、赞美男子汉的英勇、竭力仿效大男孩的缘故。

大约有一半(48%)年龄较大的男性和将近三分之二(60%)青春期前的男孩记得他们青春期前的同性性活动。第一次同性性接触的平均年龄大约是 9 岁 2 个半月。

裸露是最普遍的同性性游戏。它发生于幼儿的性游戏之中,多数情况是偶然的、随意的,就性激发来说是完全没有效果的。裸露的最极端的发展出现在青春期前和青春早期男孩中间,他们发现自慰的意义并获悉如何达到高潮。这时一个人的能力成了社会价值的标准,一个男孩往往在他的个别同伴面前显露自己的自慰技术。在后一种情况下,可能是一群孩子同时暴露生殖器。这时男孩的情感反应无疑由于其他男孩在场而得到增强。10多岁的男孩往往继续这种性暴露活动一直到中学,他们有些人甚至同最亲密的朋友订立协议,除非彼此都在场,他们绝不进行自慰。就自慰的社会行为来说,这些男孩不能算是同性恋者,但他们的精神反应完全是同性恋的,虽然他们自己不会承认这一点。

裸露很自然地导致同性性游戏。有同性性活动的青春期前男孩中,三分之二(67.4%)都有这种活动。在幼儿中这种手对生殖器的接触是很偶然的,没有任何情感的意义,能够给对方造成激发和高潮的情况是很少的。如果这种关系是同一个年龄较大的男孩或一个成人,那么这种手的活动就可能变得较为特别。如果没有较有经验的人帮忙,许多青春期前男孩得经过许多年才能发现有性作用的自慰方式。

青春期前同性性游戏继续到青春期或成年的不到总数的一半。不同的社会水平情况不同。在教育水平较低的个案中,青春期前同性性游戏继续到青春期或成年的机会是一半对一半。而对于后来上了大学的人来说,大约80%以上,青春期前的活动不会导致后来有同性恋经历。在许多个案中,后来的同性恋性特征中止于青春期,但许多具有排他性同性恋特点的成人,断定他们的活动开始于青春期前。

开始青春期前异性性游戏的平均年龄是8岁10个月。这要比同性性游戏开始的平均年龄早5个月。但男孩青春期前异性性活动的比例要较同性性活动小,据记载约占青春期前儿童的40%。

正像同性性活动一样,异性性游戏也是以暴露生殖器开始的;而同女孩有性游戏的青春期前男孩,99%有这种暴露。将近20%的男孩,其活动只限于这种暴露。如果不是社会对固有的性显露的抑制,那么无论男女,在儿童期都会对异性的生殖器表现出极大的好奇。许多父母注意掩饰家中女孩的生殖器,这反倒激起男孩的好奇心。在有些文化中,男孩一直到青春期都可以暴露身体,而女孩至迟在四五岁就被穿上衣服。

在有异性性游戏的男孩中,81.4%的人用手接触女性的生殖器。对许多幼儿来说,这种活动要比同性性接触更为偶然。在某些群体中,特别是社会水平较高的群体中,儿童缺乏性活动的信息,不理解除了手的接触外异性性活动还有别的可能性。青春期前试图进行性行为的情况约占男性的 22%,而占有青春期前游戏的男孩一半以上(55.3%)。在这方面不同的社会水平差异很大。那些后来受教育程度没有超过 8 年级的男孩试图进行这种青春期前性行为的占四分之三 (74.4%),而后来上了大学的只有四分之一(25.7%)有这种经历。

社会水平较低的男孩从大男孩和成年男性那里得到大量信息和他们的帮助,在许多情况下他的第一次异性性接触是同已经有经验的年长的女孩进行的。社会水平较高的男孩这样做很少成功,在许多情况下只是生殖器并列在一起。社会水平较低的男孩,这种青春期前性行为有一定频率,而且伴侣也可能有多个。社会水平较高的男孩,这种体验往往只有一两次,伴侣也只有一两个。青春期前儿童不同社会水平模式之间的这些差异,在考察性教育方案时具有极大的意义。

青春期前异性性游戏持续到青春期的情况约占总数的三分之二,异性爱抚持续的较多,异性性行为持续的较少。这里不同的社会水平差别非常大。以后教育程度不超出 8 年级的青春期前男孩,他无间断地继续这种活动一直到青春期和成年的机会是 3∶1。而最后上了大学的男孩进行这种活动一直到青春期的可能性是1∶4。在这个问题上,社会态度对青春期前男孩有着较大影响。

同动物的性接触多限于农村的男孩。这样的男孩有三分之一是在 9 岁前进行第一次接触；在 10 岁到 12 岁这种活动的发生率迅速增加。青春期前、青春期和青春期后这种活动的水平都不大相同。在这样的事例中，大约有三分之一是由青春期前的体验直接继续到青春期的。

2.男孩青春期前性高潮

　　从专门文献上看，有关青春期前儿童体验性高潮的记载较少。但正如我们已经表明的，青春期前的男孩有过高潮的并不少见，而且青春期前的女孩也有体验过高潮的。由于这一重要事实在已出版的科学文献中尚未得到很好的说明，我们有必要对相关的男性数据记录作一些详细解说。

　　青春期前的男孩因为不能射精，跟某些无经验的女性一样，对自己的高潮不能有确切的认识。因此在大多数历史中，对于这样较早体验的记录是不完全的，我们很难对整个人群的发生率作出准确的结论。在目前的研究中，一些小男孩确定无误地描述了他们的性高潮，而许多成人也能回忆这样的体验。

　　那些同小男孩有性接触的成年男性，因其成人背景而了解男孩的体验，并对他们的体验感兴趣，这些人为青春期前的高潮提供了较好的数据。遗憾的是，这些访谈对象并没有谈及青春期前男孩的反应；只有 9 名成年男性对象观察了这样的高潮。他们有些人受过专业训练，按照我们的安排记日记或做其他记录；通过他们，我们获得了 317 名青春期前男孩的信息，这些男孩在被观察时或者在自慰，或者在同其他男孩或成人接触。这一记录说明了这些男孩的性能力。在介绍这一数据之前，应该强调的是，这里记录的小男孩是挑选过的，不足以代表普遍的情况。这些记录或多或少是以不受禁令约束的男孩为根据,他们大多数听过性方面的东西,看见过同伴中的性活动,他们许多人同一个或多个成年人有性接触。他们大多数人懂得高潮是这种活动的目的,他们有些人甚至很早就在寻求接触方面变得十分主动。一般来说,大多数男孩都较受约束,被父母所控制。许多男孩直到青春期都还不懂得完全的性反应的性质。

男孩的高潮从 5 个月到青春期的任何年龄段都可以观察到。我们还记录了一名 4 个月男孩性高潮的情况。除了不能射精,婴儿和其他小男孩高潮的情况跟成年人完全相似。一个烦躁的婴儿在最初的性刺激下安静下来,被其他活动分散了注意力,开始有节奏地挺伸骨盆,到达顶点时紧张,然后是痉挛般的活动,往往伴有手和大腿的运动,有时达到顶点时伴有哭泣。在高潮后儿童的勃起很快消失,然后归于平静,这跟成人高潮完全相似。有时在这样一种体验后可能再次导致这种情况。我们观察到 16 名 11 个月大的男孩,7 例有这种典型的高潮。对 5 名青春期前幼儿的观察一直持续到数月或数年,直至他们有真正的高潮;他们后来的反应都跟较早的行为相似, 由此可以判断他们第一次体验的高潮性质。

这个记录中对很小的男孩的介绍要比接近青春期的男孩少,因此对于最小男孩的统计不是很可靠的。资料表明,随着年龄的增长, 达到高潮的百分比也逐渐递增:2 个月到 12 个月的男孩是32%,比 2 岁到 5 岁男孩(57.1%)的一半稍多一点,而 10 岁到 13岁的男孩是接近 80%。其中 7 岁有一半男孩达到高潮(到 5 岁时将近一半),到 12 岁有三分之二达到高潮。观察者强调说,有些青春期前男孩(估计不到四分之一)即使在长期反复的各种刺激下也不能达到高潮;尽管如此,在这些男孩中,也主要是心理障碍在起作用,而不是生理上的无能。

总的来说,很早就体验了高潮的男孩所占比例较小,因为他们很少有人能找到考察自己能力的环境;但有肯定的记录说明这些男孩确实有达到高潮的能力,在不加禁止的社会里,3 岁到 4 岁的男孩大约有一半以上可能达到高潮,而在接近青春期的 3 到 5 年里,几乎所有的男孩都能体验这样的高潮。

青春期前的男孩勃起要比成人快,虽然跟成人一样,不同个体之间差异是很大的。有的 2 岁男孩达到高潮不到 10 秒,而有的 2 岁男孩则需要 10 到 20 分钟或更多的时间。其他年龄的男孩也有类似的情况。达到高潮需要的平均时间是 3 分钟,而时间的中值低于 2 分钟。从新生儿一直到 20 多岁,年龄的变化不影响这些数值,超出这个年龄,反应的速度变低。

青春期前男孩最明显的特点是,他们能在有限的时间内重复达到高潮。他们的能力要比 10 多岁的男孩强,而后者又比成年男性强。182 名青春期前的男孩中,有一半以上(75.8%,138 例)在很短的时间内达到第二次高潮,而所有这 182 名男孩中将近三分之一(30.8%)能够很快连续达到 5 次以上的高潮。可以肯定地说,在一定境况下,许多男孩都能有多重高潮。根据 64 例详细报告,第一、二次高潮之间的间歇从不足 10 秒到 30 分钟以上,但平均的间歇只有 6.28 分钟(中值为 2.25 分钟)。年龄较大的男性,甚至 30 多岁或更大一些的,也可能有这种能力,但青春期前男孩能这样做的比例要大得多。甚至最小的男孩,5 个月左右的,也有这种重复反应的能力。被观察到的最大值是 24 小时内有 26 次高潮;报告表明,在这段时间内还可能有更多的次数。

这些男孩大约有三分之一是在第一次高潮勃起后一直持续到第二次接触;另有三分之一也保持勃起但在达到第二次高潮前体验了某种身体的松动和性欲的减退;还有三分之一是勃起很快消失,高潮一达到激发状态就不再存在。任何重复都有赖于新的激发,而初次体验后可能数分钟或数小时都不能有新的激发,在成年男性中,许多个体都属于这种情况,只有很少的人能把勃起一直持续到第二次性接触中。

这些关于小男孩性活动的数据为弗洛伊德的性观点——性特征在人一诞生时就存在——提供了重要的证据，同时又对弗洛伊德的另一观点——在确定的生殖器活动之前有一个一般性反应的生殖器前阶段——提出了否证；在青春期之前并不必然有一个性的潜伏期或休眠期，除非是父母或社会对儿童的压抑使之表现出这种不活动性。精神分析学者把童年性发展的能力或他们受到的抑制看成是成人性行为模式和整个人格特征的主要来源，这似乎是有道理的。当然，也有人对儿童体验的真正性的性质表示怀疑。例如，穆尔评论说："人们会认为精神分析学者是通过对大量儿童的仔细观察和认真研究来证实他们关于婴幼儿情感的理论……但我从精神分析学派那里没有发现这样的研究。"他又说："我们不可能通过显示婴幼儿期的内省来解决描述婴幼儿特定性体验的难题。我们也无法通过成人的回忆做到这一点。一个人的回忆不能告诉我们他在婴幼儿期体验到的特定性刺激是不是真实的，或者正如弗洛伊德所坚持的，这是不是由于受到压抑而形成一个潜伏期。"穆尔的结论是，虽然儿童有一种倾向于个性性爱的能力，但它具有非性爱的特点，同性特征的开始无关。他依据内分泌学方面的资料说，特定的性行为是生物的发展和经验的产物。

按照科学对于训练有素的观察者的要求，以及穆尔关于"作者通过经验研究和统计方法来检验自己的理论"的进一步要求，我们这里报告了317名按5个月的婴儿到青春期的顺序排列的青春期前男孩诸如勃起、骨盆挺伸以及其他几种具有真正高潮特点的特定性活动的观察情况。除了以成年访谈对象的回忆为基础的对于早年体验的记录，我们还有对604名青春期前男孩的高潮记录。研究动物行为的学者对其他哺乳动物的这种早期能力有确切的报告，因此，在人类的新生儿中发现这种能力是不足为怪的。应该承认，在后来青春期和成人性方式特定类型的发展和他们对社会—性的调节中,学习和环境条件是重要的;我们也应该承认,至少有某些而且可能有较多的新生儿和较大一些的青春期前男孩,在有充分刺激的情况下,能够做出达到完全高潮的确定的性反应。

3.男孩的青春期

在青春期,男孩具有成人的体态,他开始产生含有成熟精子的精液,因此在同成熟女性的卵子接触时可以使之受精。这是这一时期最明显的生物学上的发展;但人类性行为的研究者对青春期的注重,对这一时期身体特征进行思考,主要不是因为这种身体发展自身特别重要,而是因为就大多数个体来说,青春期造成了青春期前男孩性活动模式与大龄青年以及成年人之间一个巨大的断裂。幼儿的性生活多少是他游戏的一部分;这通常是偶尔的,而(在我们社会结构的约束下)相当多的情况是没有明显公开的表现形式。另一方面,大龄青年和成人的性活动有其自身的目的,而且(不管我们的社会组织怎样)几乎所有的大男孩在接近青春期时,其性活动采取明显公开的形式就变得越来越经常。

青春期前性活动有相当一部分为成年活动提供了前奏;简单的异性性游戏变为较为复杂的爱抚;青春期前的性行为企图导致成年的性活动;一些青春期前同性性游戏导致类似的成人接触。据记录,大约50%的男性性历史属于这种情况。另有50%的男性,他们青春期前的游戏在接近或达到青春期时就已宣告结束,而青春期和以后的性活动是从一个新的起点开始,重新获得社会知识,重新学习身体接触方式。在许多情况下,青春期射精的新能力和其他新获得的身体特征,使男孩在结束童年游戏后作进一步社会—性接触时感到局促不安。青春期前性特征和成人性活动之间这种断裂的心理和社会因素是研究者应该重视的问题。那些由童年游戏直接过渡到成人活动的男孩往往是较少受压抑、社会水平较低的。

对所有男孩来说，青春期前的体验无论是直接继续下去还是没有继续，都为鼓励或抑制他们青春期和成人的性发展提供了重要条件。

青春期是一个时期，不是发展中的男孩生活的一个特定点。它包含一整个系列的发展变化，有些来得早，有些来得迟。个体体验第一次变化的年龄差异很大，并因此影响到随之而来的其他变化。

大多数男孩的青春期身体变化多少有些突然，通常是在 11 岁到 14 岁之间，在这一时期他们的性活动突然增加，直到若干年后达到他们整个生命的顶点。而大多数女性性发展要比男性缓慢，往往需要较长的时间，在男孩性成熟后许多年才达到自己的顶点。

过去 10 年建立在对男孩和女孩身体检查基础上的几个主要研究，获得了青春期发展变化中各种年龄和平均年龄的确切信息。有些研究是建立在对每一年龄群的儿童的考察上，作了多种筛选；有些研究则利用纵向的方法，以考察个体连续多年的发展为主要目标。这后一种研究并不总是有成效的，因为这样的观察时间冗长、令人厌烦，往往不能保持长时间的接触，只有对个别对象通过长期不断的观察，才能得出确定的结论。

建立在直接身体检查基础上的研究可能要比我们的精确，因为我们主要是依靠成人的回忆，在这种回忆中往往会遗忘很多东西；但有意思的是，我们记录的平均值和总的曲线同直接观察研究得出来的数据并无重大差别。根据访谈对象回忆，青春期男孩身体变化的先后顺序如下：阴毛开始出现，第一次射精，嗓音改变,身体开始快速长高,经过一段时间完成身高的增长。我们的实验室先前对 291 个处于青春期开始时的男孩的研究得出同样的结果。我们现在大规模的调查情况跟上述实验结果在主要方面几乎是一致的;但上述实验表明,嗓音改变是在阴毛生长后不久和第一次射精前发生的。上述实验数据表明,至少有三分之一年龄在 12 岁到 14 岁的男孩乳房红晕的发展跟女性相似。对于一定数量的男性身体抽样检查表明, 身体的突然发展要比我们的成人访谈对象的回忆更接近于阴毛发展的时期。但这里个体之间的差异较大。

已发表的关于男孩的研究几乎都缺乏青春期发展的最重要的数据:第一次射精的发生。有人打算通过直接的方式包括化验早晨的尿中是否含有精子的方法来获取信息。这些方法不能及时提供足够的数据;而其他信息来源是以前出版的个案历史研究中从对象回忆得到的记录。现在我们讨论的材料是根据那些提供给本研究历史的人的回忆所做的大量记录,数据的一个主要部分是来自我们的一些访谈对象,他们观察了数百名男孩第一次射精的情况。

据 3 名情况正常的男性回忆,他们第一次射精是在 8 岁。我们记载了 1 名不正常儿童(访谈时他 12 岁),他肯定自己第一次射精的时间是 6 岁。医生诊断他有原发性早熟发展症。文献中有些幼儿的临床个案多数有内分泌病症。据记载,有 1 岁生长阴毛的,还有在 4 岁半时经前列腺按摩而有非能性的精子;但就我们所知,8 岁是正常男性第一次射精的最早年龄。

除了 6 例是长期阳痿外,据记载,第一次射精最迟的年龄,一个外观健康的男性是 21 岁, 一个受到宗教压抑的人是 24 岁,两个缺乏激素的男性分别为 22 岁和 24 岁之后。在年龄最小和最大的非内分泌原因的个案之间的差距为 16 岁。多种教育和社会问题造成性年龄的差别。例如,偶尔会有三四年级的男孩在性方面像大学高年级的学生一样成熟。

　　尽管总的来说,性年龄方面有着这种差距,但记录表明,大约有90%的男性首次射精的年龄是11岁到15岁之间(包括11岁和15岁)。这个范围是五年。七年级结束时,大约有三分之一(37.5%)的男孩都在这范围内;到十年级结束,几乎所有的男孩(96.5%)都在这范围中。到八年级,男孩的平均年龄达到青春期(按年级算,8.33年级正达到青春期)。

　　导致射精的第一次高潮的平均年龄是13岁零10个半月(13.88岁)。男性这方面的数据同女性形成了鲜明的对比。到15岁,92%的男性有了高潮,而在同一年龄,只有不到四分之一的女性有这样的体验;女性要到29岁才有男孩在15岁那样高百分比的人达到高潮。

　　在不同的教育(社会)水平中,男性第一次射精年龄的差别大约为一年:受教育程度没有超出八年级的平均年龄为14.58岁,中学教育水平的平均年龄为13.97岁,以后文化程度达到大学的平均年龄为13.71岁。这种差别可能是不同社会水平、不同营养状况的结果,这跟女性初来月经的平均年龄的差别相类似,而女性这种差别的主要原因也被认为是营养状况。

　　由于发展是多方面的,所以很难以某一点来确定一个人是否开始了青春期。就男性而言,人们习惯于把第一次射精的时间作为青春期开始的标志,或者以男孩具有这种能力(如果有适当机会就能射精)为标志,而不是以第一次出现的任何青春期的变化为标志。我们在很大程度上遵循这个惯例,以使我们的计算能同其他发表的数据进行比较。如果第一次射精与阴毛开始产生、个子开始长高或其他方面的发展是同一年,那就什么问题也没有。如果第一次射精要迟于其他事件1年或1年以上,那就要对这个记录进行考察,看以前是否有能为高潮提供机会的明显的性行为,还应该对这个记录关于其他青春期特征的可靠性进行考察。

来自梦遗的第一次射精通常发生在其他青春期特征出现1年或1年以后，如果环境允许的话，它本来可能以其他方式在这之前发生的。在确定本调查研究中每个访谈对象的"青春期年龄"时，我们将考虑这几个方面的因素。按照这种计算法，白人男性开始青春期的平均年龄是13岁零7个月。

对美国人来说，按照发生率的顺序，第一次射精的来源是自慰（大约占男性的三分之二）、梦遗（占八分之一）、异性性行为（不足八分之一）、同性性接触（不足二十分之一），以及作为初次体验不常有的刺激：自动射精、达到高潮的爱抚、同动物的性活动。受教育的水平不同，首次射精的来源也有很大不同。以后在九到十二年级离校的男孩首次射精的来源主要是自慰；以后上了大学的男孩首次射精的来源主要是梦遗；受教育程度未超过八年级的男孩首次射精的来源主要是异性性行为。"自动"射精，即没有特别生殖器接触的射精，是很少一部分（0.81%）的男孩主要体验来源，包括非性的和较有性色彩的情感境况，以及造成身体紧张的各种环境。在一些情况下（如扭曲、读书时长时间坐着）可能同时包含身体紧张和心理刺激。

除了青春期刚开始的时候，很少有男性在没有身体接触的情况下射精。许多10多岁的男孩或更大一些的男性在异性爱抚中达到高潮，这里没有生殖器接触；但在这样的境况中有一般的身体接触或至少有嘴的接触。偶尔有大学生男性在当众背诵或考试时射精，还有在飞行战斗时射精，或在其他罕见的环境下达到高潮。有两例年龄较大的男性在有意加强对性爱境况的想象时达到高潮；但总的来说，这种自动射精几乎都只限于刚刚进入青春期的男孩。

在初次体验射精之后，实际上所有的男性的性活动都变得较为经常。第一次体验后射精有规律地逐年、逐月、每星期甚至逐日发生。在4600个处于青春期的男孩中，只有不到1%（大约35例）

的人在第一次体验和有规律的经常的性活动之间间隔一年以上。也就是说,99%以上的男孩是在第一次射精后马上开始经常的性生活。在这方面,男性跟女性也有不同,女性较早的体验和经常有规律的活动之间往往间隔 1 年到 10 年或 20 年。男性在其一生中,性发泄的来源可能改变,而他的性发泄的频率可能数星期、数月或数年改变一次,但他的活动几乎完全没有停止的时候,除非他的年龄已经老到最终停止一切反应的时期。

4.女性青春期前性反应

从初生婴儿身上就能观察到类似性反应的反应。在已满 4 个月或更大一点的婴儿身上(包括男婴和女婴),以及在进入青春期前各个年龄段的孩子身上,都能观察到所有典型的成人性反应中出现的生理变化。

在提供其性历史的成年女性中, 大约有 1%在其 3 岁时能对生理刺激以及某些情况下对心理刺激有性反应。这表明只有部分孩子在那个年龄有性反应,大多数孩子并没有意识到她们早期反应中的性特征。

在我们的样本中,大约 4%的女性认为是在 5 岁时有性反应。接近 16%的女性认为在 10 岁时。合计大约 27%的女性认为在青春期前有性反应。(对大多数女性而言,青春期前指的是 12 周岁与 13 周岁之间。)事实上,在青春期前有性反应的女性人数高于上述比例。

把调查对象的记录按受教育程度不同,例如小学毕业、中学毕业、大学毕业以及研究生毕业进行比较,可以得知受教育程度越高,有青春期前性反应的比例越高。但或许这只表明了受教育程度越高的女性,越能想起她们的经历。

　　一些青春期前孩子的性反应,甚至是几个月大的婴儿的性反应,都能以高潮结束。在成年人身上能观察到的基本性高潮特征,在孩子的性高潮中也都能发现。这一情况对青春期前的女性和男性是一样的。但青春期前的男孩达到高潮时不像成年男子那样会射精,因为射精取决于一个相对来说次要的解剖学结构,这一结构在青春期前男孩身上还未发育。没有射精并不代表男孩没有达到高潮,正如成年男性也没有射精,却并不意味着他没有达到高潮。

　　自慰(自我刺激)不管是对男孩还是女孩都是非常正常而且十分普遍的现象。自慰是小女孩获得高潮的普遍方式。一位聪明的母亲描述了小女孩性高潮的典型反应。

　　对其他总共 7 个 4 岁以下的女孩和 27 个 4 岁以下男孩的观察得到了相似的记录。这些数据表明至少有一些孩子,包括男孩和女孩,能够达到性高潮。

　　在我们的样本中,大约有 14% 的女性(约占青春期前有性激发经历人数的一半)回忆说在青春期前能通过自慰或在与其他孩子或年龄更长的人之间的性接触(也就是社会—性接触)中达到高潮。如果说实际上有更高比例的人群有此经历,只不过没有认识到它的特征,这也并非完全不可能的。

　　根据成人回忆和我们观察的记录,有四位女性在 1 岁前就经历了性高潮,总计有 23 位女性在 3 岁或更小的时候达到高潮。在我们的整个女性样本中,发生率的情况是,0.3%(16 位成人)的女性认为在 3 岁左右曾达到高潮,2% 的女性认为是在 5 岁左右,4%认为是在 7 岁左右,9%认为是在 11 岁左右,14%认为是在13 岁左右。因此,在样本中,女孩在青春期前达到高潮的人数有缓慢而平稳的增长。就男性而言,他们在青春期前较早时达到高潮的人数也有稳定的增长,而在青春期前较晚时则有更突然的增长。

在我们的样本中，有 1%的女性回忆是在 3 岁左右进行自慰（就此术语的严格意义而言），13%的女性回忆是在 10 岁左右。记录并未表明会带来性激发的早期自慰的确切百分比，但它确实表明在整个样本中，有 0.3%的女性在 3 岁左右由自慰达到高潮，有 8%则在 10 岁左右。

在一些个例中，3 岁有性激发的来源是心理反应和与其他女孩的生理接触。大约 3%是在 11 岁左右由其他女孩激发的，6%是在 13 岁左右。

对男孩的心理反应和生理接触也会带来类似的性激发。其中的比例是：3 岁时有 1%，11 岁时大约有 7%，13 岁时有 13%。

在 659 位经历过青春期前性高潮的女性中，86%的人是通过自慰达到第一次性高潮，7%的是在和其他女孩的性接触中达到的，2%的是通过爱抚，1%的是在和男孩或年长男子的性交中达到的。很有意思的是，有 2%的女孩是在跟猫或狗的生理接触中达到的。另有 2%的女孩是在其他情况下达到高潮的，例如爬绳。

通过自慰达到高潮的女孩人数多于男孩。在青春期前较早时，男孩的初次高潮一般是伴随有性反应的生理和心理境况的产物；虽然小男孩中常有偶尔玩弄外生殖器的情况，但这基本不会导致性高潮。在接受调查的青春期男孩中，有 68%的男孩初次性高潮是通过自慰达到的。

在某些例子中，孩子开始尝试自慰是因为看到其他孩子这么做，或者是因为年长孩子或成人有意识的指导。这种情况对我们样本中大多数男性来说是获取首次自慰信息最普遍的来源。但对大多数学习自慰的女性来说，不管是青春期前还是以后，都是完全依靠自己发现自慰的可能性的。

5.女孩青春期前性游戏(一)

在样本中,尽管有 30%的女性回忆起在青春期前有异性性游戏,33%的女性回忆有同性性游戏,但只有 48%的女性回忆有两种类型的性游戏。这意味着 15%的女性只跟男孩有性游戏,18%的女性只跟女孩有性游戏,剩下的 15%既跟女孩也跟男孩有性游戏。

在样本中的男性和女性,最早和其他个体(或是同性或是异性)的性接触似乎是其他游戏的偶然产物,或是对他们曾经看到的其他孩子甚至是成人们性行为的模仿。人类学记载表明:原始部落中的成人性行为不像我们现在这样谨慎,因而在孩子中就有大量的模仿行为。在我们国家,孩子间的性游戏更多的是一些历久常新的古老游戏,例如"做爸爸和妈妈"和"看医生"。在接受我们调查的人群中, 最年老和最年轻的那一代人都玩过这些游戏,甚至连游戏的名字都一样。孩子们并不总能理解这些游戏特有的性含义。但是在一些群体中或在一些有好几个孩子的家庭中,年长的孩子或有些成人会告诉男孩女孩一些额外的知识,甚至指导他们的身体接触使之变得特别与性相关。

相当数量青春期前孩子们之间的性游戏,包括同性或异性之间的性游戏,都是由对玩伴生理结构的好奇所引起的。

我们获得的关于青春期前性游戏发生率和频率的数据,部分取决于我们所作的对很小孩子的研究,绝大部分取决于提供其历史给本研究的成人的回忆。但很明显,成人只能回忆起他们青春期前一部分的经历,因为即使是孩子也会在几星期或几个月后忘掉他们所经历的大部分事情。这在某些时候是因为性游戏的偶然性, 在某些时候则是因为这些经历造成了他们情感上的困扰,因而在心理上阻止回忆起这些禁忌行为。但是,即使是孩子们已无法回忆起曾有的经历,已习得的知识和态度却可能影响他们后来的行为方式。虽然记录表明,在样本中有 48% 的女性回忆有青春期前性游戏,基于上述理由,我们倾向于认为有更高比例的女性在孩提时代有性接触。

有相同数量的女性回忆与男孩和女孩都有性接触。没有证据表明这些女性对同性的兴趣产生于她们对异性的兴趣之前还是之后。根据弗洛伊德的假设,性心理的发展通常是从对自己的(自慰的)兴趣和自恋行为,到有相似生理结构的其他个体的兴趣(同性兴趣),再到对生理结构不同的其他个体的兴趣(异性兴趣)。但这一假设未能得到样本中所有女性和男性青春期前或青春期性历史的证明。

由于父母和整个社会对异性间 (包括不同性别小孩子之间) 自由交往的限制,在调查中,我们发现有 52% 的女性童年时的女性玩伴多于男性玩伴,33% 的女性拥有的女性玩伴和男性玩伴的人数持平,仅有 15% 的女性的男性玩伴多于女性玩伴。男孩作为女孩青春期前玩伴的次要意义使下面这一点更为引人注目,即女孩与男孩发生青春期前性行为的比例等同于女孩与女孩发生性行为的比例。毫无疑问,这是因为男孩在生理行为上比女孩更具攻击性,甚至在那个年龄,男孩更可能开始有性行为。

在样本中, 有 1% 的女性回忆在 3 岁时就有和男孩的童年性游戏,8% 回忆在 5 岁时有类似游戏,18% 则是在 7 岁左右。合计大约有 30% 的女性回忆在青春期前与男孩有性游戏。这些数据随着受教育程度的不同而有差异:对于中学毕业(含中学毕业)以下学历的女性,比例约为 24%;对于接受过大学教育的女性为 30%;对于接受过研究生教育的女性为 36%。

如果把样本中的女性按每差 10 岁分成 3 组, 从数据上可以看出有青春期前性游戏的人数比例上升了。与生于 1900 年前的女性相比，生于 1910 与 1919 年之间的女性有青春期前性游戏的比例上升了大约 10%。

特定年龄阶段的青春期前性游戏发生率在年龄较小的年龄群中是最高的。在我们的样本中，约有 8% 的女性回忆在 5 岁和 7 岁时有异性间性游戏，但能回忆起在这之后的青春期前异性性游戏的人比例低于 8%。仅有 3% 的回忆是恰在青春期前有异性间性游戏。相反的，对青春期前的男孩，他们性游戏的次数在青春期前逐年逐渐增长。快到青春期时，我们调查的男性中约有 20% 有过异性间性游戏。男孩女孩发生率的差别可能部分是因为随着女孩逐渐步入青春期，加在她们身上的约束也在增多；但毫无疑问，更大程度上是因为随着青春期的来临，青春期前男孩特定的性反应能力飞速发展。这是青春期女性任何类似的性能力发展所不能比拟的。

在将要步入青春期时有异性间性游戏的女孩，平均每个女孩有 7 个男孩玩伴。因此，明显地，在那个年龄确实接受性接触的女孩肯定有多个男性玩伴。许多男孩都经常进行群体性性游戏活动。大多数是展示性的自慰或同性性游戏，也有一些包括外生殖器展示或与一个被群体中大多数男性所接纳的女孩之间的异性性接触。

对样本中大多数女性而言，青春期前性游戏的次数局限于一次或偶尔的几次。极少的女孩似乎形成了一种经常有规律的活动形式。正如我们已注意到的，我们有很多理由相信青春期前性游戏的范围远远大于成人后所能回想的。

根据样本中女性的回忆，有 67% 的女性青春期前性游戏的时间只持续了 1 年，15% 的女性持续了 2 年，只有 11% 的女性在青春期前持续了 5 年或更长的时间。女性在有青春期前性行为经历的女性中，61% 的女性持续了 1 年，13% 的女性持续了 2 年，大约有 9% 的女性在青春期前持续了 5 年或更长的时间。

6.女孩青春期前性游戏(二)

99%的青春期前性游戏涉及生殖器展示, 约 40%的青春期前性游戏的全部内容就是生殖器展示。生理结构的差异能引起大多数孩子极大的兴趣。这是因为在大多数情况下,他们被禁止展露自己的裸体,也没有机会看到其他孩子的裸体。不能展露自己的生殖器和观看其他孩子生殖器的警告更刺激了他们的好奇心。对生殖器的探究通常局限于生理学意义上的比较,就像孩子们比较他们的手、鼻子、嘴巴、头发、衣服和其他所有物一样。就像我们在男孩身上所发现的那样,对小女孩而言,这种游戏所包含的情感内容绝大部分都与性无关,就像她们对神秘事物、被禁忌的事物和危险的社会行为所作出的反应一样。

我们也曾碰到一些女性, 从小生长在可以裸体的家庭里,或曾上过育婴学校,或曾参加过夏令营或其他群体活动。在这些地方,青春期前的小男孩、小女孩们共用厕所和浴室,不穿衣服在一起玩耍。这些群体中的孩子仍然对其他孩子的身体饶有兴趣,但他们很快就把裸体当成平常物看待,不会再有初次裸体时那种激动的反应。

在接受我们调查的成人对象中,有很高比例的人能相当精确地回忆起他们首次看到异性生殖器的年龄。这意味着,就生活在努力隐藏两性生理差异的文化中的孩子而言,这些经历是很重要的。在我们的调查中,有 60%的成年女性认为她们第一次看见男性生殖器是在很小的时候,是在 2 岁至 5 岁之间。有 24%的认为是在 5 岁至 11 岁之间。青春期时,大约 90%的女性看见过男性生殖器。

在样本中,超过三分之一(大概是 37%)的女性在青春期前就已见过成年男性的生殖器。另有三分之一是在青春期到 20 岁之间第一次看见成年男性生殖器。青春期前能看到成年男性生殖器的第一次机会来自下列途径（按出现频率排序）：孩子的父亲(46%)、偶然碰到的非孩子父亲的成年男性(19%)、成年男子有意识的展示(22%)、对父亲以外亲戚中成年男性的观察(9%)、对爱抚或性行为对象生殖器的观察(2%)、其他各种途径(2%)。受教育程度越高的家庭中的小孩，越能在更小的时候看见成年男性生殖器,这主要是因为在这种家庭中更能接受家庭范围内的裸露。

能想起青春期前与女孩进行性游戏的女性人数跟能想起青春期前与男孩进行性游戏的人数相等。尽管对很多接受调查的女性来说,这类游戏似乎没有特别的性含义,但它或直接或间接地教会了她们中很多人如何自慰。一些(5%)女孩把她们青春期前的同性性接触保持到了青春期,进行更成熟的同性性活动。

只有 1%受调查女性回忆早在 3 岁时就和其他女孩有性游戏。约 6%的回忆是在 6 岁时,15%的是在 7 岁左右。曾有过此类经历的百分比(累计发生率)逐渐上升,在青春期快开始时,达到了33%左右。

同样的,各年龄段与其他女孩进行性游戏的女孩人数,从两三岁时是从 1%开始,在 5 岁时达到 6%,在 9 岁时达到 9%。同样需要注意的是,此类行为的实际发生比例可能远高于受调查成年人所能回忆的比例。由于同时有异性性游戏,随着青春期的来临,同性性游戏的活动发生率降低。

正如异性性游戏的持续时间一样,对61%的有过同性性游戏的女性而言,持续时间不超过 1 年,很多例子中只有一次或两次。另有 17%的持续了 2 年,8%的持续了 5 年或更长时间。

在样本中,很多女性是在青春期前与男孩或其他女孩的性接触中第一次获得关于性的知识。她们对男性生殖器和女性生殖器有了实际认识，有时候也会实际了解关于繁殖方面的知识，还有自慰技巧、爱抚技巧、性技巧以及认识到成年人性行为的意义。事实上，很多性接触都是对这些问题讨论的附属产物，或经常是讨论的直接后果。这些情况表明，父母们根本没有把这些必要的知识告诉给孩子。

在样本中相当一部分女性在她们青春期前的性接触过程中，意识到了被性激发和达到性高潮意味着什么。对女性最终的性反应能力更具意义的是，在这一过程中，她们学会了如何在与其他个体的性接触中作出反应。某些青春期前性接触所带来的情感上的满足限定了女性对其以后性行为的接受程度。

在很多事例中，认为性接触是罪恶的反应使孩子的童年经历带有创伤，尤其是当孩子们在性游戏时被大人发现，并因此受到责骂和体罚时。很多事例表明，正是这些认为性接触是罪恶的反应，阻碍了女性成年后在其婚姻生活中自由地接受性关系。相反的，如果大人们在发现后并未表现出情感上的厌恶态度，则早期经历基本不会影响孩子后来性反应的能力。

非常有趣的是，与男性相比，仅有少数女性在进入青春期和成年后，仍然玩着明显的青春期前性游戏；而男性则有比女性多得多的人在进入青春期和成年后，仍然玩青春期前性游戏。

女性在进入青春期和成年后，进行青春期前性游戏的数据

青春期前的性经历	青春期时仍然有此经历			
	百分比		个案数目	
	女性	男性	女性	男性
爱抚	13	65	807	1227
性行为	8	55	247	628
同性间性游戏	5	42	1071	1412

这种青春期前和青春期之间的断裂对女性而言，是因为社会习俗的原因而非女性生理结构或心理上的原因。在低等哺乳动物的雌性中并未发生此种断裂；在有性数据可考的原始部落中也未

发生;即使在美国,在那些处于较低社会阶层并比较外向的女性中也未发现。

随着青春期的来临,父母可能会增加对女性与异性接触的控制。他们会警告女孩不要与男孩亲吻,不要有大面积的身体接触,不要有更进一步的性关系。在很多文明中,女孩在青春期受到比男孩更为严格的约束。在欧洲,在拉丁美洲和在美国,女孩与其他孩子单独相处的机会少于发育期的男孩。弗洛伊德及他的很多追随者认为,在青春期前的最后年份,青春期前性游戏的停止是一段性潜伏期。恰恰相反,这种停止应该是因为社会加在发育期孩子尤其是女孩身上的限制所导致的一段不能活动期。而且,青春期前自慰则一直持续到青春期直至成年,这或许是因为自慰并未受到社会限制。这进一步证明了这种断裂与生物学意义上的性潜伏无关。

7.女孩青春期前与成年男性的性接触

在我们的社会中,青春期前孩子与成年人的性接触受到了越来越多的关注。很多人认为这种接触是不应该的,因为会给孩子造成直接的不良影响,会给孩子们以后社会—性发展以及婚姻中的性协调带来限制甚至伤害。人们从新闻报道中可能得出这样一个结论:有相当大比例的孩子总是或经常屈从于成年男性的性侵犯,这些侵犯通常会造成生理上的伤害。但是,很多已公布的数据都是基于那些引起了医生、警察和其他社会机构注意的事例,因此无从得知真正的比例是多少。

基于从 4441 位女性调查对象中得出的数据,我们可以得知青春期前与成年男性进行性接触的发生率和频率。现在为了计算方便，我们把成年男性设定为已进入青春期并至少已有 15 岁的男子；为了过滤掉一些最多也不过是青春期性游戏的案例，我们认为男方个案至少要比仍处于青春期前的女方大 5 岁才是有效的。在此基础上，我们发现约有 24%(1075 人)的女性回忆在她们处于青春期前时，受到了成年男性的试图性接触或被性接触。四分之三(76%)的女性没有这种回忆。

性亲近普遍发生于城市中较为贫困人口密集的租住区。由于本书覆盖的调查对象大多成长于这些区域，因此如果我们能得到更多来自受教育程度较低人群的个案，或者把我们收集的正在服刑的女性和黑人女性的数据也包括进去的话，在青春期前与成年男性有性接触的比例会更高。基于我们已解释过的理由，后两种人群的数据并未包括在现在的数据中。

青春期前与成年人性接触的频率事实上不高。约 80%有此经历的女性在她们的整个青春期前只有过 1 次这样的经历，12%的有过 2 次这种经历，3%的有 3 到 6 次这种经历，5%的则在整个青春期前有过 9 次及以上的经历。超过 2 次及以上的经历的通常都发生在女孩与住在同一屋檐下的成年男性亲戚之间。在许多事例中，这种情况之所以会再三发生，是因为孩子对性行为产生了好奇，并或多或少地主动追求重复。

同这些青春期前儿童有性接触的成年男性

成年性伙伴	活动样本百分比
陌生人	52
朋友和熟人	32
叔父(伯父、舅父、姑父、姨父)	9
父亲	4
兄弟	3
祖父(外祖父)	2
其他亲属	5
报告的个案数	609

85%的对象报告说，在她们童年时，只有一个男性亲近她们。

13%的报告说,有 2 个男性有这样的接近。1%的报告有 3 个男性,另有 1%的报告说,有 4 个以上男性对她们这样做。

受调查女性与成年男子早期性经历涉及下列几种接触方式:

近三分之二(62%)对女孩的性接触是用语言接近或暴露生殖器。在大多数个案中,成年男子暴露他的生殖器,但在 1%的个案中,小女孩被说服暴露她的生殖器。从已知事例中,我们难以得知那些男性暴露的意图,但我们样本中有此经历并有一部分因此被判刑的男性中,许多人从未试图与孩子进行任何生理上的接触。因此,尽管暴露生殖器的男性比例较高,但并不意味着有实质性接触的比例也比较高。更能确定的是,仅有比例很小的暴露者对孩子造成了生理上的伤害。在所有的刑事记录中,很少有强奸犯是由暴露者发展而成的。

当一个成年男子对一个青春期前的女性或成年女性暴露他的生殖器时,他所得到的满足感至少部分取决于他在观察那名女性的恐惧、惊讶或尴尬时所体会到的情感上的兴奋。从更高层次来说,他的满足感取决于他冒着受社会谴责和法律惩罚的风险从事禁忌活动所感受到的情感上的满足。在一些例子中,男性展示他的生殖器功能可能有自恋的因素。成年男性经常在孩子面前自慰。但是,有时候他们的暴露是很偶然的,例如女孩会误认为一个喝醉酒或正在小便的男性是在故意暴露。

无论是我们从事的研究还是别人的研究,都还没有足够数据对孩子与成人进行性接触的意义作出一个全面结论。样本中青春期前与成人有过性接触的女性的反应比较多样:有的觉得有趣,有的对此好奇,有的觉得愉悦,有的觉得尴尬,有的受到惊吓或有的受到罪恶感的困扰。与成人的性接触是有些孩子快乐的源泉,有时会激发孩子的性反应(5%),并达到高潮(1%)。这种接触通常会有巨大影响,样本中有些年长女性认为青春期前的性经验对她们后来社会—性发展有着莫大的帮助。

　　大约 80%的女孩对她们与成人的性接触觉得沮丧或恐惧。有一小部分孩子受到了严重困扰;但很多时候,孩子们对性接触的害怕类似于他们看到昆虫、蜘蛛或其他禁止她们接触的事物时所表现的害怕。如果孩子没有受到文明的限制,她们是否会被这些在我们事例中经常出现的性接触所困扰,这还是一个问题。除去文明限制的因素,就很难理解为什么孩子必须对她的生殖器被触摸、她看到别人的身体、或有了其他更实质的性接触感到困扰。当父母或老师经常警告孩子们不要与成人接触,但又没有解释这些被禁止接触究竟是什么时,一旦有成人靠近她们,在街上停下来和她们说说话,摸摸她们或帮她们做点事,她们就会变得歇斯底里,即使那些成人脑子里没有一点点关于性的想法。一些有经验的研究青少年问题的学者已经认识到,相对于性接触本身,父母、警察和其他发现孩子有性接触的成人情绪化的反应,更能对孩子造成困扰。现在对性犯罪的歇斯底里的反应很可能会严重影响许多孩子在多年后她们婚姻生活中的性调节能力。

　　当然,也有一些成年男性对他们试图进行性接触的孩子造成生理上的伤害,我们有一些此类男性的回忆记录。但这种例子是少数的,公众应学会把这种造成伤害的性接触和那些只要父母没有过激反应就不会对孩子造成明显伤害的性接触区别开来。我们有数据证明只有极少数的性接触对孩子造成了生理伤害,我们调查了 4441 位女性,只有一例是明白无误地对孩子造成了严重伤害,除此之外无任何其他明显伤害。

8.女孩青春期的性发展

　　10 岁过后不久,女性以前所未有的速度开始生理发育:长出阴毛、腋毛,乳房进一步发育,体形也更接近成年人。在发育期,女性会来第一次月经,卵巢开始发育并排出卵子,使女性具有受精、怀孕的能力。

这段身体加速成长、生殖功能最终发育完整的过程被称为青春期。在青春期发育中,有各种各样的身体发育,但不是所有的发育都是同时开始、同时结束的。因此,没有一个单纯的节点标志着青春期的开始和结束,但平均来说,女性青春期发育(从第一样功能发育到所有发育的完成)持续 3 到 4 年时间。

相应的,男性青春期发育通常开始比女性晚 1 到 2 年,持续 4 年或更久的时间最终完成。总的来说,女孩的身体发育比大部分男孩开始得早,完成得也早。

对青春期发育的准确研究当然应该建立在对发育中孩子的直接观察上,我们基于成人回忆所得出的结论不可能同样准确。但基于我们的记录得出的关于每个发育期的平均年龄还是非常接近观察得出的结果。

无论是从社会公众还是从技术研究角度看,都习惯认为女性的青春期开始于初潮。这是一个错误,是由许多原因造成的令人遗憾的错误,因为大量应该被看成青春期特征的生理发育通常都发生于初潮之前。我们的样本中多数女性都认为阴毛的出现是青春期发育的开始。有的女性的阴毛 8 岁时就开始生长,有的则到 18 岁才开始生长,平均女性长阴毛的年龄是 12.3 岁。

几乎与阴毛开始生长同时,乳房发育变得明显。观察研究表明,乳房发育的第一征兆事实上早于阴毛的出现。在样本中,女性最早有乳房发育的年龄是 8 岁,晚的则到 25 岁才开始发育,平均年龄是 12.4 岁。

只有一些女性记得生长速度开始明显加快的年龄。要记得像青春期生长速度增长这样一个持续过程的开始是不容易的。在样本中有更多女性能回忆起她们身高不再增长的年龄。这个年龄的跨度从9岁到25岁。平均身高停止生长的女性年龄是15.8岁。

初潮的年龄跨度从9到25岁,平均是13岁。对多数女性,从阴毛出现和乳房发育到初潮一般间隔8.4个月。初潮是如此特别,在很多女孩的记忆里甚至是戏剧性的,因此,相对于其他青春期的发育现象,人们更经常地回忆起初潮。因此,这也是很自然的,从古代犹太法律时期开始,初潮就被认为是衡量女性是否性成熟的最好和唯一的标志。但令人遗憾的是,初潮受到比其他多数青春期发育多得多的影响,主要是荷尔蒙的影响。在有些例子中,在还没有其他任何青春期发育时它就来了。但通常在所有其他青春期发育都完成以后,它还要延后相当一段时间,有时是几年。今天如果孩子其他青春期发育都已开始,而初潮还没有来,父母就会习惯性地寻求医疗帮助。但在样本中很多年长女性的记忆里,初潮却是一个不可靠的青春期发育的预示者。

人们通常认为,初潮的出现标志着女孩的性功能已经成熟,已经可以怀孕、生育。但根据最近的研究,这一点变得十分清楚,即子宫的初次排卵并不总是与初潮相关。已经有在初潮之前就出现受精卵和怀孕的例子;还有大量的数据表明,多数女性在初潮后的最初几年,成熟卵子的排放是随机而无规律的。这个阶段被称为青春期不育。可能不是完全的不育,更可能是这段时期,卵子只是偶尔排放;每次月经有规律地周期排卵,一般要在女性长到16岁或18岁以后才开始。

青春期女性的生理发育只是女性成熟到有生育能力的整个过程中的一个基础部分,它和女性性反应的发展似乎没有很大关系。我们在青春期前数据中看到,性激发和对性高潮反应的累计发生率逐渐上升,在青春期及以后几年得到持续上升。性激发和性高潮的发生率和频率在青春期有了微小但不明显的增长,要到20多岁甚至是30多岁时,才会达到最大值。

就男性而言,在青春期前1年或1年多以前,他们的性活动会有一个突然增长，通常在进入青春期以后 1 到 2 年内达到顶峰。从那时开始，男性的性反应和明显的性活动开始下降，并持续稳定下跌直至进入老年。这种男性和女性性心理发展上的显著差异或许是因为两性不同的基本荷尔蒙所致。

由于女性青春期开始得更早，也由于女性在青春期更快的生理发育，人们通常认为，女性在性方面比男性成熟得更快。女性成熟的生育细胞通常比男性的出现得早，但是有生育能力并不等同于有性激发和对性高潮做出反应的能力。由于子宫在青春期不育期，不定期地排放成熟卵子，因此不能确定，女性的生育能力是否就比男性发展得早。就性反应能力而言，女性要比男性成熟得晚。

我们发现女性生下来就具备决定性反应的神经功能，但只有部分男性在青春期开始前就有此功能。女性反应能力的全面发展取决于女性在青春期前、青春期以及以后岁月里所有的性经历的种类，还取决于各种各样在心理上影响女性的社会因素。

三、我看婚姻性关系

1.男性婚姻性行为的发生率和意义

　　婚姻性行为是被英美社会风俗和法律认可的一种性活动形式。对于那些已婚并与妻子居住在一起的男性来说,婚姻性行为体现了大部分的性发泄;对于他们来说,成功的性调节意味着与他们的妻子经常有感情地发生性行为。这样,人们在人类性行为的任何研究中不可避免地总是特别注意婚姻关系的特性。社会学家和人类学家总是把家庭看作人类社会的基础,至少有些学者认为,人类男性和女性之间的吸引力是人类和类人猿家庭发展的基础。证实这类观点的数据资料引自于对人类家庭的研究。但不论人类家庭的种系发生史如何, 性因素实质上是今天家庭维系的主要原因,这一点是十分清楚的。我们已经强调了婚姻成功或失败一般来说取决于多种因素,性因素只是其中的一部分。然而,正如我们进一步指出的那样,哪个家庭中性调节不好,婚姻就很难维持。

　　社会对婚姻性行为感兴趣是因为它对家庭的维持有兴趣。社会之所以对家庭有兴趣,是因为它能使男性和女性互相做伴共同生活在一起,这能起到比独居更有效的作用。它还能为性行为所产生的孩子提供一个家,在犹太教和很多天主教教义里,这是婚姻的最终目的。它还能为成人提供有规律的性发泄方式，从而控制性活动的混乱。然而后面的这些作用在今天的文化中并不被人们普遍接受，而婚姻的这些作用在某些古代文明中更为明显。也许还会涉及别的一些利害关系，但性因素是任何一个对家庭维系感兴趣的人特别关心的问题。

　　然而本章不准备估量性因素在婚姻成功或失败中的意义，我们将概括本书在论述婚姻中性维系时所涉及的数据。以此作为起点，以后就可能对我们所收集的婚姻调节的性因素数据进行更合乎逻辑的分析。

　　本书主要论述性活动的各种形式而不仅仅是婚姻性行为，是因为只有一部分男性在一生的某个时期结婚。当然，有些男性从未结婚；而每个男性一生中相当一部分是在婚姻之外度过的。所有的男性必然时时通过其他途径而不是婚姻性行为达到性发泄。而且，即使是那些结了婚的男性，从与他们的妻子性行为之外的其他途径达到性高潮的，所占的比例也不是很小的部分。本章的目的就是要表明，婚姻性行为在男性性生活中的地位。

　　婚姻性行为实际上涉及人口中100%的正常男性的一种性活动。极少有人结了婚而无法与他的妻子发生性行为。偶有例外也仅仅发生在极少数生理上缺乏性行为能力的人之中，发生在那些婚后从未与其配偶生活的人之中，发生在一些主要热衷于同性恋而其妻也是同性恋者的人之中，发生在为数甚少的被宗教、美学或某些哲学所约束的人之中。40岁以下很少有这种禁欲的男性，不到已婚男性的1%（是很小一部分）。40岁以后，稍微多一点的男性不发生婚姻性行为；接近50岁时是2%，接近60岁时是6%。而在正常男性中没有什么形式的性活动能达到比这更高的百分比。

　　但是，尽管婚姻性行为为已婚男性提供了性发泄的主要来源，初婚期一过，就不再构成这些男性所有的性发泄。把已婚男性作为整体看待，婚姻性行为一般只是所有性发泄的85%。已婚男性的其他性高潮来自于自慰、梦遗、与其他不是妻子的性伴侣的爱抚和性行为等。婚前性关系往往持续到婚后,但所有这些其他活动的频率几乎无一例外地减少了。

已婚男性从与配偶性行为获得的整个性发泄百分比随着不同的社会阶层而发生变化。对于较低社会阶层,婚后最初几年婚姻性行为是性发泄的 80%,但是随着时间的推移在性发泄中的比例增大。50 岁以前的较低阶层男性性发泄的 90%来自婚姻性行为。另一方面,受过大学教育的男性在婚姻最初几年间性发泄的 85%来自与妻子的性行为,但在随后的时间比例减小。到 55 岁时大学水平男性性发泄将近 62%来自婚姻性行为。大学水平男性一生中任何时候,依赖于婚姻性行为的程度都未超过较低阶层男性大部分婚姻时期所具有的程度。

以上数据会使大多数人感到吃惊,因为人们很难理解,对于所有阶层的已婚男性,婚姻性行为所提供的性发泄要少于总体性发泄。一些科学和社会学调查是以这一假设为基础的,即对婚姻性行为的研究等同于对已婚夫妇性生活的研究,当然,这与英美文明所强调的,婚姻性行为作为伦理关系是性发展的目标是完全一致的;尽管在某些文明中性历史首先是非婚性活动的历史。

人们普遍认为,男性年龄越大对婚外性关系的兴趣也越大,这一点仅仅在较高阶层的男性中证明是如此。我们现在还无法解释受过较高教育的男性与较低教育水平男性之间的这些差别。

年龄较大的较高阶层男性中,婚外性行为频率的升高,可能是由于他们认为早年对自己性生活的克制是没有道理的,还由于在不算太老还没失去这种能力前去获得婚外性体验的兴趣。有时候,在较高阶层中婚姻性行为的频率降低是因为他们越来越不满意与来自较高阶层受到抑制的妻子的关系。有人把婚姻性交的减少归因于有专业或事务工作的男性专心于事业;但这一解释并不能说明这样一个事实:这样的男性全部性发泄的三分之一是通过其他的渠道而不是婚姻性行为实现的。此外,应该强调的是,这些年纪较大的男性全部性发泄的 19% 不是来自于他们的妻子,也不是来自于婚外性行为,同样不是来自于同性恋关系,而是来自自慰和梦遗这样一些独自的活动。

如果我们注意到婚姻性行为没有提供已婚男性的所有性发泄,那么更重要的是注意到把男性作为整体,它甚至没有提供其中一半的性发泄。美国白人男性中只有 60% 的人在某一个时期结婚。把整个人口的各个年龄作一个计算,并预测他们中每一个年龄群所有性发泄的平均频率,我们看到青春期到老年之间 100 个男性平均每星期 231 次性高潮。再计算每一年龄群中从婚姻性行为获得的性高潮,并对整个人口中已婚男性的范围进行调整,事实证明,一般来说整个人口中每 100 个男性每星期有 106 次性高潮来自与配偶的性行为。这意味着整个人口全部性发泄中仅有 45.9% 来自婚姻性行为。

这样我们将看到,尽管婚姻性行为是性发泄的重要来源,但美国人口中男性所体验的所有性高潮一半以上与婚姻性行为无关。考虑到性发泄中被社会和法律接受的 5% 或者 6% 是出自于梦遗,那么可以得出这样的结论:所有男性中大约一半的性发泄都出自于受社会指责的、大多与法律发生冲突的来源。婚姻性行为尽管在大多数人生活中十分重要,却没能构成美国男性的整个性生活历史。

2.男性婚姻性行为的频率

在整个人口中,在它划分的所有更小部分中,婚姻性行为最高频率发生在最年轻的年龄群中。16 岁到 20 岁之间结婚的男性平均最初频率为每星期 3.9 次，许多人在那个年龄段每星期性行为频率为 5 次、7 次、10 次或者更多次。个人之间有相当大的差别，能达到多次性高潮的年龄群中 15%平均每星期与妻子性行为14 次、21 次，或者更多次；到 30 岁时频率逐渐下降到每星期 2.9次，50 岁时 1.8 次，60 岁时 0.9 次。在目前调查的所有计算数字中，没有哪一种形式像婚姻性行为那样直线下降。

在中学水平男性中，婚姻性行为的最初频率为每星期 4.1 次；同样 30 岁时频率下降到每星期 2.9 次，60 岁时更低。

那些有着最多性发泄而其中大部分有着高频率婚姻性交的男性，在社会每一阶层中都是较早进入青春期的已婚男性，如果在 16 岁至 20 岁期间结婚，平均性发泄为每星期 5 次到 6 次；而15 岁以后才进入青春期的已婚男性平均性发泄为每星期 3.3 次。我们已经指出，妻子在决定婚姻性行为频率方面的作用没有预期的那么大。男性进入青春期的年龄，或者更严格地说，决定进入青春期年龄和男性冲动强度的一般代谢作用水平似乎是确定婚姻性行为频率的主要因素。

在同一年龄阶段中，年老一代与年轻一代之间在婚姻性行为的频率方面没有什么差别。

同先前表明的迹象相反，如果在比较中将年龄和社会地位进行修正，农村男性中婚姻性行为的频率比城市男性一般要稍低一点。这与农村男性任何社会—性接触的机会都较少，即使在婚后与自己的妻子也不知道该如何接近的现象是一致的。或许还因为在农村人口中，性活动受到了更多的限制和约束。

婚姻性行为在热衷宗教活动的新教教徒中频率较低，而在不活动的新教教徒中较高，认识到这一点也是很有意义的。两者差别会达到 20%或 30%。我们还没有关于天主教的和犹太人婚姻的充分数据来证明对这些人的任何陈述是否有根据。然而，新教教徒的数据特别有意思，因为教会对婚前性关系、婚外性关系以及婚姻性行为之外的任何形式的性活动的禁止,是以一种解释来证明其道理的,即认为:人的所有感情的和明显的性生活都是围绕婚姻中一辈子的性伴侣来发展的。不过,对于婚前性活动禁止的影响也延续到与已婚伴侣的性行为。从心理学上说,这是完全可以预料的。

在影响婚姻性行为的这几个因素之外,妻子经常的限制也降低了人口中各部分的频率,不过这主要发生在受过较好教育的人群中。许多丈夫希望性行为更频繁,认为如果自己的妻子更感兴趣的话,情况也会如此。这一情况被许多妻子证实,她们希望丈夫不要如此经常地想要性行为。极少数妻子希望性行为更频繁;也只有极少丈夫希望他们的妻子不要欲望太强烈。

兴趣的差别不可避免地引起了婚姻调节的困难;在较高社会地位的人群中没有什么比性因素造成更大的困难了。在整个哺乳动物中, 这一情况取决于雄性与雌性动物间特性的基本差异,而且这种差异并不是产生于那些特别婚姻的反常者之中。如果临床医生要对婚姻不调的个体事例提供最大的帮助, 其基本前提是,我们必须尽可能地了解一般较高级动物中雄性和雌性、尤其是人类男性和女性中性反应的种种发端。

3.男性婚姻性行为方式

按照英美习俗,性关系越简单、越直接、越完全局限于以生育为目的的性行为范围之内, 这种关系就越易于从道德上被接受。这就是我们性法律的根据,大部分习俗的基础,也是较低阶层中经常避免性关系多样化的原因——特别是当处于这种关系的是婚姻伴侣时尤其如此。

另一方面,受过教育的人,尤其是近几代人中,许多人感到,任何一种对配偶间感情关系有意义的动作都是正当的、有道理的。只要有利于婚姻关系,没有任何性行为是反常的,尽管同样的行为发生在两个非配偶之间,会被认为是不正当的。甚至教会高级神职人员也赞成这一论点,认为只要在某些情况下方式本身不是目的,它作为促进婚姻关系的手段还是可以接受的。在过去的20年中,婚姻手册和指南都或多或少一再强调性行为方式多样化的重要性,鼓励更多的人去进行尝试。应该注意的是,我们的法庭实行的英美普通法律,以及美国各州特别法规对在婚姻中"违反自然"的行为与婚姻之外"违反自然"的行为之间并没有明显界限。

然而,相当一部分人,大约有一半以上,对延长性关系没有兴趣。对于绝大多数没有受过什么教育的人来说更是如此,尽管有不少较高阶层的人也持同样看法。以为方式老练对所有的人都同样具有意义,这是错误的看法。对于大多数人,获得性高潮的满足是性行为的目的,欲望的满足越迅速,动作就越有成效。在没有受过什么教育的人中这些看法或许因为他们一般来说缺乏想象力以及在感情上缺乏吸引力,或许基于一种性哲学观念。他们认为,任何背离直接生殖器结合的行为都是变态的。

在较低社会阶层的性历史中,性行为前爱抚仅限于最一般的某种身体接触,或者接吻一两次。在某些情况下,甚至表示爱慕的行为都略去。当这种情况出现在较高阶层时,人们一般会认为这表明缺乏爱、缺乏感情。但大多数人认为这种假设是没有根据的,大多数人经常没有性行为前的嬉戏。受过大学教育的男性性行为前的爱抚一般要持续5到15分钟,或许还要更长一些。近几代人中年轻人性行为前爱抚通常是半个小时、1小时,或更长一点——偶尔是几个小时——然后才进行性行为。在某些情况下,爱抚成为性关系中获得满足的主要来源,而性活动最后导致高潮的意义在于它达到了顶点,它并不构成性关系的全部意义。

　　性刺激和反应可以而且也往往确实涉及大部分神经系统,不仅仅是与生殖器有关联的那部分神经。如果这一点没有疑义的话,我们会看到,由于产生触觉的末梢神经遍布全身,那么身体的任何部分都可以成为性欲激发和反应的中心。

　　然而人的身体表层没有哪个部分不是性刺激和反应的来源,因为皮肤到处都有触觉末梢器官。不同的人,性欲反应迅速的区域也不同,这部分取决于一个人先前体验结果的心理条件的作用,也往往因为不同的人同一区域神经兴奋的作用不同。有些精神科医生说,或许人身体的任何部分都可以成为性欲区域,只要那一部分有了充分的心理条件作用。虽然这一点在运用于所有个体身上时,它是有疑问的,但我们获取的性历史表明,至少对一部分人来说,身体任何一部分都非常敏感,都能激起性欲,甚至激起性高潮。

　　当认定生殖器是最经常引起性刺激和反应的区域时,认为生殖器就是唯一的"性器官",这是错误的;此外,认为涉及任何其他区域的刺激或反应在生理上都是反常的、不自然的、违反常情的,是性变态,这也是不对的。正如已经注意到的那样,不受社会习俗约束的低级哺乳动物都知道并利用生殖器之外的口和肛门的刺激。我们社会和法律上对于这些现象的强烈谴责和非难,向心理学家和生物学家证实,这正是表现出来的基本的生物冲动。利用非生殖器刺激作用的"非自然状态的人"与在性关系中倾向裸体的"非自然状态的人"一样,回到本源的哺乳动物行为方式上了。

　　实际上,就美国文化背景而言,生殖器刺激最经常地得到利用,而口的刺激至少在相当一部分男性中得到某种程度的利用,在女性中较少一些。不能经常充分地利用口内部和舌的刺激,是文化限制对人的性行为压抑的结果。

　　在较高社会阶层中,接吻几乎是异性恋始终不变的伴随物。在这一阶层中,配偶之间日常生活有大量接吻作为爱慕的表示,在实际性关系中必然有更多的亲吻。亲吻既是性行为前爱抚的一部分,也是实际性行为的伴随物。在较低阶层中,所有口的接触限制要苛刻得多,即使简单的嘴唇接吻也减少到最低限度。尽管较低阶层中许多人(96%)都有过接吻的体验,但频率极低。

涉及嘴唇内部即舌头的接触以及伴随在口内产生刺激作用的亲吻,也是较高阶层中性行为前接触的主要部分(占 87%);但是较低阶层中只有较少的人(占 55%)有这样的活动。在不太拘谨的夫妻间,亲吻是实际性行为,特别是性高潮这一时刻的伴随物。在这样的群体中,口的性动作被发展到相当程度,它与实际的生殖器结合同样地富有意义,或者说在促使性激发到高潮中更有影响。

应该相信,在我们的文化中,通过注视女性乳房引起性激发的男性要多于通过注视女性生殖器达到这种激发的人。根据这一事实,注意到这一点是十分有意思的:尽管书刊审查官和执法人员往往允许展出或刊登裸体女性乳房的图片,但对生殖器的展示都是极力禁止的。美国男性对女性乳房的兴趣是源于他们的文化教养,还是基于生物学的原因,这是一个值得了解和研究的问题,尤其在我们知道世界各地原始人中经常外露乳房的前提下更是如此。

许多女性发现乳房刺激能引起特殊的性激发,但更多的女性乳房接触对她们没有什么特别的影响。只有很小一部分女性,大约不到百分之几,没有生殖器的接触,仅仅乳房刺激就能引起性高潮。

但女性很少触摸男性的乳房,注意到这一点很有意义,这可能因为乳房对于女性更重要,也因为更多的人知道女性乳房的性刺激作用。反过来说,这或许因为乳房对于男性不那么重要,人们也不太了解它的性欲作用。也许还因为一般来说女性不像男性那样容易激起性欲,而且按照社会习惯女性在性活动中不是十分主动。总而言之，大多数只有异性恋体验的男性从未有过乳房引起性激发方面的尝试，因而不可能获得有多少男性乳房特别敏感的数据。然而在有同性恋历史的男性中，情况有所不同。这些数据资料表明，或许和女性一样，同样多的男性对乳房刺激敏感。

4.女性婚姻性行为方式

人类男性和女性采用的性行为方式有很大的变化。不同的选择部分是因为个体所属文化群体的风俗；部分是因为他们对某种具体性行为方式的认知和喜好；部分是因为他们的身体和生理能力；还有部分是因为他们的年龄、健康、精力和心理状况。

对大多数女性和男性而言，都要有一定量的性游戏之后才有两性的结合。我们已经指出，大多数低于人类的哺乳动物跟人类的女性和男性一样有这种活动。然而在我们文明中的某些社会阶层和世界上的其他一些文明中，可能要故意避开性行为前的游戏，社会要求性接触仅限于直接导致男性性高潮的结合，没有或很少有对女性性激发的尝试。

在我们的样本中，只有很少比例(0.2%)的女性叙说在婚姻性活动中没有任何形式的爱抚。所有这些例子都来自于出生于1909年前的女性。之所以会这样，有时是因为她们的丈夫不想这样做，有时是因为女性从心理上抵触爱抚，有时因为丈夫和妻子都认为爱抚没有任何益处，有时是因为夫妻中的一方或双方都认为性活动只是为了生育。

婚姻爱抚方式的发生率和同样方式在婚前爱抚中的发生率很接近。有过较高频率婚前性行为的女性，其婚前爱抚比婚姻性行为前的爱抚持续的时间更长。婚姻性行为更容易得到，因此无限地扩展每一种接触就没有太大必要。

　　总的来说，受教育程度不同的女性所采用爱抚方式的差异，没有受教育程度相同而出生于不同年代女性采用爱抚方式的差异来得大。一个小学水平群的较好样本显示，这个群对所采用的爱抚方式限制得更严格一些。

　　在有些婚姻性行为（11%）中，爱抚持续的时间通常限制在 3 分钟左右或更少。超过三分之一（36%）的记录中爱抚的时间是从大约 4 分钟到 10 分钟，在另外的三分之一（31%）中，是从大约 11 分钟到 20 分钟。相当数量（22%）的人，尤其是受过更好教育的人，通常的爱抚时间超过 20 分钟，有时会有半个小时，或 1 个小时或更多。有些夫妻每天可能会花 2 到 3 个小时的时间进行偶然的或剧烈的性行为前爱抚。

　　我们并不认为，在形成性行为的有效性和满意度方面，数据所表明的性行为前爱抚的有限性和延长性有什么重要意义。爱抚持续的时间反映了性伴侣的性格和他们偶然采用的行为方式。有些人能从任何一种有助于延长性行为的方式中得到巨大的快乐。很多人也感觉到性行为前爱抚的延长能增强最终高潮的强度。但很多女性和男性，尤其是受教育程度较低的男性和女性，认为任何一种性行为不明确的持续是烦人的甚至是让人讨厌的，使用这些方式会降低他们对性行为的兴趣。婚姻指南对这种爱好的不同没有足够考虑，而始终如一地建议延长爱抚时间，那主要是因为错误地相信爱抚的延长能增加女性达到高潮的机会。

　　由于性激发很多时候来自对身体其他部位的刺激，因此必然地，大多数人会发现，在裸体能有最大面积身体接触时，性活动会更有效。裸体也为一方（通常是男性）提供了观察另一方的裸体而获得心理刺激的机会。考虑到裸体性行为的这些优势——不要忘了人类是从不穿衣服的哺乳动物进化而来的——因此，得出"不裸体性行为是对生物学意义上正常性行为的扭曲"这一结论是合理的。

样本中有些女性说她们在性行为中总是或经常是穿着衣服的。这在出生于 1900 年前的三分之一（33%）的女性中是这样的。但在 1900 年之后出生的女性态度有了巨大改变，这些女性也就是在 16 岁到 19 岁，在 20 年代，即第一次世界大战后结婚的女性。在这之后裸体性行为的比例持续上升，在最年轻的一代中，只有 8% 的女性在她们的多数性行为中是穿着衣服的。

样本中，有一半的已婚女性是经常裸体睡觉的。大约 37% 出生于 1900 年前的女性这样做；但最近这些年来这样做的人数增多，出生于 1920 年后的女性 59% 的人这样做。让生产睡衣的厂商惊慌失措的是，这一比例还在上升。

害怕看到裸体是人类历史上最有趣的现象之一。严格意义上的传统犹太教教规曾在大约两千年的时间里禁止裸体性行为。当我们发现在较年轻一代中 92% 的人忘了看到裸体是无礼的，忘了与裸体进行身体接触的恐惧时，我们看到了与过去文化的一个巨大决裂。这种改变当然也反映在穿衣方式、泳装、越来越多的人在所有户外运动中接近裸体、越来越能接受裸体艺术、更自由地探讨裸体方式、越来越多地在家庭范围内裸露以及其他美国现在生活方式的各种改变上。考虑到最近审查机构试图加强对人体裸露、裸照和裸体艺术更严格的控制，我发现在婚姻关系中有更多的人接受裸体这一现象，就特别有趣了。很明显的是，大多数美国人都反对这种审查。

5.婚姻性行为的道德和法律考虑

几乎世界上所有的道德规范都接受婚姻性行为，即使其他种类的所有性行为都受到禁止。在很多事例中，性行为不仅是一种特权也是一种施加于夫妻双方的义务。在犹太教和天主教教规中，婚姻性行为主要是因为可以带来生育而被接受的，在世界其他地方，生育也被认为是婚姻或婚姻性行为的主要功能。但正如我们已经注意到的，今天更多的人认识到，婚姻中的性关系使夫妻间的感情处于良好状态时，它也具有道德功能。由于这些原因，几乎所有的宗教结婚必须在牧师主持的宗教仪式上加以隆重庆祝。因此对大多数人来说结婚就变成了一个宗教契约或宗教圣礼。在我们的文化中，最近则都以世俗的仪式或世俗对婚姻的控制加以替代。

但宗教或法律会对个体结婚和进行婚姻性行为的权利有某些限制。各种宗教团体，无论是现在还是过去，都限制它们的神职人员结婚。那些接受宗教教规的人通常被要求完全没有性行为，而且在很多团体中还要求宗教阉割。俄罗斯、埃及和埃塞俄比亚的考普特教会认为阉割是一种基督教美德。有好几条宗教教规，不仅包括俄罗斯的考普特教会，还包括美国先锋组织团体，像新和谐教会，禁止它们所有的成员发生性行为。甚至被认为是神圣的生育，在这些宗教教规中也被更高的忠诚所超越。

很多宗教团体仍然在婚姻性行为中发现了不道德之处。这一点由一直坚称所有的人"生下来就是邪恶有罪的"，并在一定条件下对夫妻关系有所限制可以证明。在欧洲和美国历史上的某些时候，例如，在四旬斋、复活节前的40天内、圣诞节前的40天、领圣餐前的3天、星期天、一星期内的2天斋戒日(星期三和星期五)、例假的时候、例假前一个星期和例假后的一段时间、某段月相时期、有时在播种和收割时、从发现怀孕开始一直到分娩前40天，都禁止夫妻间有性行为。有些教规的限制是，每个阴历月性行为不准超过一星期。犹太教和穆罕默德法典对男性和女性间的任何性行为都有严格的限制，并禁止有性行为者参加任何宗教仪式，除非通过适当的仪式被净化以后才可以。在新英格兰有段时期，在星期天发生性行为被认为是一种罪,一个在星期天出生的孩子会被拒绝接受洗礼,因为在星期天出生会被错误地认为是在星期天怀孕的。

另一方面,有很多宗教团体赞美所有性行为的美和神圣的本质,并崇敬性象征和性仪式。古代的梵语爱情书是神圣的文学。古雅典、古罗马和印度礼拜中的神庙礼拜,还有世界上很多地方的宗教仪式都承认婚姻和非婚性行为的道德性。

希伯来和天主教教规都强调妻子的义务,而较少强调丈夫与自己法定婚姻伴侣有性行为的义务。在有些教规中,不能有性行为的身体障碍,或是婚后拒绝性生活,可能会被婚内性行为取消个体婚的权利,或可能导致已有婚约的婚姻解体,所以婚内性行为仍然是非常重要的。在中世纪和文艺复兴时期的欧洲,妻子要求法律解除婚姻的一个最好的理由,就是证明她的丈夫从婚礼开始就因为身体障碍而不能进行性活动。

为了在法律上保持妻子是丈夫所有的财产这一古老概念,强调的重点是一旦丈夫想要发生性行为,妻子就必须接受,这是她的义务;但逐渐地,妻子开始分享丈夫的特权,当丈夫拒绝与妻子发生性行为时,妻子可以获得宗教或法律的赔偿。在英国和美国法律中,夫妻中任何一方的这种拒绝都被认为是遗弃或残酷,因此在很多州,这也是离婚的理由。夫妻中的一方拒绝有婚姻性行为仍是天主教教规中要做忏悔的事情。

妻子原先在婚姻中的附属地位反映了在英国和美国的法律中的传统态度。女性一旦同意结婚,就表明她绝对同意接受任何情况下丈夫的性行为要求,即使他是用极度的暴力来达到他的目的。即使是在现在的美国刑法中,丈夫与妻子的性行为永远都不会被认为是强暴,不管有多少性行为是违背了她的意愿的,也不管他使用了怎样的暴力;但几乎在每个州,丈夫如果使用了不恰当的暴力,他可以因袭击和殴打而被起诉;他还可能受到间接的惩罚,不是因为犯罪行为而是这种暴力关系可以被认为是离婚的原因。

性活动频率在很多时候是法庭再审的对象,包括最近美国法庭上的离婚案件,法官要考虑丈夫要求性行为频率的合理性。即使是接近每日一次的性行为要求也会被法官裁决为是不合理的、残酷的并且是确保离婚的充分理由。这是又一个法律没有考虑到这种性行为的高频率是多数人都保持这种频率的例子。

很少有人认识到,婚姻性行为采用的方式也同样服从于法律对非婚双方进行性行为所采用方式的限制。过去的教规规定性行为的姿势,早期的天主教教规认为,使用了男性在上之外的姿势都是要做忏悔的,在教会权威受到世俗行政的支持时,还会受到惩罚。犹太教则不惩罚各种性行为姿势的使用。

6.女性性高潮的意义和发生率

高潮并不是衡量女性从性行为中得到的满足程度的唯一标准,这一点不需要过于强调。在未能达到高潮的性激发中,在性关系的社会方面,女性也能获得很大的愉快感。对许多女性来说,无论她自己是否达到高潮,只要她知道丈夫或其他伴侣享受性行为这个过程,或者意识到自己带给了男性快乐,就会觉得很满意。在我们的样本中,有结婚很多年的人,妻子在这个过程中一直都没有达到过高潮,但婚姻维系了下来,因为家庭生活中其他方面都调适得很好。

尽管我们可以将高潮作为衡量女性性活动频率的一个标准,尽管我们强调高潮作为女性生理发泄和社会交往的意义,但始终应该明白的是,高潮并不是满意的性关系中唯一重要的内容。对女性来说尤其如此。如果是男性，就很难相信，他在不能达到高潮的情况下还会长期继续婚姻性行为。

　　然而我们的数据证明了很多临床医生经常会观察到的，如果女性在婚姻性行为中持续不能达到高潮，或没有以正常的频率达到高潮，会对婚姻生活造成极大伤害。如果性行为不能给女性带来在完全的性活动中可能获得的满足和生理发泄，她就会产生自卑感，这种感觉会进一步削弱她能获得满意性关系的可能性。

　　女性不能达到高潮可能也是造成男性巨大失望的原因。今天，很多男性，尤其是受过较好教育的男性，感觉有义务使女性获得跟和他们同样的满足。对这样的男性来说，他的妻子不能达到高潮可能暗示了他的无能，因此，他也会产生自卑感，这样就会使问题更为复杂。那个时候，性活动不仅不能巩固婚姻生活，而且还会造成失望、摩擦和更严重的不和谐。

　　在与他人的性关系中，互相的反应也是很重要的，因为一方会感受到另一方的反应。男性若看到他的妻子已被性激发，他在感情上也会被激发，尤其是当他与妻子有身体接触并感觉到她的反应时，他就更能被性激发。就是这种身体、生理和感情反应间的互相影响，使得性行为成为两个个体进行的一种最完全的互相活动。

　　双方同时在性行为过程中达到高潮主要是因为一方达到高潮时的强烈反应会刺激另一方也有类似的强烈反应。因此，同时的性高潮对很多人来说都代表了性关系中能达到的最高点。

　　另一方面，一个不能提供这些生理或情感刺激而缺乏反应的性伴侣，会大大地破坏性关系的效力。一个有性反应的男性，尤其是当他有经验知道有效的性行为是什么样的情况后，他会意识到合作的缺乏，他的反应就会冷淡下来或停止。这些失败不仅会带来失望、沮丧和挫败感，甚至有时还会带来负面的感情反应，如生气和发火。

许多女性,特别是年龄较大的女性,很少或者完全没有做出在性行为前男性通常有的爱抚举动。女性这种节制可能是由于受过专门训练而做出的端庄表现;也可能是认为男性通常的性反应是如此强烈,根本不需要额外的身体刺激;还可能是认为,在一个相信性是与浪漫和勇敢联系在一起的文化中,为女性提供快乐是男性的责任。当然,这一态度与让性关系成为互相进行的合作态度相去甚远。

同样的,许多女性在性行为中相对于男性来说是被动的。正如老话所说,这样的女性没有热情的配合,只有谦恭的默许。但在较年轻一代中,越来越多的女性认识到主动参与性活动,不仅会让丈夫满足,也会让自己获得更大的满足。

样本中,大约36%的女性从未在婚前经历过高潮。在她们的青春早期,当95%的同样年龄的男孩以平均每星期2.3次的频率经历性高潮时,样本中只有22%的女孩曾达到过高潮,不管这种高潮是以何种方式,是单独的、异性的还是同性的性活动。从16岁到19岁(多数男性达到性能力和性活动次数的高峰时期),超过99%的男性,如果单身,以平均每星期超过2.2次的频率(中值),如果已婚,以平均每星期超过3.2次的频率(中值)经历性高潮;而只有将近一半(47%)的女性曾经历了她们的初次性高潮。因此,相对来说,有限的经验,对高潮特征和意义的有限了解和对高潮的有限渴望,使得相当多的已婚女性在婚姻性行为中从未或很少达到高潮。

女性不能被性激发或在性行为中不能达到高潮通常被专业性地称为"性冷淡"。我们不喜欢这个词,因为它包含在性功能方面不愿意或无能力的意思。在大多数情况下,这些含义都是错误的。尽管个体确实在反应程度上表现出了差异,但是否有性能力的完全缺失,尚不明了。总的来说,女性和男性对所有能造成性反应的身体刺激有同等的性反应。具体数据表明,大多数女性在被充分刺激并对自己的活动没有拘束感的时候,她的性反应并不比大多数男性慢。女性可能不是那么经常地被心理刺激所激发;但如果有足够的身体刺激,那么所有的女性都能在生理上有性反应并达到高潮。

尽管有很多关于没有性反应女性的例子,我们在研究中也发现了这样的例子,但在她们身上没有找到任何证据表明,一旦女性抛掉束缚,还不能有性反应。在我们的例子中,有的夫妻会在长达 28 年之后,才有了他们之间的第一次性高潮。也有一些女性在结婚离婚 2 次、3 次甚至 4 次后,才终于能在性活动中达到高潮。任何对这样的女性达到高潮前的经历作研究的话,都会认为她们性冷淡或根本不能有性反应;但她们后来的反应证明了她们不是根本不能的。事实上,在有些这样的例子中,原先没有性反应的女性会变得在性行为中有性反应,达到高潮甚至是多次高潮。但需要说明的是,大多数没有性反应的女性需要临床医生的帮助,来克服心理障碍和其他许多造成不能性反应的束缚。

当然,人们还是很有兴趣发现,大多数女性在哪种情况下性行为会带来高潮,还有哪些因素会影响性行为的成功和失败。遗憾的是,这不是一个计算特定样本中有多少比例的性行为达到高潮的简单统计问题。在将任何一组女性数据加在一起之前,必须考虑到个体的年龄、结婚的年龄、结婚的年数、性行为的频率、性行为中使用的方式、不同阶段中高潮发生率的变化。除非已从所有这些角度考虑了这些数据,否则就不能得出有意义的联系。

考虑了所有这些因素之后,我们发现样本中的女性,平均(中值)能在她们 70%到 77%的婚姻性行为中达到高潮。在婚姻的不同阶段,比例有大幅度的不同。在结婚初期,平均(中值)女性达到高潮的性行为比例不超过 63%,但随着结婚年数的增多,其比例也在上升。

女性婚姻性行为相关数据

结婚第一年	63%的性行为达到高潮
到结婚第五年时	71%的性行为达到高潮
到结婚第十年时	77%的性行为达到高潮
到结婚第十五年时	81%的性行为达到高潮
到结婚第二十年时	85%的性行为达到高潮

　　这意味着在样本中有36%到44%的女性只在部分而不是全部婚姻性行为中达到高潮。约三分之一的女性只在很小一部分性行为中有反应，另有三分之一的女性在大约一半的性行为中有反应，还有三分之一在大部分性行为中都有反应，即使不是百分之百地有反应。

　　样本中大约有14%的女性能经常达到多次性高潮。非常有趣的是，这种情况不仅出现在每次性行为时都有反应的女性身上，也出现在只在部分性行为中达到高潮的女性身上。在上述任何一种情况中，女性在性行为中能达到2次、3次甚至12次或更多次的高潮，即使她的丈夫只有一次射精。

　　在较年轻的男性中，样本中大约8%到15%的男性能达到多次高潮，但这种能力在年龄较大的男性身上就减弱了。人类婚姻的随意性很少能把两个都能达到多次高潮的人结合在一起；无论是男性还是女性能达到多次性高潮，经常都会使夫妻间难以有满意的性行为方式，特别是只有一方习惯于在一次性行为中达到多次高潮的时候。很多男性在达到高潮后是如此敏感，以至于继续活动是一个折磨人的痛苦。如果女性还没有达到高潮或因能达到多次高潮而不满足，不能再继续的男性会让他的妻子很烦恼。

7.影响女性性高潮的因素

　　女性婚姻性行为和在婚姻性行为中达到高潮的发生率和频率在较年轻的时候达到顶峰然后稳定地下降,达到高潮的婚姻性行为比例在最年轻的群体中是最低的。在年龄较大的群体中,这些比率又逐渐上升。能作出这些分析的现有样本包括四十几岁和五十几岁的女性群体,但对于年龄更大的女性我们还没有足够的数据。

　　我们已经表明,婚姻性行为的累计发生率和频率对所有受教育程度不同的女性来说都基本一致。另外,我们发现,在任意 5 年内,女性达到高潮的人数,受教育程度较高的要更多一些。在不同受教育程度的群体中,达到高潮的性行为比例有更明显的不同。在婚姻的任何一个阶段,从第一年至少到第十五年,受教育程度有限的女性有较多的人完全不能在婚姻性行为中达到高潮,受过更高教育的女性中,完全不能达到高潮的人数要少。例如,在结婚第一年,34%的小学水平的女性,28%的中学水平的女性和只有 22%的研究生水平的女性完全不能达到性高潮。15 年后,差异减少了,但差异方向仍然如此。结婚的平均年龄因受教育程度的不同而不同, 这可以部分说明受教育程度不同的群体性反应的不同。

　　另一方面,在婚姻性行为中几乎百分之百地有反应的,在受教育程度较低的女性中很少,而受教育程度较高的女性较多。这些差异超过了可以用不同群体、不同结婚年龄来解释的差异。例如,结婚第一年,样本中只有 31%小学水平的和 35%中学水平的女性几乎在所有的婚姻性行为中都有反应,而研究生水平的女性这一比例为 43%。这些差异继续保持下去,甚至到结婚的第十五年。

在样本较小、计算方法不充分的时候,我们得出的数据是受教育程度不高的女性更多的在婚姻性行为中达到高潮。由于现在我们有了更广泛的样本和更充分的分析方法,这些数据得到修正。

在现有样本中,在第一年的婚姻性行为中,几乎百分之百有反应的女性比例,来自于较低社会阶层的女性较低,来自高级白领阶层和专业人士家庭的较高。其中差距并不大,来自体力劳动者家庭的是 34%,来自高级白领家庭的是 40%。但这些差距至少一直持续到结婚第十五年;它与我们的下列发现是一致的:受教育程度较高的女性比受教育程度较低的女性在婚姻性行为中更有性反应。

在过去 40 年里,样本中女性各年龄段通过性行为达到高潮的发生率在上升。更有社会意义的是发现同期达到高潮性行为的比例在逐渐上升。在婚后第一年性反应不能达到高潮的女性比例在 1900 年前出生的女性中有 33%,而在 1900 年后出生的女性中只有 22%到 23%。同样的差异至少在婚后持续 15 年。

相反的是,在婚后第一年,几乎在所有性行为中都有反应的女性比例从年龄较大群体的 37%上升到较年轻群体的 43%。同样这种差异要维持 10 年或更久。这证明了女性所属群体的态度和公众所接受的道德观,影响了女性的态度和性表现。通常个体在性调节方面的困难都来自于整个一代人的想法和她成长于其中的文化群体的观点。要真正解决这些困难就必须接受与她所属群体不同的态度和行为方式,这可能会带来新的困难。但成千上万女性似乎在做这些调整时没有太大困难,这是因为在样本所涵盖的 40 年里,美国大多数人的观点已经改变了。因此,很多女性都能在她们的婚姻性行为中起到更有效的作用。

我们发现女性进入青春期的年龄似乎与婚姻性行为的各年

龄段发生率和频率没有关系,同样似乎也与达到高潮性行为的比例没有关系。可能的例外就是到 15 岁或更晚以后才进入青春期的女性。这一群体中的女性,从未达到性高潮的人数要比其他群体略高,几乎百分之百能达到高潮的人数比其他群体略低。

很少有证据表明,婚姻性行为的各年龄段发生率和频率与女性的宗教背景有关系。同样的,数据表明,达到高潮的婚姻性交的比例也没有因信仰程度的不同有明显差别。只有较虔诚地信仰天主教的女性在婚后第一年更为压抑,完全不能达到高潮的人数明显较多,能在多数性行为中达到高潮的人数更少。

样本中女性在性行为中达到高潮的反应与样本女性结婚的年龄有一定关系。那些在婚姻性交中达到高潮频率最低的女性是在 20 岁结婚的女性。在这一群体中,约 34%的人在婚后第一年从未达到过高潮。在 21 岁和 30 岁之间结婚的女性,这样的比例只有 22%,而到 30 岁以后结婚的,这样的比例只有 17%。在结婚 10 年和 15 年后,差距仍然明显。

在婚后第一年,在几乎或所有性行为中都达到高潮的比例,在到 20 岁时已经结婚的女性中是 35%,在 21 岁和 25 岁之间结婚的女性中是 41%。在过了 25 岁再结婚的女性中,这一比例并没有升高,反而有明显下降:有证据表明,这样的情况一直会持续婚后 5 年或 10 年。

还处于青少年时期的女性在婚后达到高潮的比例较低,部分是因为很多女性直到 20 岁后,才会被性激发或达到高潮。这种性反应的缓慢出现可能是因为基本生物学因素,也可能是个体在年龄较小时不能发生与他人性协调的关系。20 岁或年龄更大的女性在婚后更快达到性高潮的能力可能是因为她们有了更多的通过自慰、爱抚和实际性行为达到婚前性高潮的经验;后面的数据表明婚前经历确实与婚姻性反应有关系。

样本中接近一半(49%)的女性,在她们婚后第一个月在性行为中经历了高潮。有这样反应的人数逐渐上升，在婚后前 6 个月里，67%的女性至少达到过几次性高潮。到第一年年底，有 75%的女性至少在某些时候达到过性高潮。对样本中四分之三的女性来说，达到性高潮的能力——意味着通过经历学习，把自己从原先阻止其更早有性行为的束缚中解放出来并有性反应——在婚后第一年就获得了。但在第一年后，再调节的过程减缓了，而对有些女性来说，这一过程会稳定继续下去直到结婚第十五年或更晚的时候。到结婚第十五年的时候，大约还有 10%的女性从未在婚姻性行为中达到高潮，还有一些女性直到结婚 28 年后也没有达到她们的第一次性高潮。

在样本中，不管是多大岁数结婚的，最不能达到高潮的是在结婚第一年。到第一年结束时，仍然有 25%的女性从未达到过高潮，在第五年还未达到高潮的比例是 17%，到第二十年时，比例是 11%。

另一方面，婚后第一年，有 39%的女性几乎在所有的性行为中都达到高潮。这个比例逐年增长。在连续婚姻的第二十年后，比例达到 47%，接近样本的一半。这些数据证明了在一段时间里，经验和心理调节能增强女性在婚姻性行为中达到高潮的能力。

四、我看婚前性关系

1.男性婚前性行为的发生率和频率

在所有其他类人猿中,有效的性行为是从青春期前对性关系的尝试中演化而来的,而且当这些动物有能力进行社会—性接触时就已开始。

虽然在未开化的类人猿中有家族存在,男性对其拥有女性的权力或许受到某种防止局外人染指的措施保护,然而在这种性关系史中,没有什么能划分婚姻关系和婚前性关系。在现代文明社会中,那些受教育程度最低的人群在婚前和婚姻经历的差别恐怕与类人猿的差异甚微;此外可以确认,如果没有任何社会抑制因素作用,所有未受到社会压抑的男性都会在婚前发生青春期前性行为和青春期性行为。当然,不具备必要身体条件或体能较差而不希望进行这一活动的个别男性属于例外。

因此,发现大部分男性都有婚前性行为是不足为怪的。处于青春期前的男孩,主要是从 10 岁到青春期之间,有 22%试图发生性行为。一旦开始,在所有这样的男孩中一半以上,在较低教育水平群有四分之三会将这一活动持续到青春期。异性性行为造成第一次射精的,在所有的男孩中占八分之一(12.5%);而小学水平群中这一比例更高一些,为 18.5%;而在最后上了大学的男孩中,这一比例仅为 1.4%。

在不同的社会阶层中，婚前性行为的各种数据不大相同。大学水平的男性中，大约 67%有婚前性行为；中学水平的男性中这一比例为 84%；小学水平男性中有此行为的人占 98%。在较低阶层中甚至还有这样的群体，在那里找不到十五六岁时仍然保持童身的男孩。这些阶层的差别可以解释这一事实：许多较高阶层的医生对那些他获得的被关押在监狱和精神病院的男性以及陆军、海军、工厂企业的男性性历史大为震惊。大多数以前仅限于单一社会阶层男性的研究中得到的数据，与我们已经知道的发生率十分相近：哈米顿（1929 年）公布的百分比为 54%，彼特生（1938 年）的是 52%，怀尔（1941 年）的是 60%，芬格（1947 年）的是 45%；这些数据多数以大学水平的男性为其调查对象，这些人还在大学里，因此未能经历其所有的婚前性活动。另外一些研究涉及不同的社会阶层，如埃克斯纳 1915 年的报告、阿基利斯 1923 年的报告、威洛比 1937 年的报告、特尔曼 1938 年的报告、巴特菲尔德 1939 年的报告，他们将不同阶层的男性性行为混为一谈，这些数据都难以作出有价值的解释。

婚前性行为频率随着社会地位的变化而不同，其差别比婚前性行为发生率的差别要大得多。在大学水平的未婚男性中，同伴侣或者同妓女发生性行为从未超过他们性发泄活动的有 21%，而受教育程度较低的男性的这一比例却高达 68%。对于受过良好教育的男性来说，婚前性行为的意义不在于它所产生性高潮状态的次数，而在于这一高潮的产生表示他不再属于这一群体的多数之列。一个较高阶层未婚男性将性活动看作自慰、梦遗、爱抚以及与自己中意的女性交往所产生的持续兴奋感，而不是仅仅与女性发生性行为。另一方面，较低阶层的男性或许认为，性活动就是异性发生性行为，除此以外都没有意义，除非他对同性恋也很有兴趣。

大体来说，婚前性行为频率在青春早期会达到最大值，其平均值达到每星期 2 次，而且差不多占据其性发泄活动的 50%，这一频率随着年龄的增长而降低，但它不同于性发泄活动总量的降低速率。而且，婚前性行为的影响在增大，到了 45 岁左右，它会占据未婚男性的性发泄活动的三分之二(66.6%)。自慰和性行为对于男性来说是达到婚前性高潮的主要来源，正如前面所指出的那样，它们是特别表明个人变化同一范围的性发泄活动。有些男性，主要是较高阶层的男性，他们婚前性行为仅限于正式完婚前与未婚妻的性活动。也有些男性，主要是较低阶层的男性，性行为频率很高，多达每星期 10 次，从青春期开始到 25 岁之间，有的性行为频率多达每星期 25 次，而且持续 5 年之久；但有这种过度行为的人在以后的年代里其活动会大大减弱。就总体而言，16 岁到 25 岁的男性大约每星期 1.4 次，此后还逐渐减少。较低阶层男孩这一频率平均值很有可能是每星期 2 次到 4 次，这个数字接近许多已婚男性的性生活水平。对于任何特定的人来说，这个数字可能是变动的，它还取决于与其交往女性本身的各种因素。

那些仅仅只有小学水平而且 10 岁或 11 岁就进入青春期的男性，婚前性行为发生率和频率的平均值最高。16 岁至 20 岁，这一群体有 86% 都经历了婚前性行为活动；与此相反，在大学水平男性中较晚进入青春期的，只有 33% 的有此经历。16 岁到 20 岁，较早进入青春期的小学水平男性，其婚前性行为频率达到峰值，平均每星期超过 3 次，其中人口活跃部分，这一频率达到每星期 3.6 次。而处于同一年龄段的中学水平群平均频率是大约每 2 星期 3 次，而大学水平群这一数值为每 3 星期 1 次。

在任何社会阶层中，宗教信仰虔诚的男性婚前性行为频率很低，无论他们是基督教教徒还是天主教教徒。相反，与教会无涉的人婚前性行为频率最高。

农村男孩的婚前性行为频率比城市男孩要低得多。就所有的社会阶层而言也完全如此，特别是在青春期早期。其原因可能有两点,首先乡村里宗教观念比较严格,其次乡村男孩难以与姑娘们约会,而且社会活动机会较少,所以产生了这种差距。

最后,今天的年轻男性对性行为的基本态度与22年前没有什么本质区别。至于社会各阶层中婚前性行为发生率和频率,这一代人与上一两代人大抵相近。大学群中涉及婚前性行为的频率也与上一代人比较接近,由于这些群体曾努力去控制婚前性行为现象,这种努力的失败是十分有意义的。对于教育水平较低的男性来说,发生率曲线也和上一代人差不多,只是起点更早而且峰值也来得更早。这种状态或许是今天较低阶层营养和健康状况得到改善的结果。

1938年,特尔曼在《婚姻幸福的心理因素》一书中试图对年老一代和年轻一代的婚前性行为的数据进行比较,他得出这样一种结论:在连续40年(1881—1920)中出生的男性,婚前性行为的发生率在逐步递增,而且到1950年或1955年,未婚夫妻正式完婚前的性行为将变得十分普遍,婚前性行为的趋势由于这一势头的迅猛发展而延续下去。但这一结论并未被目前的研究所证实。既然特尔曼的数据已被广泛引用,指出这一研究中某些基本程序的错误是十分重要的。这一研究中援引的数据是不全面的,它没有足够连续的涉及生理和社会因素的翔实资料和足以说服人的分析。这一研究的方法不适合就整体而论的性研究,仅仅适用于个别例证。他考察的群体成员教育水平参差不齐,差不多70%的人受过大学教育,其余的30%既有小学程度也有中学程度。从我们的研究来看,对任何教育水平不同的人口进行笼统的婚前性行为活动的分析都是不适宜的。

应该着重指出的是,特尔曼系列中最重要的统计人口,也就是在他的研究曲线的最后一个点上,只有22个男性。这样一个样本显然不足以说明问题,对于美国人口中任何一个较大的群体来说都是没有什么意义的。通过现在掌握的婚前性交方面的数据,我们可以预言,将有一部分人出于道德观念上的原因而避免婚前性交行为活动。虽然在最近二三十年中,各阶层人士婚前性行为的发生率保持稳定状态,但这一期间接受大学教育的人则大大增加了。既然有这样一个很少涉及婚前性行为的群体,这就意味着现在有相当大一部分人基本上与婚前性行为无关,看来这一结论与特尔曼 10 年前的预言是大相径庭的。

2.男性婚前性行为的性质

有关婚前性行为不同情景的详尽分析将在下面进行。然而有一点现在就可以强调一下:性行为问题较为复杂,影响因素颇多,不仅有频率而且涉及伴侣的数量、伴侣的禀性,此外还涉及进行这一活动的时间和地点。

有些男性,特别是较高阶层的男性或许仅同一个姑娘有婚前性关系,而这姑娘往往是其未婚妻;而有些人婚前就有一二十个性伴侣,更有甚者,有些较低阶层的男性婚前竟和成百上千的女性有性关系。也有极少数人,特别是那些仅读过小学或中学的男性,他们的兴趣在于追逐和征服各种女性,对长期与一个女孩保持关系觉得乏味。有些男性完全不愿意与同一个女孩重复性生活的体验,有时男性性行为的兴趣并不在女孩本身。许多较低阶层的男性直言不讳地声称:他并不喜欢女孩子,和她们相处时除了性行为以外不知道还能干点什么以保持继续交往。有些粗俗的俚语概括了这样的情景。除非临床医生,特别是负责公共健康的官员们了解这一状态,除非教授先生们了解较低阶层那种性生活的承受能力,对性病的控制才有可能变得有效一些。

遗憾的是,有关这些与男性有婚前性关系的女孩子社会地位方面的数据在目前的研究中尚不完备。不少人认为,大多数婚前性行为涉及的女孩子都较其伴侣地位低下,不过我们掌握的数据似乎并不能证实这一点。虽然有某些理由使人相信,年老一代大学水平的男性经常嫖妓,但这种特殊数据没有什么普遍意义。当然,教育水平较低的男性经常只与较低阶层的女孩子发生婚前性行为,这是人所共知的。

较高阶层男性婚前性行为以职业妓女为对象的人数较少,而较低阶层男性的婚前性行为很大程度上依赖这一商业渠道。

大多数男性只和那些年龄相仿的女性有性关系。只有少数男性喜欢比他们年轻许多的女孩子,当然如果自己很年轻时则另作别论。尽管有些十多岁甚至还处于青春期前的男孩经常和二三十岁或者年龄更大的已婚妇女发生性关系,但也没有多少男性喜欢与比自己年长许多的妇女有性关系。有极个别的男性与比自己年长许多的女性长年保持性关系,她们大都是单身的、已婚的,也有离异的女性;但差不多所有年轻男性都只和未婚女子发生性行为。

发生婚前性行为的环境和条件在不同的社会阶层中是不相同的,大学生们的婚前性行为或许在校园里、校舍里;但是大多数是在暑期中发生的,地点常常在女孩家里。从社会上看,性行为可能在很多地方发生,小轿车里、户外、旅游营地、旅馆都可以发生,有时在朋友家里,但更多是在女孩家里。为婚前性行为提供某些特殊的便利条件,在某些特定的人群中往往得到广泛认同,就像原始社会部落里单身汉的草棚那样。

虽然较高阶层的婚后性行为有90%是完全裸体后进行的,但他们的婚前性行为则有55%都是条件许可就进入这一过程了;较低阶层中婚后性行为有43%是完全裸体后进行的,婚前性行为则只有32%按这一方式进行。

3.男性婚前性行为的意义

是否有过婚前性行为,对于大多数男性来说是一个远比其他方面性活动更值得关注的问题。对于多达半数以上的男性来说,性行为是所有与性有关的思想、意念以及所有经过筹划的性生活的最终目的;它对于大多数以其他形式进行性发泄活动的未婚男性来说也是一个非常重要的问题,仅仅除了15%进了大学的男性以外,绝大多数男性都有过婚前性行为而且将此视为正常人发展中一个渴求的对象,即使那些公开主张禁止婚前关系的议员和不时对非婚性生活挑毛病的某些官员,许多人也以自己的经历证明他们认为婚前性生活和婚外性生活都是可以接受的,而且是合乎人们愿望的。有些人公开为这种性活动的价值和意义进行辩解,这种人的观点并非完全不屑一顾。特别是在教育水平较低的人中间不少人持有这种看法,当然较高阶层男性中也不乏其例。许多社会问题专家们认为,中产阶级是最囿于传统的,这一印象显然是基于这一阶层人士所表达的种种观念,而不是基于他们实际行为的性历史。

在欧洲大陆国家中,婚前性行为被社会认可的程度显然比美国更高一些,婚前性行为本身具有社会价值的观念逐渐为人们所接受,对此欧洲大陆国家的临床医生做了大量有实质性意义的贡献。有些医生建议他的病人去进行这一活动,而且有些人试图发现,没有这样一种经历,谋求社会—性调节是极为困难的。

当然,从另一方面看,还没有什么其他性行为曾遭遇到如此之多的非难。它往往受到刻板的道德规范的种种抨击。对婚前性行为的非难往往基于这样一些理由:认为它导致了不必要的妊娠,导致了私生子的降生,导致了性病的蔓延,导致了个体身体机能紊乱,给社会和法律带来障碍,给婚后性反应带来不调,这里似乎较多地涉及科学问题。它们代表了身体境况和可衡量的社会关系,是科学调查的对象。遗憾的是,论及这些问题的少数科学家,其方法之主观就像是没有任何科学背景的人。这里既有人为多配偶者和杂婚辩护,也有人为贞操辩护,他们是生物学家、医生、心理学家以及精神科医生,他们为自己的名声而做交易,科学训练在这里完全不起作用。

现在可以指出的是,简单的相关关系还不足以测量婚前性体验对婚姻历史的影响。简单的两者相关关系在显示原因和结果时是不充分的。它们充其量不过是显示了一种关系,但不是必然的因果关系。除非相关项目很好地确定为一个单元,而不是成分各不相同的诸单元的混合物,这样的关系就总是不充足的。

我们还没有足够的根据来说明,有无婚前体验是否影响婚后生活。因为婚前性行为总是一个复杂的事情。这一问题关系到这个有婚前性行为的人,关系到在他整个行为模式中对婚前活动可接受还是不可接受的程度。它取决于他精神冲突的程度,而这可能是他违背了自己的理想和哲学而造成的,但在无意识中他仍然依附于它们。有一些确定的个案表明,对于一个相信婚前性行为是不道德的人来说,这种冲突不仅会损害婚姻调节,而且会损害这一个体的完整人格。当一个人真正接受了婚前性行为,这一结果可能就完全不同了。

此外,婚前性行为的影响取决于配偶的性质,以及这一活动杂乱的程度。这是一个女性配偶的问题,不论她是来自同一社会水平还是来自较低社会水平,不论这是一种社会关系还是一种交易关系,也不论她是否只是婚前的未婚妻。婚前性行为对婚姻调节的影响取决于女性配偶接受的程度,以及这个男性接受妻子对他婚前性行为看法的程度。甚至在那些夫妻双方都认为自己接受了这种行为的个案中,婚后的紧张境况仍然可能产生互相指责的问题。

婚前性行为的意义取决于当时的境况。如果它是在身体不舒服、不能让双方得到满足的情况下进行,如果它是在个体担心被发现或将会被发现的情况下进行,结果是一回事。如果它是在一种让人满足的环境中进行,而且不用担心什么,结果可能就完全不同。

婚前性行为的意义随着它与性病的关系而很不相同。差不多所有大学水平的男性在婚前性行为时都使用避孕套。大多数婚前性行为都是与同一社会水平的姑娘进行的。因此,由这些姑娘染上性病的发生率是非常低的。另一方面,性病的发生大都是较低社会阶层婚前性行为的结果,他们不常使用避孕套,发病率要比社会卫生学文献通常显示的更高。

婚前性行为的意义取决于双方能否成功避孕。在大学水平上,已经普遍采用避孕方法,婚前怀孕的发生很少。如果不采取避孕措施,怀孕是不可避免的。在那些很少采取避孕措施的人当中,婚前怀孕的情况是很多的。

作为相关关系的另一端,在将婚姻幸福作为一个问题单元来处理时,我们同样感到数据资料不足。影响婚姻调节的因素有许多,影响婚姻性生活调整的因素很多,要辨识出性因素起作用的情况,首先要对所有其他因素的作用有一个准确了解。

有人认为,所有经历过婚前性行为的男性后来都对这种经历感到悔恨,这种悔恨成为他们一生的阴影。有少数男性的性历史似乎表明了这一点,但有此体验的大多数人在回答我们就此提出的问题时表示,他们并不对这种经历感到后悔,婚前性行为也没有对他们以后的婚姻调节造成任何问题。值得注意的是,大多数对此经历后悔的男性都是婚前性行为很少的男性,在大多数这样的个案中,不过只有一两次婚前性行为。当然,以后我们将比较有婚前性行为的女性的反应,这将具有特别重要的意义。

对那些特别关注性行为道德价值的个体来说,这些科学问题都是无足轻重的。在他们看来,道德问题才是真正的生活内容。它们作为异性恋调节是真实的,它们作为婚姻调节的幸福或不幸是真实的。那些试图对婚前性行为的后果作客观测量的科学家们,不应该忽视了这些问题。

4.女性婚前性行为的历史起源

在样本中大约三分之二(64%)的女性曾经历过婚前性高潮。有些人的经历是有限的,有些人的经历则是经常的。自慰、性梦、异性间爱抚、异性性行为和同性性行为这 5 种方式基本上是婚前性发泄的所有方式。

通过性行为达到的高潮只占女性婚前达到高潮总数的六分之一(17%)。很多人认为"性行为"和"性关系"是同义词,但真正的性接触只占婚前性行为的一部分,虽然是意义重大的一部分。当然,性行为的社会意义比它为女性提供了生理发泄这一功能更重要。在我们的文明中,道德和法律对婚前性行为的禁止增强了性行为的意义,这使得要确保对婚前性行为与个体性需求的关系,以及婚前性行为与社会内在利益的关系作客观评价变得十分困难。

迄今为止,没有科学数据表明婚前性行为可能对女性婚后性和谐产生影响。希望我们现在给出的关于样本中女性婚前和婚后性历史的数据能有助于对这一点的理解。

多数哺乳动物包括雄性和雌性,一旦具备了交媾所必需的身体协调能力,它们就开始或尝试性行为。多数啮齿目动物和其他体积较小的哺乳动物在出生后几个星期内就开始交媾，体积更大一点的则是在 1 年以内。在较高等的体积庞大的灵长类动物，像黑猩猩和猩猩中，也存在这种早期性行为，虽然它们青春期的开始是在 7 岁到 10 岁间，并没有比人类晚多少。

所有低等哺乳动物雄性的性反应都很强烈，通常比同类雌性动物在性游戏和真实交媾时变得具有攻击性的时间要略早。因此发现青春期前的女性并不像大多数青春期前男性那样经常进行性游戏和真实性行为，就不足为奇了。

因为在低等哺乳动物中不存在婚姻法，而且对它们来说，交媾直接脱胎于婴儿期和青春期前的游戏，因此，就严格意义而言，在任何比人类低等的动物中都不存在婚前性行为和婚后性行为的差别。尽管人类的风俗习惯和人类自己制定的法律给婚前性行为和婚后同样的身体行为划分了明显的界限，我们还是要认识到就身体和生理学意义而言它们是一回事，就跟在低等哺乳动物中存在的一样。认识到这一点是非常重要的。

在人类的多数文明中（除了我们的文明以外），性游戏，跟低等哺乳动物一样，在人类具备了足够的肌肉协调能力和与他人接触的机会后，就会出现。两三岁大的孩子会做一些类型的游戏，五六岁大的孩子就经常会做至少是模仿性行为的游戏。有时候，这种游戏会得到成人的赞赏和鼓励。成人性行为的方式就是逐渐从这种早期游戏发展而来的。这正是我们在美国较少束缚的人群中小男孩身上所发现的。

在有些文明中，青春期前性游戏会毫不间断地持续进入青春期和青少年期。在另一些文明中，随着青春期的到来，会禁止这类游戏的继续。在很多包括亚洲和欧洲的原始人群中，例如一些地中海和拉丁美洲的人群，他们允许女孩 5 到 6 岁前全裸或公开地玩至少是某些性游戏。男孩则直到青春期快来时，都可以在乡村，一小部分在都市，甚至是城市的街道上裸露。当然最后一种情况并不常见。随着青春期的到来,男孩与女孩之间的接触会被限制,其后成熟的性游戏或多或少开始有新的发展。

除了我们的文明以外,几乎在所有的文明中,人们至少部分地接受发生在未婚青春期和青少年期年轻人间的性行为。有大约70%的文明至少在一定程度上公开允许这种行为的发生。通常都禁止亲戚间、同一部落间或特定部落间的这一行为,但大多数例子表明社会赞同婚前性行为。在某些部落中还提供了性行为的场所,像单身汉小屋或是某些临时场所。

在古希腊、古罗马,以及在地中海、东方文明中,人们普遍接受未婚男性的性行为,尽管同时对女性或至少是中上层女性的同类行为有严格禁止。结果就是这些文明中的未婚男性不得不与妓女、下层女性或有时秘密地与同阶层女性发生性关系。在一些欧洲国家,尤其是在斯堪的纳维亚半岛和中欧地区,人们普遍接受所有阶层的男性和女性的婚前性行为。

在我们的文明中,对性行为有着混合的态度。宗教教规、法律法规、心理学、社会学、神经科学和其他医学理论以及大众都普遍赞同异性性行为是最合意、最成熟、社会接受程度最高的方式。但与此同时,宗教教规、法律法规和很多医学理论都对婚外性行为进行惩罚,并宣扬一种让大多数人无法理解的否认人们需要性活动的说法。这种自相矛盾的评价给美国年轻人的性心理造成极度焦虑不安。这种不安对他们以后的婚姻调节也会造成深远影响。我们的调查表明,对婚前性行为和其他几乎所有异性性行为方式的不赞同,是造成同性恋行为的重要原因。

由于公众对婚前性行为的不赞同,人们可能认为在美国女性和男性间这种行为发生得很少。但这是一个开放的文化,人们可以公开表示自己相信和想做的事情。我们关于男性的报告表明,在公开表明的态度和男性实际上所做的行为事实(隐秘文化)之间有多大的差距。现在我们来看一看本研究中女性样本婚前性行为的情况。

　　纵观历史,所有的文化形态,原始的、古典的以及现代的形态中,非婚性行为都是一个社会问题;但是婚外性行为往往比婚前性行为引起人们更多的关注,在古代赫梯人、亚述人和巴比伦人的法规中,这种问题通常只涉及一种正当的权力,而不涉及道德伦理规范。已婚男性对其妻子的所有权,以及她所认可的其拥有的一切特权是维系这种关系的首要基础。在大多数法规中,极少提及婚前性行为问题,除非它发生在订婚之后。因此,有了上述那种首要的正当权利,一些针对别的男性侵害这些合法权利的法令就应运而生,而且当一个婚约破裂时,人们就可以审慎地考虑这些权利的性质。在漫长的人类历史中,很少出现像犹太法典和英美法规这样对婚前性行为予以关注的条款。

　　在今天被称作原始人的古代人那里,对婚前性行为普遍都不介意。有时婚前性行为受到某种限制,但一般来说它都被毫无保留地接受下来。

　　婚前性关系在世界其他具有各种不同文明传统的地方或多或少都得到认可,在东方,在古代世界,在大多数英美血统的欧洲人的群体之中都是如此。

　　考察一下在婚前性行为方面人们所持基本态度的缘由是有意义的。作为一种经验的产物,作为保护非婚生孩子的手段,以及作为保护婚姻地位法规的各种解释,都不能代表这一历史整体。在犹太人的法规中,女孩子结婚时仍保持童贞是极为重要的,这一点对今天的社会生活仍有很大影响。

　　然而即使在犹太人中,男性的贞节也很少引起人们注意,大多数大陆欧洲国家的法规在这一方面更接近犹太人的法规,而不是更接近英裔美国人的观点。有一点可以确定,今天仍有值得注意的虔信宗教的团体,他们认为婚前失去童贞对男性和女性都是不可饶恕的罪孽。

在犹太法规中,以及在许多欧洲人来看,处女膜的完好无缺就是女孩子直至结婚时仍保持童贞的证据。而且许多东欧和其他群体的结婚典礼仍然需要证明这种童贞的存在。来自那里的移民今天仍用一条有血污的餐巾来证明新婚性生活的圆满完成。

受到我们这种文化传统熏陶的年轻人中,或许有人因为是处女而抬高了身价,即使有过其他性生活,如爱抚或其他方式的肉体接触,只要未涉及破坏处女膜的性行为,就无伤大雅。

5.女性婚前性行为的发生率和频率

在样本中,将近50%的女性有过婚前性行为。大部分的性行为都发生在结婚前一两年内,包括在快要结婚前与未婚对象发生的性行为。结果是,发生率取决于结婚的年龄。结婚早的女性有婚前性行为的年龄也比较早,结婚晚的女性有婚前性行为的年龄也相对要晚一些。在这两种现象中有着显而易见的联系,问题在于,是由于早有性行为经历导致了早婚,还是像某些例子表明的那样,即将结婚的可能性导致了在婚前接受性行为?

在20岁结婚的女性中,将近50%的女性有过婚前性行为。在21岁和25岁之间结婚的女性也有将近50%的有过婚前性行为。在26岁到30岁之间结婚的女性婚前性行为的比例是40%到66%。如果不考虑结婚年龄,那么,样本中所有女性有过婚前性行为的比例就要低很多。

除了早婚的女性外,在青少年早期就有婚前性行为的人相对来说很少。这可能是因为只有一小部分年少女孩有性反应。同时也是因为这个国家的公众舆论和法律对与年少女孩有性关系的男性有严厉的惩罚。

在任何形式的性行为中,都有很多女性在相当多的时候不能达到高潮。不管是婚前、婚后还是婚外性行为,情况都是如此。女性达到高潮的累计发生率和女性婚前性行为的累计发生率的上升与年龄的增长是一致的,不过前者的数值要比后者低。样本中大约三分之二有过婚前性行为的女性至少偶尔达到过性高潮。有趣的是,样本中女性达到高潮的婚前性行为比例与她们婚后达到高潮的性行为比例之间没有太大差异。

不管结婚年龄是多少,样本中所有的女性,在 15 岁时有婚前性行为的占 3%,在 16 岁到 20 岁之间这一比例为 20%,在 21 岁到 25 岁之间为 35%,在其后 20 年内,有的比例超过 40%。

婚前性行为的频率远低于婚后性行为的频率。这部分原因是未婚者难以固定性伴侣并难以找到可以方便进行性行为的场所,但主要是因为社会对婚前性行为的限制。样本女性中有过婚前性行为的, 年龄在 20 岁以下的平均频率是每 5 到 10 星期 1 次,年龄在 20 岁以上的,平均频率是每 3 星期 1 次。因为在女性中还存在其他形式的性行为, 因此婚前性行为的频率直到女性 20 多岁后才达到顶峰。然后直到 55 岁之前,频率都相当高。

当然任何一个特定群体中女性婚前性行为的频率有着巨大变化,对她们中的大多数人来说,这种行为的发生是零散的。在婚姻之外, 相对来说很少有女性像大多数男性一样经常有性行为。样本中一半以上女性的婚前性行为都是某一个星期内有 3 次或更多,但通常之后要间隔几星期、几个月甚至几年。大约 20% 的女性在某个星期内每天都有性行为,7% 的某个星期内有 14 次或更多,但通常在这之间存在间隔休息期。本章所涉及的平均值指的是整个群体的平均值,假设这些行为都是均匀地在整段时间内发生的。但应该知道这种平均并没有有效地强调个体变异的范围,有时还会有误导作用,因为没有突出婚前性行为的零星性质。

就个体差异而言,婚前性行为达到高潮的频率差异比婚前性行为频率的差异要大得多。一些女性在各种形式的性行为中都没有达到高潮，一些则是有时候会达到高潮，有的是每次都会达到高潮，有的则是不管什么时候进行性行为都能达到 2 次以上的高潮。这种达到多次高潮的现象在婚姻和婚姻结束后的性行为中也有出现。大约 14% 的女性经常多次达到高潮。这种能力在一部分有过婚前性行为的女性身上能很快体现出来。

通过婚前性行为达到高潮的比例占处于青少年时期或更小女孩的总体性发泄比例的 6%，占处于青少年晚期，年龄从 16 岁到 20 岁之间未婚女性的 15%，在 20 岁出头还未婚的女性中占 26%。性行为作为婚前性发泄方式的重要性持续增长，直到 45 岁时达到 43%。对 45 岁后、50 多岁仍然未婚的女性来说，它的重要性开始降低。

综观所有的年龄群，自慰占婚前性发泄的比例要更高，对青春期的最后几年来说，通过婚前爱抚达到高潮的比例也更高。在 20 岁以后，婚前性行为变得比婚前爱抚重要；在 25 岁以后，婚前性行为变得跟自慰一样重要。

根据已婚妇女的数据（这也就意味着她们的婚前经历已结束），超过四分之一（29%）的女性在婚前仅有不超过 10 次的性行为经历。在很多例子中，女性只有 1 次婚前性行为经历。44% 有过婚前性行为经历的女性持续时间在 1 年之内或只是几个月。有三分之一（30%）的女性持续时间是 2 到 3 年，26% 的在 4 年以上。但只有很少女性是在持续时间内连续有性行为的。

不同年代女性婚前性行为的持续时间却惊人的相似。在这一点上，近几代女性的行为与她们的母亲和祖母辈没有特别差异。

在女性结婚的年龄和婚前性行为的持续时间之间有明显的必然联系。在 20 岁结婚的女性中，60% 的婚前性行为只持续了 1 年或不到 1 年，但在 30 岁以后才结婚的女性中，持续时间只有 1 年的仅占 27%。这表明婚前性行为可能是促成年轻女性早婚的一个令人信服的理由；但由于她们中的多数人直到 25 岁后或 30 多岁时才结婚，持续婚前性行为好几年，其中将近一半长达 6 年之久，这就清楚表明，女性有婚前性行为这一事实还不足以让她们所有的人都立即结婚。

与未来伴侣的婚前性行为持续时间通常没有与其他男性的婚前性行为持续时间长。有四分之三有婚前性经历的女性与未婚夫的婚前性行为时间不超过 1 年。这表明只有一些女性因为跟这个男性有性活动，就跟他订婚。另一方面，有证据表明，未婚夫妻间有性行为往往会使他们提早结婚。至少在某些例子中，是因为他们希望能够获得比未婚时更完整的性关系。

根据已婚女性的数据，有 53%有婚前性经历的女性在婚前只有 1 个性伴侣。三分之一(34%)的有 2 到 5 个性伴侣，13%的有 6 个或 6 个以上。然而需要再次指出的是，这次调查没有足够的受教育程度较低者的数据，我们不知道来自这一阶层的足够数据是否能给出更高或更低的数量。同样的，也没有正在服刑女性的数据，我们的计算表明这一群体女性的性伴侣会更混乱。结果是，现在的数据仅基于中上层女性。尽管这些群体中的性伴侣数量可能会让有些人吃惊，但还是赶不上男性的性伴侣数量。

在有过婚前性行为经历的已婚女性中，87%的人至少有部分性行为是与后来成为丈夫的人进行的，约 46%的人婚前性行为对象是未婚夫。这意味着 41%有过此类经历的女性的性交对象是未婚夫和另一个男性。约 13%的是与另一个男性而不是与未婚夫。就这一点而言，样本中的年老女性和年轻女性间没有太大差异。结婚较早的女性仅与未婚夫有婚前性行为的比例要高一些，为 54%，而 30 岁后才结婚的女性只与未婚夫有婚前性行为的比例仅为 28%。

即使在认为所有非婚性行为都是不对的群体中，也存在允许与未来伴侣发生性行为的倾向。即使是执行法律的人也会原谅相当一部分的婚前性行为,如果他们是准备结婚而且婚礼也确实进行了的话。但如果只是有结婚的意向而最后没有结婚,这种行为还是会受到法律的惩罚。

6.女性婚前性行为的性质和条件

人们普遍认为婚前性行为通常是在条件不充分或非常不充分的情况下发生,因此肯定是不让人满意的,甚至会对以后的婚姻生活带来创伤。但我们在调查中所收集的数据没有能支持这种看法的。因此,分析一下关于我们样本中女性经历的具体数据是有重要意义的。

在女性样本中,超过一半(58%)的人至少一部分婚前性经历是发生在她们自己家里。很大一部分婚前性行为都发生在女性的父母家里或其他住处。例如,离家上大学的女性,在大学发生婚前性行为的次数要少,而当她们在家或度假时发生的次数多。就这一点而言,出生于过去 40 年,包括出生于 1900 年前的女性情况都基本一致。

大约 48%的女性有一部分性行为是发生在男性家里。这对于样本中所有出生于不同年代的女性来说基本上都是如此。但数据表明,在男性家里的发生频率没有在女性家里的来得高。

大约 40%的女性有一部分性行为是发生在旅馆或以其他形式租借的地方。撇开现在这一代人因旅游次数的增多、使用旅行帐篷的次数也增多这一点不谈,就在租借的地方进行性行为的女性人数比例而言,这么多年来一直保持稳定。

在最近几十年里,停泊在城镇外支路上或沿着高速公路开的汽车为婚前性行为提供了另外一个场所。大约 41%的女性有在汽车上发生性行为的经历。数据显示，在调查所包括的最近 30 年里，汽车的重要性不止增加了一倍。对无论在美国还是在欧洲出生、年代更早的人来说，双轮单座的轻便马车还有其他马拉的交通工具在婚前性行为中所起的作用就类似今天的汽车。

还有各种各样的其他一些地方也被一些女性所使用。这些地方的多样性是导致大众认为婚前性行为是在不理想环境中发生的原因。需要再次注意的是，样本中女性婚前性行为的二分之一到四分之三是发生在女性或男性的家里。

婚前性行为前的爱抚方式与未发生性行为的婚前爱抚方式相同。我们已经注意到性行为经验较少的女性其婚前的爱抚方式也有限，而性行为经验丰富的女性其爱抚方式也更多样。

对我们样本中的女性来说，婚前性行为前的爱抚时间通常比婚后性行为前的爱抚时间要长。在有较多婚前性行为经验的未婚女性中，只有 9% 性行为前的爱抚时间在 1 到 5 分钟，而有 23% 的已婚女性婚姻性行为前的爱抚时间是这么多。在婚前性行为中，有 75% 的女性性行为前的爱抚时间通常要持续 11 分钟到 1 个小时或更久，然而只有 53% 的已婚女性有持续如此之久的爱抚。当然这个数据没有证明下述观点：婚前性行为必然比婚姻性行为更匆忙，因而也不那么让人满意。

如果男性想要继续婚前或婚外性行为就必须要求爱。但在婚姻性行为中，求爱通常被忽略掉了。在婚姻中，男性或多或少会认为性行为是他的特权，法律让他确信这一想法。而且，婚姻性行为的高频率和容易得到，可能会逐渐降低它的吸引力和刺激性。结果是，很多女性和男性发现婚前性行为、事实婚姻和婚外性行为中的性行为前爱抚比法律婚姻中的相似行为来得刺激。

样本中大部分女性的婚前性行为处于一种双方可以完全裸体的情况中。约 64% 有婚前性行为的女性有 25 次或更多时候身体大部分都裸露着，另有 15% 的人裸露的频率没那么高。仍然是受过更好教育的女性的裸露次数更多，这部分女性多达 78%，她们在婚前发生性行为时完全裸露，另外有 13% 是部分裸露。

正如我们在研究男性时所指出的那样，对裸露的态度因社会阶层的不同而不同。这一点得到了女性数据的证实。从未在婚前性行为时裸体，这一比例在中学水平的女性中大约占 33%，在大学本科水平的女性中占 15%，而在研究生水平的女性中只占 9%。我们有数据的 40 年中，关于这一点没有新的变化。那些从未在婚前性行为中裸体的社会底层和只受过中学教育的女性，很可能不是因环境所迫而只是与她们同一阶层的人观点相同而已。

毫无疑问，不管是婚前还是婚后，性行为的主要原因是它能满足一定的生理需求，成为参与者中一个或两个的快乐来源。大部分性行为，不管是已婚还是未婚，都不是有意识地以生育为目的的。

根据我们对性激发和性反应的生理学研究表明，大多数男性和约三分之一的女性发现难以缓解没有达到高潮的强烈的性激发。正如我们已经表明的，婚前性行为样本中 20% 的女性提供了可以达到高潮的发泄方式，这批女性在婚前几年的性行为频率是每 3 到 10 星期 1 次。

根据已婚妇女的数据，对样本中大约 8% 的女性来说，她们的初次性高潮是通过婚前性行为取得的。出生于 1900 年前的女性的这个比例要低一些。但在这之后出生的女性的这个比例是 8% 到 10%。对那些初次性高潮是在与异性接触中取得的女性中，有 14% 是通过婚前性行为获得的。

7.女性婚前性行为的心理学意义

许多人认为婚前性行为的心理学意义比它的生理学意义来得重大。为了衡量这个心理学意义，我们对样本中的女性对婚前性行为的态度、性行为后可能有的任何后悔的广泛程度和性质，以及她们对这种行为的接受程度取得了一些数据。

一个女性是否决定开始婚前性行为或在有一次经历以后是否决定继续，是生理、环境、社会和其他因素共同作用的结果。对其中有些因素我们有具体的数据，但对另一些，我们还没有足以进行分析的数据。非常有趣的是，似乎最重要的因素与是否有经验有关。在未婚的没有任何性行为经验的女性中，坚持认为她们不想有婚前性行为的有 80%的；但在那些已有经验的女性中，只有 30%的人认为她们不想继续。这里选择因素肯定起了作用，但需要注意的是，经验消除了由于无知，尤其是对一种性活动无知时所积累起来的恐惧。

在她们自己对束缚婚前性行为的原因进行分析时，89%的女性认为对道德的考虑起了最重要的作用。她们中的一些人就把这些原因等同于道德。但另外一些人则坚持她们不会接受传统规定，因为它们仅仅是规定而已。她们相信，她们所采取的态度是对是否有利、体面、值得尊敬、好的、理智的、对或错、更好或最好等方面进行理性思考后的结果。这表明有部分年轻人想要从宗教传统中解脱出来，但大部分年轻人还是遵循传统，即使没有找到新的维护这些传统的理论。需要注意的是，年轻一代的女性跟比她们出生早 30 年和 40 年的女性一样认识到了道德对婚前性行为的约束。但性行为发生率的提高，表明道德对年轻一代的影响没有那么大。

大约 45%的女性认识到她们缺乏性反应能力是限制她们婚前性行为的一个原因，但性反应能力的缺乏或不足的重要性比女性自己认为的还要大。就像有人很早以前就认识到的那样，杜绝犯罪更容易的办法就是生理上不具备或不充分具备可以犯罪的能力。

害怕怀孕是紧接其后的原因。44%的女性认为这是限制她们婚前性行为的一个因素。

还有44%的女性认为对舆论的害怕是限制婚前性行为的另一个重要原因。另一方面，很多女性都很自信：除了她的性伴侣外不会有其他人知道他们之间有性行为。

大约22%的女性坦诚地认为，她们没有婚前性行为的原因是因为她们没有这样的机会。

只有14%的人因为害怕感染性病而没有婚前性行为。这个因素在限制婚前性行为方面并不是一个大的原因。

这些是女性给出的她们没有进行性行为和决定限制性行为的原因。在很多时候，这些确实是原因，但在有些时候这些只不过是真实原因的合理化。根据样本的数据，我们倾向于把下列因素列为阻碍女性婚前性行为的主要因素。因素按重要性排列：(1)许多年轻女性的性反应缺乏；(2)美国文化的道德传统；(3)缺少经验，个体害怕从事陌生活动。

很多人认为婚前性行为是不让人满意的，并且非常肯定地认为这种行为在道德上是错误的。很多就这件事写过文章的人都坚称婚前性行为一定会导致心理不安和长久的悔恨。对这些观点的确信让人们相信这些观点都是建立在对事实的充分调查之上的。但这些作者和其他研究这一领域的学者一直没能收集起足以支撑这些观点的数据。

事实上，有66%仍然未婚但有过性行为的女性坚持认为她们并不后悔。另有13%的女性有一点后悔。另有大约77%的已婚女性，具备更多性经验的优势，在她们回首婚前性行为时，发现没有理由后悔。有12%的已婚女性有一点后悔。这些数据与通常大众谈论婚前性行为时所给出的数据有很大差异。它们表明了一厢情愿的想法和科学数据之间的差别。当然对那些需要上医院治疗的人来说，后悔意识会更浓厚一些。

样本中部分女性的后悔似乎是因为婚前性行为的特征。在很多时候，最后悔的女性都是性经验最少的人。例如，有 25%婚前性行为经历最少的女性极度后悔，而有 2 到 3 年性行为经历的女性后悔的比例只有 14%，有 4 到 10 年性行为经历的女性后悔的只有 10%。非常有趣的是，通常如此后悔的女性都会说她们婚姻性行为的质量远高于婚前性行为的质量。这种说法尚未得到数据的证实。

同样，后悔与婚前性行为的杂乱程度成反比。婚前性行为只有一个性伴侣的女性中有 15%非常后悔。而婚前性行为有 11 到 20 个性伴侣的女性中只有 6%会后悔。这可能是因为经验减少了心理不安，也可能是因为最不担忧的是最杂乱的女性。可能这两个因素都有关系。

是否对婚前性行为感到后悔似乎与女性的出生年代没有关系。事实上，数据表明有更多的最年轻一代女性对她们的婚前性行为感到后悔，但这可能是因为在她们接受调查时还没有足够的婚前性行为经验。当一个个体成熟、有了更多性经验以后，最初的后悔通常都会消失。

是否对婚前性行为感到后悔，只在较小程度上，似乎与怀孕可能有的并发症有关。在女性样本中，约 17%的因婚前性行为而怀孕的女性对她们的行为非常后悔，未因婚前性行为而怀孕的女性中 13%非常后悔。更令人吃惊的是，有 83%的因婚前性行为而怀孕的女性并不因此后悔或只有一点点后悔。

后悔只在很小的程度上与因感染性病所带来的并发症有关。尽管有 16%的感染性病的女性非常后悔，也有约 13%的没有感染性病的女性有同等程度的后悔。

与未来结婚对象之间的婚前性行为是后悔程度最低的。只有 9%与她们后来的结婚对象有过婚前性行为的女性感到非常后悔。但如果婚前性行为不包括与未婚夫的性行为的话，那么有 28%的女性感到如此后悔。

　　没有其他因素像女性的宗教背景和女性觉得婚前性行为在道德上的错误程度那样，更能产生罪恶感的了。临床心理医生可能会给那些因非常相信婚前性行为在道德上是错误的而对是否要有此种行为犹豫不决的女性以很好的建议，因为她很可能会因此而有情感障碍。对虔诚信仰宗教的女性来说，通过婚前性行为达到高潮的可能性较低。可能宗教态度和性行为本身一样会造成心理不安。

　　大部分婚前性行为都是能带来心理上的满足感的，这一点由很多女性开始性行为后继续这一行为并大幅度延长持续时间上可以得到证明。样本中69%的女性接受这种性行为活动，77%的已婚女性在回首时也没有表现出心理不安。

　　任何一种性活动的心理意义在很大程度上取决于个体和他所处的社会群体如何选择和看待这个问题。性行为后的心理不安很少是由活动本身或生理后果所导致的。很少情况下会感染性病和更少情况下会造成生理伤害是偶尔的意外怀孕。但如果这一行为会导致行为者与其所处的社会群体间产生公开的矛盾，那么后果就会很严重有时甚至是灾难性的。所谓的性经历的创伤性后果通常是因为个体不能或拒绝认识到她事实上在这种经历中得到满足，或者坚持认为这一经历是不令人满意的，在某种程度上带来不希望的后果，但这些都再次反映了个体成长的社会群体的态度。

　　我们对好几千个对象的调查充分证明了这一论点的真实性。在调查对象中包含了各种可以想象到的没有心理不安的性行为。然而同样的性行为就会给有些人带来羞愧、悔恨、绝望，有的甚至试图自杀。很简单的事情对许多人会造成困扰，就变成了大事。许多人没有认识到，是她们自己的态度和社会规定造成了这些焦虑不安，就认为它们直接证明了性行为本身的错误或不正常。

　　在世界上某些文明中，几乎所有的性行为都会受到谴责；然而在另外一些文明中,同样的行为会被认为是快乐之源,是对社会有益的。多数文明都赞美异性性行为。有些文明惩罚同性恋行为,有些有保留地接受,有些尊为宗教仪式。被社会所接受的行为不会造成个体的心理问题或不可收拾的社会问题。而同样的行为在另一种文明中会受到审查、声讨、禁止和罪犯式的惩罚,这就会给特立独行的个体造成罪恶感和精神问题,给社会带来严重的分歧。这就是我们在美国女性和男性身上发现的很多困扰的原因。这些女性和男性的自慰、异性间爱抚、同性恋关系、同动物的性接触和使用的性行为技巧本身在生物学上都是再正常不过了,但在我们特定的文明中,就是禁忌。这就解释了多数由婚前性行为造成的心理困扰。

8.女性婚前性行为的社会意义

婚前性行为会导致怀孕或疾病的可能性,婚前性行为的情感意义和其后对婚姻中性调节的影响,是许多人认为非常重要的事。

官方估算美国每年有约 13 万非婚生子。事实数据要比官方估算的高好几倍。这个问题在欧洲和亚洲的各个地区更为尖锐,在过去是更为重要的问题。为了控制婚前怀孕和让孩子有更负责任的父母,毫无疑问在很多时候社会对控制非婚性行为的兴趣是越来越大的原因。

我们的样本中有 2094 个单身的有过婚前性行为的白人女性(年龄跨度从还处于青春期到 40 岁),我们有关于她们的怀孕数据。她们有过 476 次怀孕,大约 18% 的女性怀过孕。这些怀孕中相当多的一部分是在订婚后发生的,约 15% 怀过孕的女性不止怀过一次。

　　但是，任何形式的性行为可能导致怀孕的可能性事实上是很低的。2094 位有过性经历的单身女性大约总共有 46 万次性行为。这意味着大约每 1000 次行为会导致 1 次怀孕。但考虑到现代避孕技术的有效性，正确使用避孕套的极高成功率，事实上在今天的婚前性行为中不会有这样的怀孕率。

　　样本中包括在其有婚前性行为的年代还没有足够的预防性病措施的年龄较大女性，性病的发生率还是很低的。在样本中有过婚前性行为的白人女性中，有 1753 例提供了关于性病的数据。在她们之中只有 44 位女性感染过性病。现在简洁快速治愈梅毒和淋病的方法使得这些疾病会通过婚前性行为传播变成相对来说不那么重要的一件事。在某些低阶层的群体中，这个发生率可能要高一些，但现有的医疗技术阻止了它变成一件颇具社会意义的事情。

　　因为婚前性行为的情感内涵使得它和其他的社会—性行为方式一样，会产生长远的有重大社会意义的影响。在社会—性接触中，个体之间会彼此熟悉，学会从生理和心理上进行调整，开始彼此了解，开始以一种无法从别种社会关系中获得的方式来欣赏彼此的品性。学会在情感上对性伴侣做出反应，会有助于提高其他与性无关的社会关系。

　　正如我们指出的那样，孩子生来就具有一种不受控制的进行身体接触和偎依他人的能力。这些接触有助于情感的发育。但随着孩子长大，我们的文化习惯教育孩子不应该再做这些身体接触，应该抑制自己，不要对家人以外的人表露情感。很多人相信这种约束应该保持到结婚的时候。然后，在婚后，丈夫和妻子应该破除他们所有的约束，进行有助于婚姻关系融洽稳固的身体和情感上的调整。遗憾的是，婚礼没有这样的魔力，能让人成功地作出调整。记录表明，非常多的女性和大量的男性难以在婚后重获他们在孩提时具备的接触自由，难以再次学会不带约束地与他人的身体和情感接触。

至少在理论上，与他人的婚前性经历，不管是爱抚还是性行为，都有助于情感能力的发展。在年龄小的时候学习这些或别的什么比在婚后年龄变大后再学要有效果。但很多人相信，婚前经历不像婚后经历那样充满感情，甚至坚持认为婚前经历降低了女性在婚姻中进行良好性调节的机会。

不可能在这一点上对婚前性行为对婚姻造成的影响作一个全面评价，但我们能在女性达到高潮的婚前性行为的发生率和频率，与她其后在婚姻性行为中达到高潮的能力间找到一些联系。

对样本中已婚女性的记录表明，在婚前性行为中达到高潮的经历与婚后达到高潮的能力间有明显的正面影响。从未在任何婚前性行为中达到高潮的女性，有44%的人在婚后第一年中不能达到高潮。在有过婚前性行为但从未达到过高潮的女性，有38%到55%的女性在婚后第一年不能达到高潮。但在那些有过婚前性行为并达到过高潮至少25次的女性中，只有3%的在婚后第一年不能达到高潮。在婚后15年中都存在类似的联系。

超过一半（50%到57%）的有过婚前性行为并达到过高潮的女性在她们婚后第一年，几乎每次性行为中都会达到高潮。那些没有婚前性行为或不曾在任何一种性行为中达到过高潮的女性，只有29%在她们的婚后第一年达到百分之百的高潮。

这些联系可能取决于选择因素或是一些偶然联系。性反应能力最强的女性可能就是那些婚前性行为次数最多的人，也因为她们的性反应能力很强，她们也是在婚姻性行为中最能达到高潮的人。在婚前没有性行为的女性可能是生理上性反应较弱的人，因此，不管是婚前还是婚后都最容易保持贞洁。

但有一些理由可以让我们相信选择因素不能解释所有的联系。心理学和社会学数据表明，早期经历对建立以后很难更改或逆转的思维习惯和态度非常重要。达到性高潮的能力可能得到发展，这一点已得到各种数据的证实，尤其是得到了有些在结婚初期没有性反应，过了几年以后有了能达到高潮的能力这样一个事实的证实。在样本中，有些女性在她们产生高潮之前，好几年都没有性反应，甚至有的在婚后长达 28 年没有性反应。

不能有性反应往往是禁止个体在性行为中随性放任的产物，而这种随性放任是达到高潮所必需的。这一禁止情况表明了那些对满意的性行为所必需的自发无意识功能起干扰作用的行为习惯、负面反应方式或智力活动的形成过程。

多年的节欲、克制和在婚前避免身体接触和情感反应，这些已习得的束缚可能会给反应能力带来这样的伤害，即如果真的能去掉这些束缚，也需要花费好几年的婚后时间。尽管通过爱抚和自慰达到的婚前高潮对婚后达到高潮的能力也有正面影响，但没有任何一种经历能像婚前性行为一样，对婚后达到高潮的能力有如此强烈的正面影响。

社会在对赞同还是不赞同婚前性行为作出任何决定时，必须考虑个体无论何时进行任何一种社会禁忌的活动时会产生的情感影响，这样的活动可能对社会组织造成的损害，解决生理上性行为的自然需求和社会坚持保持婚前贞洁之间的矛盾意愿，节欲或婚前性行为对婚姻最终成功所造成的影响等一系列问题。

9.反对和赞成婚前性行为的理由

接受还是反对婚前性行为的争论很大程度上取决于文化传统的情感反应。这些反应通常都受到下列论点的支撑。

多数关于性教育的婚姻指南和专题论文、道德观和很多专业著作都强调了婚前性行为的弊端和不合需要。它们指出了婚前性行为对个体、性伴侣和社会可能造成的伤害。具体地说,它们强调的是:

(1)怀孕的危险。

(2)流产的危险,会终止妊娠。

(3)会感染性病。

(4)因婚前性行为怀孕而不得不成婚。

(5)多数的婚前性行为都没有舒适的环境,因而会造成创伤。

(6)因为违反了道德法律,参加者会有罪恶感。

(7)失去贞洁的罪恶感以及因此对婚姻可能造成的影响。

(8)害怕男性会轻视或不愿意与一个曾有过性史的女性结婚。

(9)婚后当罪恶感再次出现时造成的伤害。

(10)害怕公众不认同而产生的罪恶感。

(11)害怕关系暴露后可能出现的社会困境。

(12)害怕关系暴露后可能出现的法律惩罚。

(13)对婚前性行为的满意会延迟甚至完全阻碍个体结婚。

(14)性行为可能会使一方觉得必须要与性伴侣结婚。

(15)因性行为产生的罪恶感可能会摧毁原来与性伴侣之间良好的友谊。

(16)婚前性行为可能会使人过分强调友谊和婚姻的身体方面。

(17)婚前性行为的无规律可能会导致后来的婚后不忠实,因此会给婚姻带来的伤害。

(18)由于婚前性行为的创伤可能使得女性在婚姻性行为中不能有令人满意的反应。

(19)婚前性行为在道德上是不对的。

(20)坚持抵制这种行为可以锻炼人的意志力。

赞成婚前性行为的理由很少像不赞成的理由那样被列出来。可能是因为我们的文化不认同为婚前性行为寻找任何可以开脱的理由，又或许赞成婚前性行为的人认为赞成的理由是不证自明的。不管怎么样，婚前性行为的好处可归纳为如下一些方面：

(1)能满足生理需要，提供性发泄途径。

(2)即刻获得身体和精神满足的方式。

(3)如果没有罪恶感会提高个体在其他非性领域的工作效果。

(4)比单独的性行为在发展个体情感和与他人协调能力上更有价值。

(5)可能会培育个体在婚姻关系中特别必需的情感协调能力。

(6)能训练性行为所必需的身体技巧。

(7)能检测两人在婚后是否有使性生活和谐满意的能力。

(8)在年龄较小时学习在情感和身体上适应他人比较容易，在婚后就困难多了。

(9)婚前性关系的破裂比婚姻的破裂所造成的社会危害要小。

(10)异性性经历能阻止同性恋行为的发生。

(11)婚前性行为能带来婚姻。

(12)至少在某些社会群体中，通过适应该群体的行为方式，有助于在该群体中取得地位。

所有这些论点，支持或反对的，都能遭到另一方的反驳。很明显，双方都存在偏见。一方面，对婚前性行为的反对主要是道德上的，就算是由受过专业训练的人士所编写的表面上称之为专业论著的，主要也是道德上的反对。另一方面，支持婚前性行为的多是基于享乐的目的而没有考虑婚前性行为对参加者或社会最终有没有好处。一方面，坚持根据旧时经历所得出的道德规范在现代社会里仍然有效。另一方面，则认为情况发生了改变，过去反对婚前性行为的理由在现在这个世界行不通了，因为现在已有了避孕和防止感染性病的方法，而且关于导致人类关系的情感和其他问题的性质都获得了一些科学解释。所有这些理由都很少有关于科学数据的积累。

解决这些问题争端的方法只有一个，那就是要认识到这些问题中的一部分是属于生物学、心理学和社会学范畴，还有一些是属于道德问题，是研究道德理论的学者必须解决的问题。本书所收集的数据可能会有助于对这个问题某些方面作更为客观的理解。

10.关于婚前性行为的道德和法律

在严格的传统犹太教教规和大部分基督教教规中，所有的非婚性行为都被认为是不道德的。对很多人来说，这是一个绝对事实，不应该接受科学或任何其他形式的逻辑论证。就像其他专制理论的原则一样，这应该来自于聪慧的、有道德的、知道什么是对什么是错的人的天赋才能。很多人都相信这是解决道德问题的有效方法。

人们很少讨论婚前性行为或其他任何一种性行为的对与错，不会试图在实践或科学上证明他们想法的正确性，这表明相对来说，他们实际上还不是那么专制。任何认为婚前性行为可能导致怀孕、流产、性病、会对以后的婚姻生活造成巨大影响的人，都表明了他们信仰某种道德观。这种道德观是经验的产物，只要它被证实是个体和整个社会群体最好的生活方式，它就继续被认为是合理的。

事实上，很多人在对待婚前性行为的专制方式和对人类本性的现实考虑中寻找了一条折中的道路。在很多文明中,在历史上,在世界各地,对男性婚前性行为的接受和对女性婚前性行为的接受有一些不同。毫无疑问,这是因为,事实上不可能控制男性在婚前有性行为,而女性因为在年龄小的时候性反应不强烈,在任何年龄段都不那么经常地受到心理刺激,因而比较好控制。因此女性通常都被认为最该遵守道德和社会规范。这种双重标准部分是因为认识到两性的差异,而不是因为专制者的对与错的判断。

这种对待男性和女性婚前性行为的不同社会态度,就历史原因来说,也根植于某些经济因素。古代对女性婚前性行为的禁止主要是因为,这侵犯了男性对作为妻子的女性的所有权。根据他所生活的时代文明标准,要求女性在结婚时必须是处女,就跟要求他所买进的牛和其他物品必须要完美一样。古巴比伦、犹太和其他法规,主要限制女性在许配以后的行为,一旦女性不能保持性忠实,惩罚就是要付出男性已交给女性父亲的物品的等价物。同样须要付物品给丈夫、父亲或未婚夫,以赔偿他所拥有的女性因贬值而造成的利益损失。在某些方面,英国的婚姻法仍然承认男性对他准备结婚的对象或妻子的所有权,但美国法律则或多或少已完全脱离男性对他的妻子或未婚妻有所有权的概念。但我们对女性婚前性行为的道德评判仍然受到从三四千年前的古巴比伦和其他古人类中发展而来的经济原则的影响。

很多男性,尤其是美国某些社会阶层和某些地区的男性,一边寻求与每一个可能的女性发生性关系的机会,一边坚持即将成为他妻子的女性在与他第一次性活动时必须是处女。是男性而不是女性制造了这种社会规范的不和谐。他会保卫他的权利和任何其他男性试图与另一个男性的妻子或姐妹性行为的权利,但如果有谁试图和他的姐妹、未婚妻、女儿和妻子有性行为的话,他会攻击那个人。非常有趣的是,这个国家某些地区的陪审团和法规仍然会授予这样的男性保卫他现在称之为荣誉的特权,尽管这是起源于古代的财产权。

女性在结婚的时候较少要求她的丈夫是童身。在我们的样本中，超过 40% 的男性希望和处女结婚，而只有 23% 的女性有类似的希望。更多的女性(32%)希望和非童身者结婚，另有 42% 的女性对这个问题反应冷淡。

作为试图解决男性性本质和男性加在女性身上的法规之间的矛盾，古老的异性卖淫制度在世界多数地方和历史上被广泛接受。大量的东方、北非、欧洲大陆、地中海和拉丁美洲文明中，来自任何社会阶层男性的婚前性行为的对象都是妓女而不是准备跟他结婚的女孩。家世良好的女孩会被她们的父母和家庭教师严密保护起来，这迫使男性更熟悉妓女的方式和妓女所提供的性行为方式，而不熟悉与他结婚的女孩的方式。反对家世良好的女性婚前性行为的传统是如此严格，西班牙和其他欧洲国家的男性发现很难和他们的妻子有性行为，因为他们对妻子有对他们的母亲、姐妹和所有未婚贵族女性同样的尊敬。结果是这些文明中的有些男性在婚后，也是与妓女性交得比较多而不是跟他们的妻子。

第二种最流行的控制婚前性行为的办法是犹太天主教文化中所采用的试图控制所有男性和女性的婚前贞洁。这是在美国限制婚前性行为的最重要原因。但这种措施可能的有效性有限，这一点已由我们给出的美国女性和男性的婚前性行为发生率、频率数据加以说明了。对双重标准的反对表明，男性也应该接受我们的文明加在女性身上的束缚。但记录表明双重标准的问题随着单一标准的发展正在被解决。婚前性行为在女性中的分布程度已接近在男性中的分布程度。

关于婚前性行为的法规在很大程度上反映了它所起源的道德规范。这意味着它是中世纪和欧洲文艺复兴时犹太教和天主教传统、起源于英国教会法庭的性法律以及早期美国殖民地法律和风俗混合而成的产物。

　　尽管我们各个州法律中的大部分都起源于同一个基本形式，但在对婚前性行为的限制程度和执行这些法律的方式上有巨大差异。几乎在整个美国，都禁止青少年，包括男性和女性，发生婚前性行为。有几个州认定个体结束青少年时期的年龄是在 14 岁到21 岁之间变动，而另外大约有 23 个州是定为 18 岁。对青少年犯罪的庭审和之后的管束是非刑事的，事实的管理更为严格，比施加于成年人身上的惩罚更为严厉。从违法者违法开始一直到他成年，很多州的法官可能都用青少年条例来约束违法者。青少年条例通常比用于年龄较大者的一般条例执行得更为严格。在有些例子中，这段时间会持续 6 到 8 年，通常是 3 到 4 年。

　　大约有 35 个州试图以通奸罪来论处在已成年和结婚之前发生的婚前性行为。但有 13 个州的法律不认为在这段时间发生的婚前性行为有罪，如果双方是你情我愿的，或者并没有涉及欺诈、暴力、公开展览和钱财交易的话。

　　但不管法令条例是什么，对法律的执行在任何一个州内都会在不同的时间地点有着巨大差异。这主要是因为，当地的公众态度、社会背景、执法者和法庭法官的道德观会有巨大的不同。如果婚前性行为涉及未满 20 岁的年轻人，涉及不同社会阶层尤其是不同种族的人，或是在成年男子和幼女之间发生的话，审判会变得非常严厉。有些法官，大多出身于社会低层，对社会现实比较了解，因此不会非常重视他们接手的案子。还有一些法官，大多出身于社会高层，受过更好的教育，在宗教上更为虔诚，因此通常会公然抨击因被控行为不良或通奸而站在他们面前的男孩、女孩或年龄更大一些的男性和女性。无论是法官、州立法者还是社会大众，都不愿意相信被控告上法庭的仅仅是所有婚前性行为者中极少的一部分。除了真正受到法律惩罚的人之外，很难有人相信通常只是一些环境的因素而导致某些有婚前性行为的人被逮捕并受审。

　　如果一个人能用我们所提供的发生率和发生频率数据思考一下，在一年中，他或她的未婚朋友肯定会有数量很大的性行为次数；再思考一下，被发现或除了参与者本人外被旁人得知的数量是如何之小，就肯定会明白事实真相。古典文学，以及后来的欧洲、东方和现代小说中的描写使人相信，有违法性行为的人通常会在行为中途被人抓住；但事实上，在 2020 份女性个案记录中，我们只发现了 29 例被偶然发现或旁观到的婚前性行为。这意味着每 10 万次婚前性行为中只有 6 次在进行过程中被发现。比这更让人惊讶的是，没有一例在进行过程中被发现的婚前性行为有法律上的麻烦，尽管我们确实发现有女性或男性因为其他证明性行为发生过的证据而被宣判有罪而受刑。

　　美国的性法律中最让外国人吃惊的是法律试图认定双方都愿意而且没有使用任何暴力的婚前性行为是有罪的。正如我们已注意到的，在世界上任何其他文明中都没有把所有发生在成人之间的非婚性行为认为是一种犯罪。当然有很多美国年轻人也不这样认为，他们只把它当成是道德问题。

五、我看婚外性关系

1.人类婚外性行为的哺乳动物起源

由于婚外性行为只存在于有婚姻制度的地方,因此严格地来说,人类的哺乳动物祖先中没有可以拿来比较的现象,尽管在任何有至少能延续一个生育季节的固定性伴侣关系的动物种类中也存在类似的现象。这种延续的性关系在很多灵长类动物(猴子和猿),其他更大的哺乳动物像海狮、大象,还有狗、海狸、马、鹿等动物中存在。这些动物是整个家族一起生活的,在这一群里可能包含几个或很多成年雌性和她们的后代,但只有数量有限的成年雄性。通常只有一个雄性掌管整个群体。

在这种哺乳动物家族中居统治地位的雄性对整个群体中的所有雌性都有专门的性所有权,就算他自己已经性满足了,也要防止其他雄性接近她们。雌性是他获得和保有并能用他强壮的身体和侵略性进行保护的财产,不及他有攻击性的雄性会发现难以或不可能侵入他的领地。同样的,很多动物把特定的地理位置也看成是他们的财产,努力不使其他动物侵入自己的领地。一个吃饱了的动物仍然会试图防止别的动物吃他的食物,就算他已经不想要或不需要了。坚持性垄断似乎起源于对个体财产的相似垄断,这在人类和比人类低等的哺乳动物中都存在。

　　处于这样的哺乳动物交媾关系中,雄性和雌性都很愿意跟不是其固定伴侣的个体交媾;但雌性会受到雄性伴侣的阻止,雄性的杂交情况也有限,因为受到其他群体雄性的阻止。有时雄性的杂交之所以没有进行,不过是因为他在与自己的伴侣交媾中已得到了满足。

　　在狒狒和恒河猴中,雌性被发现有新的伴侣时,已学会使用很人类化的程序来平息原来伴侣的怒火。一旦雄性发现或似乎发现雌性与其他雄性交媾,雌性就会停止性行为并攻击新的伴侣。我们有机会考察的大量人类"强奸"个案都有相同的动机。在低于人类的灵长类动物中,这些行为会把雄性的怒气转向另外的雄性,并通常在不忠实雌性的帮助下把另外的雄性赶跑。在这一段插曲之后,雌性会向她的固定性伴侣寻求交媾。

　　也有偶然的记录表明类人猿的雌性反对其他的雌性同她的性伴侣有交媾,但这不常见。其他哺乳动物中的雄性就像人类一样,是最经常地对性伴侣的不忠实感到非常恼火。尽管文化传统可能解释某些人类男性的行为,但他的忌妒是如此的接近低等种类,使我们不得不认为,其哺乳动物遗传可能也是部分原因。

　　在很多种类的哺乳动物中,当动物遇到新的情况或遇到新的性伴侣时,性反应可能会变得最强烈。当与单一性伴侣的关系持续了一长段时间后,很多物种都会有心理疲倦。一个新的伴侣会唤起新的性兴趣。例如,在牛群中,一头新的公牛进入畜栏后,可能会重新激发其他公牛原本已减退的对异性或同性性行为的兴趣。在猴子中,我们已经注意到关在一起的猴子会逐渐变得对彼此没有什么兴趣,在它们被足够刺激想要交媾前,开始的性游戏肯定会更延长,而其后的交媾也不是很精力充沛的。来了新的同伴,雌性和雄性都可能变得更有性激发,彼此间的交媾也更有兴致并使交媾前的性游戏降到最低程度。心理疲怠肯定是造成已婚人类难以保持严格一夫一妻的主要原因。

　　但即使是在这些有合理的持久性伴侣关系的哺乳动物中,与伴侣以外的交媾仍然确定无疑是生活的一部分。这些物种(例如海豹、大象、长臂猿或狒狒)中雄性的性历史通常经历了三个阶段。第一,在青春期的时候,他是单身,主要是因为他的控制力还不足以保护一个雌性不受其他雄性的骚扰。他寻求偶尔的无主的雌性或在一个家族(可能是他原来的父母一族或别的家族)旁游荡,秘密地与任何可能的雌性交媾。当他被发现试图与后者的伴侣交媾时,他不得不与年龄比他大的更具控制力的雄性打架。

　　但是,当年轻的雄性变得更成熟,生理和心理上更具控制力后,他可能会成功地从别的雄性那里获得一些雌性,或得到一个刚成年的还未交媾过的雌性。这组成了他的第二阶段,也是他性反应最活跃的阶段。如果他非常有控制力了,他可能会聚集好几个雌性作为他的伴侣;如果他不是那么有控制力,他聚集雌性的机会就较少。在这一阶段,他肯定偶尔地要与现在族群里年轻的、想要与他的伴侣交媾的雄性打架,甚至包括他自己的儿子。在几年的时间里,他能成功地控制这种状况,但最后,作为一个年老的体力不济的雄性,他开始把他的性伴侣输给年轻雄性,再次变成一个光棍。现在,他游荡在其他家族的周边,伺机获得交媾,或在很多时候不得不离开,孤独地过完余生。

　　在其他哺乳动物中的这种情况与人类婚姻不忠实过程明显类似。不是所有的人类问题都是文明发展或特定社会理念的产物。很明显,对多样性伴侣的兴趣有哺乳动物的古老根源,并在男性和女性中都有发生。男性有兴趣保留对女性伴侣的财产所有权,反对妻子的婚外性行为,以及她不那么反对他的婚外性行为都是有哺乳动物起源的。人类女性和男性如果想要控制自己的性行为模式,就必须接受这些遗产,并且超越它们。

2.男性婚外性行为的发生率和频率

　　我们已发现，大家都想知道究竟有多少人有过婚外性行为。显然这种值得关注的兴趣基于这样一个事实，即大多数提出这一问题的男性已经有过这一经历，或者如果不会引起良心的自责以及不会导致丑闻和法律纠纷，他们自己也想一试身手。

　　同时，这一兴趣也表明，许多人害怕他们的婚外恋历史会公之于众。这样在我们的研究中很难掌握人类这方面活动的确切数据。年龄较大的群中，那些受过良好教育和地位较高的男性，自身条件使其拒绝为我们的研究提供方便，在他们那里我们将一无所获。许多曾经拒绝合作以后又改变初衷的人表明，在他们的经历中，其实没有什么东西值得他们当初犹豫不决，当然不包括婚外性行为。即使那些十分乐于与我们合作的人，在婚外性行为问题上也不如其他方面坦率。我们相信，那些认为不需要"全盘托出"也能得出有效成果并以此批评我们的研究的人，通常就是羞于提供婚外性行为详情的人。可以确认，对于这一性生活的法律约束压力是微不足道的，而且大多数男性感到这一活动是迫切需要的，其中也未必有什么错误可言。观察这一性活动产生的不可忽视的骚乱和不安看起来是特别有趣的，仅有一点能够解释人们极力掩饰婚外性关系的原因，那就是他们惧怕社会反应。

　　就目前的状况来看，要确切掌握商业社团以及经常出入服务俱乐部的男性们婚外性生活的数据是不大可能的，我们完全有理由相信，婚外性行为是这些商业界社团男性不愿开诚布公的主要根源。这样，现在这里给出的发生率表示的是绝对最低值，它仅仅只有10%到20%。

　　汉密尔顿1929年调查了100名男性，其中28人有婚外性活动。如果他在年长一些男性中调查得更为详细，得到的百分比可能更高。在我们现在的研究中，涉及的5个年龄段中都有27%到37%的已婚男性承认有过婚外性经历。既然这些数字是主动提供的，那么在实际情况中这一数据应该更高。由于这种报告本身的不完备，以通常方式做出发生率曲线是不可取的，我们只能通过这些主动提供的数据做出粗略估计。

　　基于这些数据并考虑到其中的非真实性，可以比较有把握地断言，大约一半的已婚男性有过婚外性关系。

　　大约有40%受过高中和大学教育的男性承认有婚外性关系，对于仅读过小学的人来说，年轻人中这一比例较高，但在老年男性中这一比例仅为19%，关于这一差异有几种可能的解释，但掩饰其真相的可能性是如此之大，以至于解答这一问题还为时尚早。

　　有关婚外性行为问题中最为引人注目的是这样一个事实，在较低阶层年轻人中这一性活动的发生率最高，而且随着年龄的增长进行这一活动的人迅速减少，18岁到19岁结婚的较低阶层年轻男性中有45%承认有婚外性行为，而40岁左右的已婚男性保持这一活动的只不过27%。50岁的男性中只有19%的人有此活动。现在恰恰相反，在大学水平的男性当中，婚外性行为发生率的最低值在年轻人中间，范围大约15%到20%，而在50岁左右的人中间则上升到27%。

　　与此相反，受教育较少的年轻男性之中，婚外性行为的频率最高，随着年龄的推移，频率迅速下降。16岁到20岁有婚外性活动的男性平均频率大约每星期1.2次；但如果接近55岁时，每星期大约只有0.6次。另一方面，大学水平男性在16岁到30岁之间一般两三星期才1次，但是到50岁左右时，这一频率会上升到差不多每星期1次。

　　我们前面提到，对不同阶层中婚外性行为的各种不同模式可以作出种种解释。这些解释大都可以归结为这样两点：首先，较低阶层的男性婚前性行为比较盛行，婚后乱交的现象也有影响；另一方面，较高阶层的男性婚前受到极大压抑，他们只能逐步解脱，以致很晚才能频繁地介入这一活动。但是目前还无法解释较低阶层年龄较大者中止这一活动的原因。这不能完全归因于他们老年日渐虚弱的身体状况，因为婚外性关系在全部性发泄活动中的百分比由 12%下降到 6%。同时大学水平男性中间，婚外性行为所占百分比明显增大，到 50 岁时就由最初的 3%增至 14%。

在 16 岁到 20 岁的年轻男性中间，仅上过小学的男性婚外性行为次数是大学水平的 10.6 倍。另外还可以作一种对比，在 16 岁到 20 岁的已婚男性之中，从事简单劳动的人婚外性行为的次数是日后具有专业技能男性的 16.7 倍。

对于大多数男性来说，不论什么阶层，婚外性行为往往都是零星发生的，和这个女孩发生一两次，和另外的伴侣也有几次，但都不会持续较长时间。而频率也不一样，或许一个星期几次，或者每天晚上都有，甚至几个月都是如此，不过这种奇怪的状况会突然中止。一般来说，婚外性行为的平均频率大约每两星期一次，但是以年计的婚外性生活也很可能集中在一次单独旅行暑期的一两个星期中发生。也有一种特别极端的情况，有的男性在婚外性行为中才能达到性高潮状态，他的平均频率高达每星期 18 次并持续 5 年之久，当然这是颇为鲜见的。较低阶层男性经常变换婚外性行为对象。而大学水平男性婚外性行为并不频繁，他们一生中仅仅跟一两个伴侣保持这种关系，而且通常是一个时期即长达多年仅和一个女性来往。

婚外性行为说明了处于特定年龄已婚男性性发泄行为中正常的一部分。它也说明了较低阶层已婚男性在年近 20 岁时，占其性发泄活动 11%那一部分的基本状况。但它常常只是总的体现中一个较小部分。它最后还说明了所有已婚男性的 5%到 10%的性高潮都是在这一性活动的过程中达到的。

与妓女有关的婚外性行为大约占 8% 到 15%。显然婚外性活动大多数都是和伴侣发生的，对于较低阶层的男性来说，其对象也有半公开的妓女，但更多的是同一阶层中的已婚妇女。但较高阶层的男性则不同，他们可能和任何阶层的女性接触，但多半是和同一阶层的女性来往。

婚外性行为在城镇居住的男性中发生最为频繁，在农村较少。仅上过小学的男性中，城市人要比农村人发生率高出 20% 到 60%，而且前者发生的频率也要高得多，特别是年过 20 岁以后。受过良好教育的男性中间，城里生长的人这种性活动的发生率是农村人的两三倍，但频率似乎后者要高一些。

评价一下来自少数与宗教有关团体的数据是有意义的：在虔信宗教的男性中间，婚外性行为很少发生，在不那么虔诚的人中间，情况正好相反。在宗教团体内部的差别与不同社会阶层在这一方面的差别十分相似。社会是否接受婚外性行为远比由今天宗教组织产生的直接抑制的影响大得多。但是既然有关性行为的社会习俗和宗教法规与此不无关系，那么在最终的分析中可以看出，正是教会抑制了人们婚外性行为活动。

3. 女性婚外性行为的发生率和频率

样本中的已婚女性中，约有四分之一（26%）到 40 岁时有婚外性行为。在 26 岁到 50 岁之间，约有六分之一到十分之一的女性有婚外性行为。婚外性行为的累计发生率和各年龄段发生率在样本的许多进一步分类中都很一致，但它们因年龄、受教育程度、出生年代和不同群体的宗教背景而有所变化。随着年龄的增加，频率有所上升。

由于对社会不接受的性活动的掩盖情况比对能接受的性活动要多，可能样本中的婚外性行为的发生率和频率比我们访谈所揭示的要高。

从 16 岁到 19 岁，样本中 7% 的已婚女性有婚外性行为。在接下去的 5 年，累计发生率事实上没有增加，但在 26 岁以后，发生率逐渐稳定增长，到 40 岁时，达到 26%。在那以后，只有少数女性开始她们的首次婚外性行为。

样本中婚外性行为各年龄段发生率最低的是最年轻和最年老的群体。发生率在 30 来岁和 40 岁出头时达到最大值。对整个样本来说，各年龄段发生率在 16 岁到 20 岁时大约为 6%，在 26 岁到 30 岁时为 14%，在 31 岁到 40 岁时为 17%。以后数据开始下降，在 51 岁到 55 岁时为 6%。

较年轻的已婚女性并不那么经常地有婚外性行为，部分是因为她们对自己的丈夫很有兴趣，部分是因为年轻的丈夫特别忌妒。而且，在那个年龄，男性和女性都会更多地考虑到非婚性行为是不道德的。但随着时间的流逝，很多因素都变得不那么重要，中年和老年的女性更能接受婚外性行为；如果妻子有婚外性行为的话，至少有些丈夫会不再反对。

尽管人们通常相信多数男性更喜欢与比自己小很多的女性发生关系，尽管很多男性会被更年轻女性的身体魅力所吸引，我们的数据表明，很多男性事实上喜欢和中年或更老的女性发生关系。许多较年轻的女性会对她们有的婚外性行为的不规律性感到烦恼，很多男性害怕这种烦恼会带来社会难题。年龄较大的女性不太可能会变得不安，而且通常对性行为方式有更多知识。因此，很多男性发现年龄较大的女性是更好的性伴侣。所有这些因素导致样本中女性的婚外性行为在 30 多岁或 40 岁出头时达到最大值。

在现有样本中,约 85%(在很多群体中是 78%到 100%)的有婚外性行为的女性,至少偶尔会达到高潮。对很多年龄群体来说,婚外性行为的高潮发生率和婚姻性行为的高潮发生率几乎相同。

另一方面,比较一下婚外性行为的平均频率(中值)和达到高潮婚外性行为的平均频率(中值),可以发现婚外性行为的高潮发生的比例很高。在有些情况下,女性在婚外性行为中比在婚姻性行为中更经常地达到高潮。一些女性经历了多次高潮,高潮的总数事实上超过了一些群体的婚外性行为次数。选择因素可能起了作用,性反应能力较强的女性可能就是最经常有婚外性行为的女性;但性反应的高比率似乎也是因为婚外经历给一些女性提供了带来刺激的新情况、新伴侣和新关系,就像对多数男性一样。一些从未或很少在婚姻性行为中达到高潮的女性能经常地在婚外性行为中达到高潮。

在样本中有婚外性行为的那部分人,婚外性行为的频率在 10多岁和 20 岁已婚女性群中是每 10 星期 1 次(每星期 0.1 次)。频率在更大的年龄群体中逐渐上升。到 40 岁时的频率是每 2 到 3星期 1 次。这意味着婚外性行为的各年龄段平均发生频率(中值)与自慰的各年龄段平均发生频率(中值)相同,是婚内性梦频率的两倍。婚外性行为的频率对中年和老年女性来说,事实上是仅次于婚姻性行为的频率。

因为在任何一个年龄段中,都有一些女性的婚外性行为频率要高于样本中女性的平均频率,频率的各年龄段平均值要高于各年龄段的平均发生频率(中值)。各年龄段的平均频率(平均值)在16 岁到 20 岁的已婚女性中是每 2 星期 1 次(每星期 0.5 次),到女性 40 岁时,上升到每 8 到 9 天 1 次(每星期 0.8 次)。

然而由于婚外性行为的发生率相对来说较低,包括没有婚外性行为经历在内的整个样本的平均发生率(平均值)就很低。整体的平均频率(中值)没有超过每 10 星期有 1 次婚外性行为,即使是在30和40岁之间的婚外性行为发生的高峰时期。

几乎没有比婚外性行为发生频率更低的性活动。这是因为婚外性行为通常是偶发的，很难找到不让配偶或其他人察觉的地点和时间来这么做。已婚者安排婚外性活动要比单身者安排婚前性活动更为困难。而且很多已婚者为了不造成破坏婚姻感情关系的可能性，进行的婚外性活动极少。

因此，我们的计算所显示的平均频率如果表明了每星期每月的发生频率的话，是有误导作用的。这就是数据平均值的最大弱点，它们暗示了事实上不规律发生活动的规律发生。在暑假两个星期之内发生的 12 次性行为表现的频率可能是整个 1 年每月 1 次，如此平均的活动分配事实上并不经常存在。更经常的是在丈夫外出旅行，或女性外出逗留在旅馆或避暑胜地，或海上航行，或去朋友家，在几天或 1 星期内发生几次婚外性行为；然后几个月，1 年或更久的时间没有进一步的接触。样本中只有为数不多的女性与丈夫以外的人建立了长期的性关系。

在现有样本包含的女性中，婚外性行为的各年龄段平均频率最高是发生在 20 多岁时，有 3 个人平均每星期 7 次，1 个平均每星期 1 次，1 个平均每星期 30 次。在年龄较大的群体中，具体个体的最大频率下降了。到 50 岁时，在 261 个总样本中只有 1 个婚外性行为的平均频率是超过每星期 3 次。正如婚前性行为一样，通常是不害怕背离社会规范、极有自信和社会能力的人频率比较高，因此也没有由于非婚性活动而陷入麻烦。

由于婚外性行为相对低的发生率和平均频率，因此婚外性行为占总体性发泄比例也相对较小。在 20 岁出头时，比例只有 3%，但随后有所增长，一直到快 50 岁时有 13%。在这个年龄，很多女性的婚姻性行为频率有所下降，那些性反应能力仍然和较年轻时期一样或更高的女性就倾向于用婚外性行为来代替减少的婚姻性行为。

　　教育水平不同的女性间婚外性行为的累计发生率只有很小的差别。大约31%大学本科水平的女性到40岁时有过婚外性行为。研究生水平的有27%，而受教育程度不超过中学的是大约24%。这些差距并不大。

　　各年龄段发生率在16岁到20岁之间，没有因受教育程度的不同而有差异，但在25岁后，样本中有限的小学水平女性的发生率要明显低于其他群。在年龄较大的群体中，婚外性行为的各年龄段发生率逐渐升高。这通常是因为在年龄较大的妻子和丈夫中更有意地接受这种活动，尤其是受过更好教育的人。

　　婚外性行为的平均频率的差别似乎与样本中女性的受教育程度之间没有什么联系。

　　从16岁到20岁，婚外性行为和通过婚外性行为达到高潮的各年龄段发生率并没有因为父母的职业背景，例如来自体力劳动者家庭，来自技术工人家庭，来自低级或高级白领家庭和来自专业人士家庭的不同而有任何有意义的差别。但在25岁以后，来自高级白领和专业人士家庭的女性有婚外性行为和在婚外性行为中达到高潮的较多。

　　婚外性行为的平均频率并没有因女性父母职业背景的不同而有不同。

　　20世纪初出生的那一代人在第一次世界大战后或在20年代达到性最活跃的时期，她们对性活动有更多的接受，这一点明显影响了婚外性行为的累计发生率和各年龄段发生率。

　　出生于1900年前的女性婚外性行为累计发生率到40岁时是22%。出生于1900年到1909年间的女性到40岁时是30%。以后几代似乎保持在这一比例上。

　　出生在1900年前的女性各年龄段婚外性行为发生率是最低的。此后出生的大部分群体的发生率都有明显增多。例如，以21岁到25岁为例，出生于1900年前的女性发生率是4%，出生于

1900 年到 1909 年间的是 8%。以 26 岁到 30 岁为例,1900 年前的是 9%,1900 年到 1909 年间的是 16%。婚外性行为的各年龄段增长幅度与婚前爱抚以及婚前性行为在战后一代美国女性中的增长幅度接近。

但是,婚外性行为各年龄段的平均发生频率(中值)在不同的年龄群体中并没有相应的改变。就如我们在其他战后变得更普遍的性活动中发现的一样,婚外性行为的增多主要是参加女性人数的增加,而不是平均女性经历频率的增加。再次注意到这一点是有重要意义的。

女性婚外性行为的各年龄段发生率和各年龄段发生率的中值似乎并没有受到进入青春期年龄的影响。

女性的宗教背景对女性婚外性行为各年龄段发生率的影响比任何其他我们研究过的因素都要大。在每一个我们有足够数据可以对不同宗教信仰程度的女性进行比较的群体中,最虔诚的女性的发生率是最低的,最不虔诚的发生率是最高的。这对样本中的所有天主教、新教和犹太教群体都是一样的。在较年轻群体中发生率的差别是很明显的,但在年龄较大的新教群体中,差别更明显。例如,年龄在 21 岁到 25 岁之间的新教群体中,虔诚的女性的发生率是 5%,而不虔诚的发生率是 13%。但到 30 岁以后,虔诚的与不虔诚的新教女教徒的发生率分别为 7%到 28%。

婚外性行为的频率在不同的群体中也有变化,但这种变化并不能表明与宗教信仰程度有确定的关系。

4.女性婚外性行为的性质和条件

婚外性关系发生的时间、地点和具体环境是那么多历史和小说作品描写的对象,我们现在就不需要作更多的补充分析了。因为女性有原来婚姻性行为的经历,那么婚外性行为的发生情况通常与婚姻性行为的情况相似。

样本中女性的婚外性行为对象多数是与她年龄差不多的已婚男性;但有时也可能是比她年轻或年长的未婚、丧偶或离异的男性。不在少数的年轻未婚男性的婚前性行为是与已婚女性发生的,一些已婚女性是主动形成这一关系的人。

在我们有婚外性行为的女性样本中,截至她们提供自己的历史时为止,大约 41% 的女性有过单一的婚外性行为对象;另有约 40% 的女性有过 2 到 5 个婚外性行为对象。这意味着有 19% 的婚外性行为对象是超过 5 个,约 3% 的超过 20 个。这比我们在婚前性行为中发现的要多,这主要是因为婚外性行为所涉及的时间更长。

样本中只要有过性经历的女性,到她们提供自己的历史之时,将近三分之一(32%)的有过 10 次以下的婚外性行为。约 42% 的女性的婚姻性行为的持续时间是 1 年以内;将近四分之一(23%)的女性的持续时间是 2 年或 3 年。约三分之一(35%)的女性持续的时间是 4 年以上,包括 10% 的持续时间超过 10 年,还有一些超过 20 年。

婚外性行为持续的时间和性伴侣的数量当然取决于女性结婚的年数。样本中的女性在提供自己的历史时,其中间年龄是 34 岁,婚龄是 7.1 年(有婚外性行为的是 12.5 年)。如果样本中女性结婚的时间更长,她们就可能有更长的婚外性历史。根据样本中女性的婚龄,我们发现结婚 6 到 10 年的女性中有 36% 的有 1 到 10 次婚外性行为;但在那些结婚超过 20 年的女性中,只有 23% 的有这么有限的经历。样本中那些有婚外性行为的女性,结婚 6 到 10 年的女性,4% 有 6 到 10 年的婚外性行为;但在那些结婚超过 20 年的女性中,19% 有同样长时间的婚外性行为,31% 的有超过10

年的婚外性行为。

样本中不在少数的已婚女性与男性有过婚外爱抚。这些婚外爱抚似乎在最近几年内有所上升，尽管我们没有足够的数据可以在统计学上证明这一点。但这种爱抚不仅限于较年轻的一代，因为这也经常发生在中年和老年人之间。正如婚前爱抚一样，人们接受婚外爱抚是因为它能带来特有的满足感，或是为了避免怀孕的可能性，或有时是因为当时的情况不允许发生性行为但允许爱抚。事实上，在餐会、鸡尾酒会上，在车上、野餐中和舞会上，成人间大量的公开爱抚是允许的，但性行为是不可以的。很明显，爱抚并不就像性行为一样被认为是道德堕落的，即使爱抚方式也能带来性反应和高潮。婚外爱抚也经常在有女性的丈夫所在的社会团体中发生，但如果一旦涉及有性行为的婚外性关系，他就不太会允许了。

遗憾的是，我们关于婚外爱抚的数据不完全，因为刚开始做这个研究的时候，我们没有认识到这一方式的范围。但现在我们有关于样本中1090位已婚妇女的婚外爱抚的数据。在她们当中，大约16%的人有婚外爱抚，虽然从未有过婚外性行为。

婚外爱抚的方式当然和在婚前爱抚、婚姻和非婚性行为前的爱抚方式一样。样本中有略少于15%的女性在婚外爱抚中达到高潮，包括2%没有过婚外性行为但因爱抚达到高潮的。所有这些活动的累计发生率毫无疑问都该更高一点，如果我们的数据能够更全面一些的话。

样本中的女性在提供她们的历史时，有514位女性有过婚外性行为，在这之中，超过68%的有婚前性行为。由于样本中所有的已婚女性中有50%的有过婚前性行为，这似乎表明那些有过婚前性行为的女性更容易在婚后接受婚外性行为。

换句话说，29%有过婚前性行为的女性在她们提供自己的历史时有过婚外性行为，但只有13%没有婚前性行为经历的有婚外性行为。

有过婚前性行为的女性在婚后更容易接受婚外性行为,这一点在有经历女性的累计发生率当中更明显地体现出来。

相关数据

年龄	样本中有婚外性行为的百分比		个案数量	
	没有婚前性行为的女性	有婚前性行为的女性	没有婚前性行为的女性	有婚前性行为的女性
35	16	33	513	399
40	20	39	364	207
45	20	40	225	87

婚前与婚外经历间的关系部分是因为选择因素:能接受婚前性行为的可能更能接受婚外性行为。偶然联系可能也是原因之一,很可能婚前性行为经历促进了女性接受婚外性行为。

但是,有婚前性行为的女性在婚外性行为中似乎不比没有婚前性行为的女性来得杂乱。在那些有过婚前性行为的女性中,有81%的婚外性行为的伴侣人数是 1 到 5 个;但在那些没有婚前性行为的女性中,有 80%的有这样数量的性伴侣。

5.男性婚外性行为的社会意义

我们不妨考察一下,在世界文学的领域中,婚外性行为为各种文学形式如自传、剧本、小说以及严肃散文提供了浩如烟海的丰富素材。一般来说,性这一论题,在文学领域中表现得最为充分,在所有的时代和国家都是如此。这种性关系大都被描述为强烈的欲望、内在的邪恶欲念,为社会所不容,而且终究都不能摆脱厄运。婚外关系对于各种年龄的男性来说,都是十分向往的一种性生活形式。但是至少各个时代的作家都认为,尽管大多数男性都向往此事,真正付诸行动的人仍寥寥无几。

流行的社会学、病理学、性教育和宗教文献都再三强调,就大部分情况而言,婚外性行为总是损害人们的婚姻关系。在这类文献中,对婚外性行为通常持批评态度。仅有个别作者提到,这种经历有益于满足人的要求,就这一点来看它或许是有价值的。

已经公之于众的材料充斥着不忠实的行为会导致家庭破裂和个人不幸的记录。律师和临床医生都注意到这样一种趋势,即夫妻婚姻生活的不和谐使双方都着眼于婚外性关系。科学家虽然能够补充说明点什么,但他不能抽象地概括这一现象本身在我们社会组织中的意义。

然而,婚外性关系导致日益严重的婚姻生活冲突的真正基础,仍然有待于科学的考察。婚外性行为必然会成为婚姻生活的障碍吗? 或者婚姻障碍植根于其他更复杂的因素? 婚外性关系在多大程度上搅扰了人们的婚姻生活? 婚外性关系会有益于婚姻生活吗? 这种行为对当事者的品格会产生什么影响? 看来这些问题的客观解答与人们社会生活是密切相关的。

在本研究关注的成千上万个婚姻历史中,我们着手考察那种有助于婚姻稳定或导致婚姻生活失调的因素的综合效应,并通过提供一些讨论结果,来说明婚外行为的社会意义。

婚外性行为确实涉及许多不同类型的境况。有许多因素影响婚外性行为,而且我们记录情况的多样性,要比人们所认为的广泛得多。

在较低社会阶层中,婚外性行为比较盛行,妻子们不反对丈夫去寻花问柳,她们当中某些人直言不讳地承认,如果男性不搞得太过分,她们不想去追究什么。然而在这一阶层中,婚外性行为是造成婚姻不和谐的性因素。婚外性关系导致猜疑和憎恶,而且会发展到无休止的争吵和打闹,结果甚至是致命的。这一阶层中时常出现不再承担赡养责任的现象,这种情况可以部分地归因于男性们另有所爱。在他们中间,婚外接触常常导致家庭破裂。

然而这一阶层的部分婚外性行为并不涉及夫妻间的冲突,或者说并不危及婚姻的稳定性。目前我们还不能提供用以分析各种类型具体情况的统计数据。

在中等阶层中,婚外性关系不及较低阶层那么盛行。虽然它也许不会涉及如此之多的家庭纠纷,但常常导致家庭破裂,而这种婚外关系能够维持同时又不带来麻烦的限度是一个仍需研究的问题。

较高阶层的婚外性关系很少产生什么麻烦,因为除了当事者以外,它常常不为世人所知,偶尔它也会公之于众并导致家庭不和以致解体。另一方面,偶尔也会出现不回避某一方配偶的情况,当然前提是配偶乐于促成这一关系。像这样坦率地接受自己配偶非婚性关系,在较低阶层是不可理喻的,而且在所有的阶层中它都会使那些恪守道德法规的人大为惊诧。

无论哪一个社会阶层,妻子往往能够容忍丈夫的婚外性活动,丈夫却往往不能容忍妻子的。这种状况由来已久,有关这一差别的生物学和心理学分析需要更为详尽的数据资料。

婚外性行为的意义或许更多取决于其配偶的态度以及他们所在社会群体的基本看法,它们比实际参与性交的个体影响重要得多。当这种关系不为外人所知时,它似乎不会带来什么困扰,也有人长期保持婚外性关系而并未与婚姻及家庭生活发生冲突,直至被其配偶发现这种不忠实行为。一旦被发现,他们会立即提出离婚。

当婚外性行为使双方产生甚于各自配偶的爱恋之情时,就极有可能导致各种麻烦。相反,一旦双方在婚外接触中不太富于感情色彩,就可以在很大程度上避免各种不快事件的发生。有少数男性能够同时与两个甚至更多的伴侣保持不乏情感因素的暧昧关系,但很多人的这种努力都未能如愿。

还有这样一些人,他们的婚姻生活的调节得益于婚外性生活的经验。有时这取决于他们从另一途径得到新方法和新观念来减少婚姻生活中的抑制因素。有些与丈夫性生活难以达到高潮的女性,在与其他男性的交往中体验到从未有过的高潮,她们从中获益匪浅,据此她们正确地调节了夫妻间的性生活。婚外性生活也会使某些男性确认与妻子的性生活比他们已经意识到的更为惬意。

有些夫妻中止了性生活,双方都有外遇,但能维持一个快乐而无可非议的家庭形式。有些男性在妻子面前完全丧失性功能,然而他们婚后一直保持婚外性生活,当然妻子也是终生都和其他男性保持婚外性关系。

在较低阶层和较高阶层中,家里有一些非婚生的孩子,夫妻双方或许都可以接受这样一个事实,它将不会产生什么纠纷。

大陆欧洲国家出生和成长的人,其生活经历往往与婚外性生活有瓜葛,在我们对婚外关系的结果作科学分析时,这一现象值得认真研究。

总的来说,无条件接受婚外性行为的人并不多。即使那些公开声称这种欲望完全可以理解的人,通常也没有多少风流逸事和传闻,这一点十分值得注意。无论这是否有益于控制某些自认不受约束的人行为,无论婚外性行为是否会带来未曾预料的麻烦,无论能否指明成功的婚外关系对我们的社会组织也会带来麻烦,看来对诸如此类的问题作出结论都为时尚早。的确,心理学家、社会学家和整个社会,在得到足以说明问题的数据资料之前,不可能就婚外性行为对个体、双方家庭关系以及他们居于其中的社会的影响作出评价。

6.女性婚外性行为的社会意义

要衡量婚外性行为的社会意义,必须要有客观性。一方面,为了避免传统的道德评判;另一方面是为了避免对人类想要有多种性经历这种动物欲望的偏见。当然,任何的社会分析都必须考虑到婚外性行为的优点和缺点。我们没有足够的数据可以对这一问题进行全面的评价,但通过我们掌握的女性婚外性行为的情况,可以发现如下一些社会意义:

(1)婚外性行为会吸引一些人是因为它为她们提供了新的有时是更好的性伴侣。就像在婚前性行为中一样,在婚外性行为中的男性通常比婚姻性行为中的男性采用了更多的求爱技巧、更长的爱抚时间和更多的性行为方式。因此,很多女性觉得婚外性行为特别让人满意。确实有24%的女性不能在婚外性行为中达到像婚姻性行为中那样多的高潮;但有34%的达到和婚姻性行为一样多的高潮,有42%的达到比婚姻性行为多的高潮。

(2)在很多例子中,男性和女性有意无意地想要通过婚外性行为获得社会地位。

(3)在一些例子中,婚外性行为被看成是对可敬的朋友的一种招待方式,即使女性本身对此并没有特别的兴趣。

(4)在一些例子中,女性或男性有婚外性行为,是因为配偶有相似的行为。有时婚外性行为是因为配偶一方某些真实或想象的非性虐待。

(5)在一些例子中,男性和女性都有婚外性行为;婚外性行为提供了配偶一方坚持自己对另一方或社会法规的独立性。

(6)对有些女性来说,婚外性关系提供了新的情感满足的来源。有些人发现可以一边保持与丈夫的良好关系,一边发展这种关系。当然也有一些人发现不能与多个伴侣分享这种情感关系。当一个婚姻忠实被视为是社会井然有序、公众守法和爱情的标志与证明时,很多女性发现在有婚外性关系时很难消除罪恶感和不产生社会问题。那些把婚外性行为看成是另一种可以分享的快乐的女性,通常不会因她们的婚外性关系而陷入麻烦。

(7)通常婚外性关系会带来能扰乱婚姻的情感关系。这会引起严重影响婚姻的忽视和不和。这正是世界上很多社会担忧并希望控制的方面。我们怀疑这种扰乱是否是不可避免的,因为确实有些婚外性关系并未造成这些问题。有些有主见有决断的人能计划并控制她们的婚外性关系,避免造成不良后果的可能性。但在这种情况下,有主见的配偶必须防止另一方知道她或他的活动,除非另一方也同样有主见并愿意接受婚外性关系。这些人在我们现在的社会中不占大多数。

(8)有时,因为女性的婚外性经历而改善了与丈夫间的性调节。

(9)当另一方不知情的时候,婚外性关系不太可能带来什么困难。在另一方初次发现的时候是最容易产生问题的时候。有些婚外性关系已持续了好几年,没有给婚姻和谐带来不良影响;但一旦被配偶发现,就会产生问题,有时会即刻启动离婚程序。在这种情况下,婚外性行为本身并没有像它被知道后造成的那么大伤害。困境是由我们的文化对这种非婚关系的态度而明显复杂起来。

有婚外性行为的女性相信她们的丈夫知道或怀疑的比例

	比例
丈夫知道	40
丈夫怀疑	9
丈夫大约不知道	51
个案总数	470

女性认为婚外性行为可能造成不同程度问题的比例

	比例
严重问题	42
小问题	16
没问题	42
例子总数	221

把认为丈夫知道也没问题和丈夫不知道的例子加起来的话，总共有71%的例子不会造成问题。

当然，婚外关系可能会成为日后婚姻问题的原因。我们见过这样的例子，在刚知道甚至是知道后的一段时间里，表面上都能坦诚，全心全意地接受配偶的婚外性行为，但到后来则会因此产生很多矛盾。有时候，外在的环境，像经济状况、对另一方的不安全感越来越强，或者是新的婚外性伴侣的出现，会重新挑起存在5年甚至10年之久的婚外性关系问题。

(10)在16位女性中，我们有18次因婚外性关系而怀孕的记录。怀孕的实际发生率应该要比这高。在很多例子中，都以流产终结怀孕。在有些例子中，孩子由母亲抚养长大，丈夫知道或不知道孩子的生父。在另一些例子中，怀孕导致离婚。

(11) 样本中也有不在少数的例子是丈夫鼓励妻子有婚外性关系。这是与延续了几个世纪的古老文化传统的决裂。有时候，这是有意扩展妻子获得性满足的机会。在相当多的例子中，是丈夫想给自己的婚外性关系找一个借口。有时则是因为丈夫想确保获得参加群体活动的机会，有时参加群体活动有同性恋的因素。他会满足于观看别的男性的性活动，或偶尔地，跟与他妻子有性关系的男性发生同性关系，也会让他得到满足。当有的丈夫寻找机会偷窥他妻子与别人的婚外性行为时，也是同样的因素在起作用。经常在社会底层，偶尔是在受过较好教育或经济条件更优越的群体中，丈夫鼓励妻子的婚外性行为就相当于卖淫，为了增加家庭的荣耀或收入。也有一些例子中的丈夫鼓励自己的男性友人或陌生人与自己的妻子发生关系，是为了获得强迫妻子做这件事时所感到的虐待的满足。

但需要再次强调的是多数男性鼓励或接受自己的妻子的婚外性关系，是真诚地想让妻子获得额外性满足的机会。

(12)婚外性关系被认为是造成相当多夫妻离婚的原因。我们的数据中包含有 907 位个体（包括男性和女性）有婚外性关系，他们的婚姻最终以离婚收场。我们在 415 例中让受访对象对她们的婚外性行为的意义作出判断。将近三分之二(61%)的人不承认婚外性关系跟他们的离婚有什么关系。约 14%的女性和 18%的男性认为他们的婚外性关系是造成婚姻破裂的主要原因。约 21%到 25%的相信这是一个起作用的因素。但需要注意的是这是他们自己的评价，很可能婚外性关系在比当事人所认识到的更大范围和更多途径上导致了他们离婚。

受访对象，不管是男性还是女性，对配偶的婚外性关系重要性的评价是有缺陷的。因为约有一半的婚外性关系是他们所不知道的。

特别需要注意的是，男性认为妻子的婚外性关系是造成婚姻破裂的主要原因的人数，比女性认为丈夫的婚外性关系是造成婚姻破裂主要原因的人数要多一倍。约有 51%的男性认为妻子的婚外性关系是离婚的主要原因，另有 32%的认为是比较重要的原因。只有 17%的认为是不那么重要的原因。与此形成对比的是，只有 27%的女性认为丈夫的婚外性关系是造成离婚的主要原因，49%的认为是比较重要的原因，24%的认为是不那么重要的原因。可能确实男性的婚外性关系并没有对婚姻关系造成太大的损害，或者妻子更能容忍丈夫的婚外性关系，又或者妻子不太了解丈夫的婚外性关系对家庭稳定真正造成伤害的程度。相反地，作为典型的哺乳动物，男性如果发现妻子的婚外性关系，就会更烦恼，更忌妒,更准备采取激烈的措施。

　　这些数据再一次强调,已婚个体对性伴侣多样性的渴望和维持稳定婚姻间的调和一致,仍然是我们文化中没有解决好的问题。除非人类能完全脱离他的哺乳动物祖先,要解决这一问题是不可能的。

7.男女婚外性关系的差异

　　大多数人类文明史中,婚外性行为往往比婚前性行为引起更多的关注,因此它更多地成为某种有节制的生活规范要素。这一规范常常表现为否定女性的婚外性生活形式;而对于男性的婚外性生活干预较少。虽然涉及各种不同论点,但这种规范大都以表现男性对其妻子的正常权力为其主旨,而且毫无疑问,在早期各种不同版本的法典,如巴比伦人、犹太人、亚西亚人或其他的法典中,女性的婚外性生活成为关注对象只是出于维护这些男性的正常权力而不是从道德观念出发的。

　　今天,世界各地的所谓原始部落中,婚前与婚后性行为的区别,男性和女性在这一关系中权力的差别仍然在很大程度上承袭了早期人类社会习俗。这样一种差别贯穿着整个西欧文明史,男性对妻子的权力成为英美法律的一个基本部分。仅仅只是最近数十年,美国有关夫妻关系的法律观念才出现根本变化。

　　今天,美国仍有一些人因袭上述古代社会盛行的男女之间权力差别的观念,他们或多或少还是认可婚前性关系,却拼命反对婚外性关系,事实上我们或许可以说,作为一个整体的美国人中任何一个年龄群,都不会像较高阶层广泛认可自慰,以及较低阶层广泛认可婚前性行为那样,真正接受婚外性行为。相对来说,在某些年龄段的人群中,很少真正注意到年轻人中间经常发生的婚前性行为,但在所有的社会阶层中,婚外性行为都会成为流言蜚语的对象,而且常常成为众矢之的,以致成为法律惩处的对象。今天常常还会有这种情况,夫妻间谁有外遇,其配偶则曲解法律条文,袭击甚至暗害情敌,这很可能是公众舆论作祟的结果。这里陪审团的作用往往是令人厌恶的。这并没有改变下述事实,即社会了解婚外性行为时有发生,而且经常发生;并且大家都知道,这种关系通常是没有受到责罚的。但当社会面临着某一特定个案的挑战时,它仍会强制实行以前规定的判决。

有一种现象的确十分有趣,那些对婚外性行为持强烈反对态度的人中间,有相当一部分人有过婚外性行为经历。特尔曼的研究表明,几乎有72%的男性承认他们希望有机会体验一下婚外性行为,在我们现在的研究之中,也有差不多比例的男性表示这一意向,而且他们之中某些人实现了这一愿望。这种为了防止牵涉法律而隐瞒内心真实倾向的现象清楚地表明,在这些人内心之中有着与这种关系的社会意义密切相关的某种冲突。如果社会可能变得更合乎情理一些,它就需要更多地与事实相符的数据资料;我们在此提出的尚不完备的数据,或许可以对此有所帮助。人们普遍了解很多男性不能满足于只和妻子发生性关系,而愿意至少是偶尔地与自己妻子以外的女性发生关系。但也有很多人了解女性也有同样的渴望并事实上有婚外性行为,在这点上,公众不太了解大多数女性的倾向性和行为。

对男性来说,他们能很快了解为什么许多男性想要有婚外性行为。尽管很多人自己并没有这种活动,因为他们认为这在道德上是难以接受的或是不被社会认可的,但他们通常也都能了解性变化、新环境和新伴侣能带来因多年与一个性伴侣发生关系而丧失的满足感。对多数男性来说,渴望性行为的多样化就像渴望看的书、听的音乐、从事的娱乐活动、所交的朋友能多样化一样是合理的。另一方面，很多女性觉得难以理解，为什么一个婚姻生活愉悦的男性会想到与妻子以外的女性发生关系。有很多女性会问这类问题，对许多男性来说，这是证明两性间有基本差异的最好证据。

毫无疑问的是，如果没有任何社会压制，男性在其整个一生选择性伴侣时是会很杂乱的。他的类人动物祖先的历史是这样，在任何地方没有受到压制的男性性历史也是这样。一旦处于法律的干涉之外，男性产生的性关系就几乎必然变得杂乱起来。从某种程度上讲，婚外性行为和婚前性行为的情况就是如此，对那些热衷于同性恋活动的人来说也是如此。

女性对变换伴侣兴趣不大。她们在婚前性关系及婚外性关系历史中是这样，在其同性恋关系中也是这样。最简单的解释是，女性囿于道德规范而男性不以为然，但这并不完全说明问题。这种差别应更多地归之于男性和女性性反应之间的差别，特别是取决于男女两性的调节能力。一般女性不能像男性那样频繁地被激发，而且在某些关于性活动的想象和不包括纯粹触摸的感官刺激中不易处于兴奋状态。这种差别与低等哺乳动物中发现的特征十分相似，而且有许多迹象表明，它们在很大程度上还取决于影响性行为的神经系统组织。

一般来看，这就意味着许多女性都不理解，为什么这么多男性在寻找与别的女性而不是和妻子保持性关系的可能性。另一方面，大多数男性都会为此辩解，他们声称在任何情况下变换伴侣都是有诱惑力的，无论是读文学作品、欣赏音乐、消遣方式、人的饮食、性关系类型、性恋对象等等都不例外。那些为数不少、乐于为我们的研究提供方便的人早已直言不讳地表达了这种观念，尽管他们之中部分人立即又补充申明，迫于道德和社会的原因，他们还没有经历婚外性行为或者不准备作出努力，然而他们对此非常向往。

当然也有很小部分女性，数量尚无法统计，也像男性那样热衷于不断变换性关系的对象。

婚外性行为的发生不一定与其他形式性发泄活动的有效性和频率有关系，也不一定跟婚内性关系的满足或不满足的情况有关。大多数男性的婚外性活动不外乎是一种寻求新的感官刺激的产物。另一方面也有部分婚外性关系是夫妻性生活不和谐的结果。当妻子毫无兴趣与丈夫维持关系时，当她不为丈夫那么热情洋溢时，当她拒绝像他所要求的那样频繁性行为时，当她拒绝丈夫提出的不同的性行为方式，或者她还不像丈夫那么热心时，如此等等都意味着她在鼓励丈夫寻求某种婚外性关系。

当然所有这些原因反过来也会促使一个性欲旺盛的妻子寻求婚外性关系；但并不意味着上述种种因素完全颠倒过来都能成立。

现在有一点还不清楚，即婚前性行为的历史和婚外性行为的历史有多大关系。这两者的确切关系以后肯定会有人进行探讨。可以断定的是，有些男性婚前性行为往往经历丰富，有些男性没有这种经历，一旦结婚他们都可能醉心于寻找婚外性行为对象。有些男性的性历史可以看成这两种现象中每一种类型的例子。这肯定涉及一个多种复合因素，辨别其中的关系需要更详尽的分析。

正如刚刚提及的那样，受教育程度较低的男性大多有婚前性交经历，而且在早期婚姻生活中他们的婚外性行为发生率最高。而受过良好教育的人中间，在婚姻早期，这两种非婚性行为的发生率都极低。但这两种性行为的相关关系存在于有此行为的社会群体基本态度之中，它们并不是婚前性行为对婚外伴侣的直接作用。

8.关于婚外性行为的道德和法律

　　在世界上几乎所有的社会和道德规范中,婚外性行为都受到比婚前性行为更严格的处罚。犹太教等更古老的法规非常强调女性在结婚时的贞洁;但与非配偶的婚外性行为是一个更严重的问题。总的来说,这在基督教教规和起源于此的英美法律中,都是如此。

　　在犹太法规中对婚外性行为有一个总的禁止,但也有例外可以接受婚外性行为的情况。就如我们看到的,如果妻子不育的话,这部法规允许甚至要求丈夫有婚外性行为;它还要求男性接受故世兄弟的妻子为他的又一个妻子。

　　美国法律试图禁止所有的婚外性关系;但由于认识到人类的本性,很多州对偷情的惩罚都比较轻,法律也只是偶然执行。在 5 个州,最重的惩罚是罚款。在 3 个州,偷情根本就不涉及刑法,只涉及民事法律,这在很多州都是如此。在美国的所有州,偷情的证据可以作为离婚的充足理由。偷情通常被认为是对婚姻的背叛和夫妻双方不能互相支持的表现,同时也是造成孩子行为不当的原因。不管是男性还是女性有时会因此而受到惩罚。在一些州,女性的偷情行为会威胁她分享她丈夫财产的权利。美国东北部对偷情的定义最广泛,惩罚也最重,在 17 个会对婚外性行为判以监禁的州中,这一带就占了 10 个。

　　事实上,这种婚外性行为很少被起诉,因为很少有第三者会知道。即使被知道了,这事也很少被告上刑事法庭。多数我们看到被判刑的案例都是因为这些婚外性行为引起了社会骚乱,才会被起诉。例如,当妻子抱怨的时候,当家庭因婚外关系而被忽视或抛弃,或发现婚外关系引起了争论、打架或谋杀的时候。经常起诉的是想借这件事解决一些问题的邻居和亲戚。在这一点上，就像在很多其他方面一样，最经常使用法律的是那些想要给不守规矩者制造麻烦的人。经常提起控告的都是县治安官、检举人和其他法律执行者，他们为了解决私人或政治恩怨，而利用他们已经知道并在有兴趣控告以前已忽略一段时间的婚外关系。在波士顿这个唯一使用偷情法的大城市，法律似乎主要是用来对单纯的卖淫判处更重的罪。

　　在大约 14 个包括全国人口三分之一的州里，法律特别强调，只有当偷情是经常发生、变得臭名昭著或非夫妻的两人公开同居时才会受到惩罚。这些州的高等法院也指出单独一次或偶尔的接触不属于法律涵盖的范围。但如果不是有经验的律师在处理这些案子的话，低等法院和法律执行官通常会忽略这一点。

　　在严肃文学中，对婚外性行为的公开坦率的谈论是很少的。公众对这种性行为的观点是公开宣称不赞同而同时也包含忌妒和压抑欲望的敌视态度。正如我们所看到的，这种忌妒在男性身上表现得更明显。如果偷情并未涉及自己的丈夫，女性通常会比较宽容。她的反对通常是出于对吸引自己丈夫注意力的女性忌妒，以及对所有非婚关系道德上的不认同。更多时候，这反映了她害怕婚外关系会影响自己的婚姻。

　　跟其他种类的性活动一样，对婚外性行为最激烈的反对来自从未有过这种经历的女性和男性。有过这种经历的人通常会暗示他们还想要更多这样的经历。在样本中，如果婚外经历令人满意，并且没有让女性陷入个人或社会麻烦，很多有过经历的女性都想继续。

　　因此，在样本中那些没有婚外经历的女性中，约 83%的表示她们不愿有这种经历，但在有过婚外经历的女性中，只有 44%的表示不想再有这样的经历。约 5%的没有婚外经历的女性想要有婚外经历，另有 12%的表示在一定时候会考虑这种可能性。这样，总计有 17% 的女性不是那么认真地反对婚外性行为。有过婚外性行为的女性中，约 56% 的表示还想有更多的婚外经历或会考虑这种可能性。

在人类历史过程中，在各种各样的文明中，有人曾认识到人类想与非婚对象进行性行为的哺乳动物愿望，并发明了各种方法来解决这种非婚性行为的需求。所有的文明都认识到保持家庭这个社会单位稳定的好处，但仍然必须决定是否有必要去禁止和试图阻止所有非婚性活动，或者是否有可能接受并调节这样一种活动使其对家庭制度的伤害降低到最小。

世界上没有任何一个社会似乎会认真地用完全的性自由来代替正式的婚姻制度。另一方面，有些文明给予所有男性和女性非婚性行为的自由。这主要是在不把性和社会目标、爱和其他情感价值联系在一起的群体中。因此，一位人类学家关于雷布查人的记录是"性活动事实上与情感分离；这是一种愉快的经历，就像食物和饮料一样必需；就像食物和饮料一样，只要你得到了，从谁那里得到的并不重要；尽管你会感激经常提供你这些的人"。另一份对另一群体的记录是 "所有的人都认为性行为主要是一种快乐，在阿兰达……没有证据表明性行为具有比快乐更多的意义"。

人类学家发现，多数社会认识到至少接受一些婚外性行为作为男性的释放阀，以减轻社会坚持稳定婚姻关系所带来的压力。但同样这些社会对女性的允许就比较少。但多数社会也认识到了，如果要继续保有婚姻和家庭，让社会机构有效运转，就必须对婚外性行为施加一些限制。就像一个人类学家所说的："对食物、饮料和性伴侣的无限制竞争会很快摧毁一个社会。"还有一个人类学家说："禁止的控制抑制了社会竞争较多破坏性的形式。许可的控制允许至少最小量的个体健康所需要的刺激满足。"第三个人类学家总结了允许态度的重要性，指出："婚前许可和婚姻镣铐的放松并不能被看作对婚姻的否认或取消，而应该是对它的补充。许可的作用不是消极的而是为了维持婚姻。"

因此，大多数社会最终有可能允许或宽恕男性的婚外性行为，如果他对此还是小心的，他的行为也没有过分到会导致家庭破裂、忽略家庭、让他妻子的亲属很生气、造成公众丑闻，或给与他有婚外性行为的女性的丈夫或亲属造成困境的话。即使在公开禁止所有非婚性行为的社会里，如果没有因此而造成社会难题，都会悄悄地容忍偶尔的失误。几乎没有一个人类社会是严格禁止或严厉处罚男性的婚外性行为的。

另一方面，女性较少地被允许有这样的婚外性行为。只有10%的文明允许女性有自由的婚外性行为。另有40%的文明允许女性在特定场合或和特定的人时有婚外性经历。例如，允许在周期性尤其是季节性的狂欢仪式上有非婚性行为。作为婚礼仪式的一部分，允许或要求新娘这么做。在有些时候这是招待丈夫客人的一种习俗，但这是丈夫把妻子借给客人。偶尔允许，有时要求无血缘关系依法律连接起来的同辈间发生这样的情况。如果婚姻无育的话，偶尔允许甚至是要求非婚性行为。

在很多社会里，公开禁止女性的婚外性行为，尽管有时如果不是特别不能容忍而且丈夫也不是特别烦恼的话，是可以偷偷进行的。正如我们后来的数据所表明的，这似乎是美国人态度改变的方向。

在大约一半的人类已知的社会中，是完全禁止女性婚外性行为的；一旦这样做的话，就会受到严厉的惩罚。在很多文明中，丈夫有权有时甚至是有义务杀掉反抗的妻子。如果他不能对妻子或请求离婚的反抗者施以这样的处罚，会被认为是缺乏男子气概的屈辱证明。如果他不能报复对他婚姻权利产生威胁的人，他会丢掉世袭爵位。即使是在没有法律和风俗允许这类报复的文化中，男性如果擅自处理，也会得到公众舆论的支持，而不会受到惩罚。在过去的欧洲和美国，这种态度占主流位置；但现在丈夫对不忠实的妻子或其情夫加以严厉惩罚的特权,在美国几乎所有的地方都已经消失了。

　　然而，即使是在对女性婚外性行为进行最严格控制的文化中,这些现象也确实存在,在很多时候是经常存在着。即使那些不赞成自己的妻子有婚外性行为的男性，也有兴趣自己这样做,这意味着与他人的妻子性行为。如果我们不理解男性性行为的哺乳动物背景,这种不一致性是无法解释的。

六、我看性爱抚

1.异性婚前性爱抚的系统发生学起源

性活动可以是单独的,只有一个人;也可以是与他人的,两人或两人以上。自慰和性梦是两种独自性活动的主要方式。根据我们的数据判断,女性高潮的四分之一来自这两种性活动。异性间爱抚、异性性行为和同性性关系是与他人性活动的三种主要方式。美国女性高潮的四分之三来自于此。由于这三种方式具有的社会意义,它们的重要性不仅仅在于发生的频繁。作为社会—性关系主要特征的刺激与反应的互相影响,对于每一个伴侣都有最大的意义,造成一种比当下参与更有影响的境况。因此它们具有特别重大的社会意义。

性别相同的两个个体间的性关系叫作同性恋;性别不同的两个个体间的性关系叫作异性恋。一个异性恋关系由女性和男性生殖器结合,作为交媾而得到确认。在女性和男性间不涉及两性生殖器结合的性行为美国年轻人称之为爱抚。婚前爱抚在今天几乎存在于这个国家所有的年轻人中,包括男性和女性;而在许多年龄较老的未婚者中则不常见。

在婚前和婚姻历史中,爱抚是实际性行为的前奏,但在许多美国女性和男性的未婚历史中,它本身也是终曲。爱抚或许是由于它能带来即刻的满足或被视为性行为的替代物。尽管婚前爱抚经常受到道德家们的批评，但它并不像婚前性行为那样受到严厉的惩罚，因此很多人都接受爱抚，以此避免性行为。而且，性行为并不总是那么容易，而爱抚，就像很多年轻人认为的那样可以随时随地发生。性行为还会带来怀孕的可能，但爱抚就没有这样的问题。在有些社会群体中，例如在许多中学生和大学生中，爱抚是平常的，可能是因为爱抚本身所代表的社会优越感，也许是因为在爱抚之前或在爱抚之时伴随着跳舞、喝酒、驾车和其他社会活动。

爱抚这个术语可能仅限于为了造成性激发有意的身体接触。很多有爱抚活动的女性和男性都很坦诚地认识到爱抚带来性满足的意义。偶尔的身体接触即使导致性激发，也不能被看成是爱抚。爱抚并不是总能带来性激发，但任何试图激发性反应的尝试都适用于这个术语。

亲吻和抚摸的区别，温柔爱抚和激烈爱抚的区别，还有其他一些现存于美国年轻人中的区别，似乎只不过是各种方式的差异，或接触的身体部位不同，或性激发的程度不同而已。在本章的计算中，所有这些婚前爱抚都计算在内。

婚姻性行为前的爱抚几乎是没有变化的，夫妻间极少有不导致性行为的爱抚。也有一些发生于已婚女性和非配偶男性间的婚外爱抚也是如此。但不管是婚姻还是婚外爱抚都不属于本章探讨的范围。

爱抚并不只局限于成人。在哺乳动物之间和人类小孩之间也存在类似的非性接触，不过这通常被称为性游戏。在游戏中涉及的具体行为与成人被称之为爱抚的行为中所涉及的非常相像，区别在于成人是更有意识地追求性满足。

事实上，在多数哺乳动物中，存在大量的导致性交的性游戏。很多哺乳动物在被性激发后，就挤在一起，用鼻子、嘴巴和脚去接触抚摸彼此的身体。它们有唇对唇、舌对舌的接触,还用嘴巴舔弄伴侣身体的每一部分。它们捏、耍、抓、拉,修整另一动物的皮毛,把毛拉出来,撒尿,不停地爬到对方身上,但就是不认真地尝试交配。研究哺乳动物交配的专家,若有兴趣观察动物交配,有时不得不等上好几个小时甚至几天观看动物性游戏,如果它们没有未交配就分开的话,专家才有可能观察到一次真正的交媾。

广义的性游戏可以在相当多的哺乳动物身上看到。例如,牛、马、狗、羊、猫、狮子、猪、浣熊、老鼠、豚鼠、南美栗鼠、仓鼠、箭猪、兔子、水貂、紫貂、雪貂、臭鼬、水獭、猴子、黑猩猩和其他种类。它们中的大多数都采用了多种多样的爱抚方式。几乎人类所有的爱抚境况和方式在其他哺乳动物中都广泛存在。

在类人猿中,有些个体当它们找到合适的伴侣时,非常直接地就开始交媾。其他个体则更愿意延长交媾前的行为。有些个体即使它们有过很多非交媾的游戏,却很少会到交媾这一步。在这些方面,所有在人类爱抚行为中会出现的变异在低等哺乳动物中都有类似变化。

就像人类一样,在所有哺乳动物中,如果不是专有的话,爱抚通常也是雄性指向雌性的行为。在人类中,通常在没有任何身体接触前就有心理反应的更多的是男性。在多数哺乳动物中,大部分的拥挤、抚摸、啮咬行为等都是雄性所为。

在所有哺乳动物中,实际上发起最后生殖器结合的是雄性。但是,也有很多雌性,当她们处于发情期,即在一个生育周期里雌性最容易被性激发时,会取代雄性的位置。有些种类的雌性会主动开始爱抚和进行性行为,甚至有时会变得极具攻击性,就像有些人类女性一样。

就像人类男性一样,无性行为的性游戏有时也会使其他种类的雄性哺乳动物射精,在没有性行为甚至根本就没有尝试性行为之前。但没有确切的证据可以表明低等雌性哺乳动物曾在无性行为的活动中达到高潮。

　　人类的生理构造,尤其是手部构造,使他能使用比其他哺乳动物多得多的技巧,因此人类的行为就更有周密计划,更精心策划,更能被有技巧地延长。但很明显在人类开始性行为前所进行的爱抚中,其表现与其他哺乳动物无异。

　　有充分的数据证明,这种无性行为的性游戏广泛存在于所有的哺乳动物中,这种行为的解剖学和生理学基础起源于几百万年前哺乳动物的原始种类。事实上,爱抚行为所依靠的一些基本功能肯定起源于千万年前进化成哺乳动物之前的脊椎动物;挤在一起,舌对舌的接触和用嘴巴舔伴侣的身体能够获得满足,这在其他一些脊椎动物身上也能看到,包括蜥蜴、其他爬行动物和鸟类。从生物学的角度来说,爱抚是一种自然正常的行为,而不是像人们有时认为的那样是一种精神变态。从生物学角度来说,真正的变态是借着标榜这是一种反自然行为,而对爱抚进行禁止和压制。

　　很多不了解这种现象起源于古代哺乳动物的人,会认为爱抚是现代美国青年的发明,是一种衰微的、道德堕落的、过于工业化、教育过度的都市文明。被有些人认为反映了一种必然会导致文明崩溃的道德沦丧。

　　然而,年龄较大的几代人确实也做过调情、求爱、和衣同睡、接吻、抚摸、眉目传情、嬉戏等爱抚行为,不过是以别的名字而已。古代用来指称爱抚的多种多样的词汇在某种程度上证明了爱抚在人类历史早期广泛存在。现代人所用的各种爱抚方式在最早的以梵语、中文和日文写就的文学艺术作品中,希腊、罗马的历史记载中和早期阿拉伯、欧洲关于爱与求爱的作品中都有明确的描写。公元前700年至公元300年之间的古代秘鲁莫奇卡陶器上几乎描述了所有现代年轻人所知的爱抚和性行为方式。在犹太教、基督教和其他宗教教规中对于性行为前准备活动的惩罚表明,在这些教规初创时,就已经有要受惩罚的爱抚行为了。

有关更原始、文字发明以前文明习俗的情况,旅行者见闻和人类学家的报告为爱抚在全世界存在提供了记录。关于一个又一个原始部落的记录包括了各种可以想象的非性交行为。这种散落在世界各地的原始部落中各自独立却又平行发展的现象,进一步证明了爱抚在解剖学和生理学上的系统发生学的起源,是各种人类所共有的古代祖先遗传的一部分。

如果美国年轻人的婚前性行为有什么特别之处的话,那也不是爱抚的发生和所使用的方式,而应该是爱抚在这个国家的发生率和发生频率,在性行为种类中所占地位的意义,以及被美国年轻人坦诚接受这一点上。

尽管我们对 19 世纪婚前爱抚的发生率和频率可能永远只有一个大致了解,但事实上存在的比例可能比我们所知道的高。在我们的样本中,出生于 1890 年到 1900 年间的女性,大体上都觉得婚前爱抚是可以接受的,但婚前性行为是不可以的。但尝试过爱抚活动的只占这一年龄段女性的大约 80%,尽管爱抚肯定是那一时期分布最广泛的异性间婚前性行为。

2.男性性爱抚的发生率和频率

过去数十年里,特别在较高阶层中,在实际性行为频率没有增加的情况下,男性和女性之间婚前身体接触却有明显增多。这些接触远远超出在年老一代发生的拥抱和接吻。它们的范围之广几乎涉及所有性行为前的性游戏技巧,而这些以前往往是已婚伴侣才能熟练掌握的。

一般来说, 年轻一代对于称之为爱抚的行为都不会感到陌生,虽然其他项目也提供某种接触类型。那些限定在颈部以上的爱抚动作通常被称作搂抱,而爱抚也跟那种"深度爱抚"有所区别。大多数中学和大学水平的男性和女性或多或少接受爱抚,并将它作为经常而适当的婚前性行为,他们有些人怀疑自己活动的道德性,因此避免除了广泛触摸以外的其他形式的爱抚,以求得良心上的安宁。

　　在本书中,"爱抚"一词是指没有进行生殖器结合的任何种类的身体接触,这种接触是有意引起性激发的。偶然的接触并不是爱抚,即使它可能产生某种性反应。简单的嘴唇接吻很难说是或不是爱抚,它取决于这一行为的目的和热切程度。爱抚在实现某种激发时并不总是有作用的,但如果这里有一种有意的企图,那么它就是符合爱抚定义的。深深的吻、搂抱接吻、轻度接吻以及深度爱抚基本上是一回事,其差别只是限制在所运用的技巧上。爱抚的程度并不必然地与性激发水平相关。相对简单的接触——有时它不过是触摸和亲吻一下——在一定环境下,对某一个体产生的影响就像最极端的生殖器刺激一样。如果性反应是最值得考虑的事情,爱抚的分类就应该取决于性激发的程度和这一活动在达到性高潮的成功与否,而并不取决于所运用方式的性质。显然,在这种性活动中,心理成分比生理因素更为重要。

　　直到最近,爱抚技巧有意识的精心设计主要限于婚前关系和婚姻关系中,本章所给出的所有数据都用在未婚男性婚前爱抚活动上。近些年来,在那些不想有婚外性行为的人那里有一种增加的倾向:接受爱抚作为一种婚外性关系,他们多少说服自己相信,只要同其他伴侣除了爱抚没有其他什么事,就仍然是忠实于自己配偶的。在较高阶层的社会活动中,在鸡尾酒会上,在舞会上,在开车兜风时,在晚宴上以及在其他场合,已婚男性可能同其他人的妻子调情和身体接触,有时是完全公开的,往往不因配偶在场而受到抑制。遗憾的是,对这种婚外爱抚的程度在我们研究的早期还没有得到了解，在开始着手这一研究时觉得难以把握，对于人类性行为这一方面的报告，我们至今还没有积累起充足的材料。

实际上，在青春期前，很少有什么行为可以被适当归类于爱抚，但随着青春期开始，男孩逐渐认识到性激发的意义，同时由于年长伙伴的榜样作用，他可能开始同与之交往的女孩作较为明确的爱抚活动。青春期开始的男孩中，只有3%的人是由爱抚提供第一次射精，而到15岁，则有8.4%的人将这样一种活动作为专门的性发泄。在16岁到20岁，这种爱抚的数量稳步增加。

就确切的爱抚发生率和频率而言，能够有利用价值的数据是很少的。本研究获得的性历史表明，在总体男性人口中，大约88%有过某种性爱抚活动，或者（在年轻男性中）至少在婚前有过这样的活动。在婚前通过这一活动达到性高潮的，占这一人口的四分之一以上（28%）。爱抚活动在年轻一代要比年老一代普遍得多，关于大学水平男性累计发生率计算表明，年轻群有过爱抚经历的超出了85%，而在婚前通过爱抚达到高潮的超出50%。

在年轻一代人口中，在每一年龄段，婚前通过爱抚达到性高潮的在18%和32%之间。爱抚最高发生率是在16岁到20岁之间。在这一年龄段，大约有三分之一的男性是稳定地将爱抚作为他们性发泄的一部分。

在进行爱抚活动的人中，其频率差别是很大的。有些男性实际上是一个星期的每一个晚上都有爱抚活动，而在另一些场合白天也有这种经历。那些最活跃的男性，在21岁到25岁这5年间，每星期达到性高潮的爱抚平均为7次。当然，有些男性数星期或数月没有同姑娘约会，因此也就没有爱抚活动，有某些男性可能在这样的约会之间有一年、两年或更多的空隙。有些男性在婚前同数十甚至数百个姑娘有过这种爱抚经历，也有一些男性仅仅同两三个姑娘有这种爱抚活动，而有时只同一个姑娘有这种体验，并在以后同她结婚。这里我们发现行为的巨大差别；由于爱抚的社会意义要比自慰和其他性活动类型重大得多，一个试图理解人类社会的人应该考虑到在这一点上男性之间的巨大差异。

爱抚是中学和大学水平年轻人所钟爱的活动。在这两个群中，大约有 92% 的男性婚前有过这一活动，对年轻一代来说，这一数字可能还要高一些。小学水平的男性有这种经历的比例要低一些 (84%)，这一水平的人其活动往往受到限制。小学水平群中发生的爱抚常常是附带的，限于实际性行为前几分钟的拥抱和接吻，完全没有大学生中通常有的那种精巧复杂。较高社会阶层的爱抚往往会延续很长时间，甚至是长达数小时集中性爱游戏，而通常不会导致性行为。小学水平男性中只有 16% 能在爱抚中达到性高潮，中学水平男性的这一比例为 32%，大学水平男性到 30 岁还未婚的，达到高潮的爱抚在 61% 以上。因此，爱抚中涉及的社会问题主要跟中学和大学水平群密切相关。

30 年前，有爱抚活动的人是较少的，而且也不像今天有这么多复杂的花样。在其他大多数性活动方面，我们从年老一代和年轻一代这两个群得到的数据统计分析表明，年老一代（在他们年轻时）的行为同现在年轻的一代的行为是接近一致的，没有实质性的差别。而对爱抚的记录表明，在这两代人之间有着实质性的差异。即使在大学水平，爱抚活动也只是在近 30 年才逐渐增多。大学群的年老一代，有这一活动的人占 87%。而今天有此经历的接近 95%。此外年轻一代的大学男性开始这一活动的年龄也更小。在小学水平的男性中，年老一代有这种经历的仅占 78%，而年轻一代这一比例则升至 94%。

在 21 岁到 25 岁之间，爱抚活动的频率最高。按照整个人口，包括那些没有进行爱抚活动的人，来计算平均值，通过爱抚达到高潮的，平均频率每 6 星期 1 次。对于那些实际达到性高潮的男性来说，这一平均频率是大约每 3 星期 1 次。当然，实际达到高潮的爱抚仅仅是一小部分,而没有达到高潮的爱抚是达到高潮的爱抚的许多倍。直到较大年龄仍然未婚的男性通过爱抚达到高潮的频率较低,这部分原因是他们更多地通过性行为来实现异性恋接触,部分原因是他们有些人性冷淡,部分原因是他们有些人有同性恋历史。

在总的男性人口各个部分,爱抚所占总体发泄的比例从未超出3%。这是在21岁至25岁年龄段。对那些在爱抚中达到高潮的男性(活跃人口)而言,在16岁到20岁期间,爱抚大约占总体性发泄的6%。在以后这些年,总人口中爱抚的发生率和频率数字开始下降,对那些达到高潮的男性来说,这一频率增高。在活跃人口中,在那些30多岁仍然未婚的男性中间,大约有10%的性发泄是来自爱抚。

爱抚提供的性高潮比梦遗还要少一些,作为性发泄的来源,它只是比同动物性行为更重要一些。爱抚真正的重要性在于它提供了社会—性接触的教育。从这一点来看,婚前爱抚是中学和大学水平男性和女性性生活中最具有重要意义的因素。

在所有的城市群中,包括所有的教育水平,达到高潮的爱抚发生率都是同样水平的农村男孩的两到三倍。这是农村和城市人口之间最明显的一个差别。这一差别要比每一地区内各社会阶层的差别明显得多。

虽然有相当一部分人对爱抚在道德上持反对态度,但有资料显示,宗教虔信的男性和宗教不活动的男性参与爱抚活动的情况几乎是一样的。几个社会阶层在爱抚模式上的差别要大于宗教对同一社会阶层的影响而产生的差别。

3.男性性爱抚方式

　　爱抚技巧可以包括两个异性之间所有可以想象的身体接触形式,除了生殖器的实际结合。爱抚通常开始于一般身体接触,伴随着亲吻。对于较低社会阶层的人来说,在任何环境下的接吻都或多或少是禁忌的,但在中学和大学水平的男性和女性中间,它是一种最广泛分布的接触方式。在这些群体中,即使是在偶然结识的第一次约会时就可能发生爱抚行为。在这一水平的人看来,接吻是太普遍的活动了,它的性意义相对来说是很小的,除非它变得特别复杂。简单的嘴唇接吻可能进展到深度接吻(用大学生用语是法国式接吻或深深的吻),这多少导致舌头广泛接触、嘴唇内侧接触以及通过另一个体舌头对口腔内部非常强烈的刺激。从爬行动物到鸟类和哺乳动物,这种舌头和口腔接触通常伴随着其他性活动。对于其他脊椎动物来说,舌头接触是明确的性爱动作,它们是自然的,而没有人类动物因美学和文化背景产生的禁忌。深度接吻可能导致性高潮,即使是在没有其他身体接触的情况下。

　　在伴侣变得较为熟识时,爱抚技巧通常发展为一个多少有些标准化的系列。许多未婚夫妇结婚之前的爱抚活动就进行得十分深入。爱抚关系中大部分活动都是来自男性。爱抚活动主要是刺激女性。这种单方面动作是否有充足的生理学根据,仍然是一个问题;这种男性和女性活动上的巨大差异有可能是,至少部分是——女性生长于其中的——我们文化模式的另一种结果。在爱抚关系中,男性通过自己接触女性的活动得到对自己的刺激,而这正如已经表明的那样,通常是充足得导致自发的射精。

　　较低阶层对受过较好教育群的爱抚行为感到震惊。前面已经说过，爱抚是一种特别的活动，它让许多人认为大学生在性方面是放荡的和反常的。另一方面，大学水平的人也不赞成较低水平的人那么频繁的异性性行为。这显然是两种习俗体系、两种文化模式之间的冲突造成的，其中任何一方仅仅在一个接受其所在群体传统的人看来好像是正确的。在受过较好教育的人来看，性行为对爱抚是一个道德问题。对较低水平者来说，这是一个让人难以理解的问题：一个精神正常的人怎么可能进行像爱抚这样带高度性爱色彩的活动同时又抑制自己的实际性活动。

　　有迹象表明，年轻一代在作这些接触时已经变得更为自由。在公开场合他们在爱抚方面也似乎更加开放。在门阶上，在街头角落里以及在中学和大学校园，无论在白天还是夜晚，一般身体接触和更特别的拥抱、接吻随处可见。同样的接触在汽车里，在两人约会时，在鸡尾酒会或其他聚会上，在酒店和餐馆，在药品贮藏间和旅馆，在大学宿舍接待室，在中学走廊，在许多学生家中，以及在年轻人聚集的任何地方都可以观察到。更为特别的接触可能要求在较为隐秘的地方。有时爱抚是在赤裸状态下进行的。

　　从某种程度上讲，爱抚是较高阶层的人们试图避免婚前性行为的结果。在这一点上谴责爱抚，可能导致某种错误的东西，也是毫无根据的，因为没有任何证据表明年轻一代婚前性行为的频率增高了，尽管爱抚活动是增多了。在有些个案中，特别的记录表明，如果爱抚不能提供一种性发泄，就有可能发生性行为。

　　爱抚导致的身体结果是教育家、父母以及中学生和大学生自己关注的问题。对年轻一代来说，没有比爱抚行为的身体后果更让他们关注的性问题了。因此，确定这一方面的数据就是很重要的了。现在有证据清楚表明，由爱抚提供的这种激发可能严重困扰某些个体，使他们多少处于被延伸的神经质状态，除非这一活动前进到高潮点。如果高潮产生了，好像就没有不同于其他性活动类型的事后影响。另一方面,有这样一些男性,在我们的样本中大约占三分之一,他们进行深入的爱抚,在高潮来临之前停止,他们能够在没有高潮提供的特别释放之前就平静下来。许多男性在接触女性时没有达到性高潮,当他们离开这个姑娘时独自进行自慰。男性在爱抚期间没有达到高潮,较为普遍地体验到一种痛苦,通常被说成是在遭受考验或类似防波堤那样的境况下(但这是可以用某些其他建筑物来代替的)。偶尔也有这样的情况:某个男性在爱抚中被激发了很长时间,大概一个小时或者更长,发现很难达到高潮,或者如果最终达到了,可能发现那是一个不充分的神经释放,或许伴随着射精有某种局部的不适。

4.男性性爱抚的社会意义

在动物界,在某种程度上也包括植物界,通过反对刺激对象的压力,一个生物体对身体接触做出反应,这是十分正常的。除非有过高的温度,或者由这一境况的其他性质引起痛苦,对象正常的压力导致这个动物或其身体的某些部分朝着这个对象移动。人类婴儿从诞生之日起就有这种反应,并很快就懂得,这样的反应通过另一个人身体的温暖得到报答,通过接受母亲或其他人爱抚和反刍,增加了满足感而得到报答,有时通过食物以及有时通过从不幸的境况中得到保护而得到报答。这些早期接触带来的激发在成年后就被称为性反应,在较小的动物那里,情况毫无疑问就是这样的。

在生命最初这些年,大多数父母给孩子提供了大量刺激,帮助和激励他们情感反应的发展。爱一个婴孩和教他去爱,在这个过程中,他就接受了习俗的一部分。但随着孩子长大,在英—美文化中大多数父母开始抑制孩子身体接触,无论是同他们自己还是同别的人。小女孩被教导说,如果遇到那些不是亲戚的人,她不应该同他们接触,特别是她应该避免同男性接触。男孩也懂得他不要想着去接触女孩子,至少"在他长大之前"。任何感情的流露都受到有意识的控制,成长中的男孩被教导说,在面临困难境况时,不要指望照护和许多同情。正如某些精神科医生所指出的,孩子被带入一个充满情感和身体之爱的世界;但随着他们的成长,他们被教导去抵抗自己正常的生理反应,在被其他任何人接触时逃离开来。在经过 15 年或 20 年这样的教训后,一场婚礼被假定可以纠正在男孩和女孩那里已经根深蒂固的所有否定性反应,而在他们的婚姻关系中,他们被假定变得像他们是婴儿时那样自然和不受压抑。当然,这仅仅是一种太高的期待,因此,这并不让人吃惊:这方面情况最好的那一部分人(大学水平的男性和女性)婚后在发展感情关系时是笨拙的和无能的。

一般来说,女性在性发展方面更加缓慢一些,比男性较少反应。在这种压抑中,她更容易受到这种教训的影响。因此,当我们发现无性反应的妻子在婚姻中,特别在那些受到较好教育的女子中占有很大比例,就不会感到吃惊了。

近几年来,年轻一代已经认识到婚前性压抑的重要意义。虽然许多男孩和女孩进行爱抚活动是为了得到当下的满足,但其中也有非常多的人是有意识考虑这种体验关系到他们以后婚姻调节问题。他们对这一境况的理解得益于最近 20 年来出版的数量巨大的婚姻手册,得益于心理学、家庭经济学、婚姻、儿童发展以及社会科学其他领域的课程。至少在某种程度上这解释了为什么年轻一代或多或少都忘记年老一代对爱抚行为的并非不严厉的批判。

观察到大多数年轻人的爱抚行为是由科学支持的逻辑和完全的不合逻辑混合而成的,这真让人吃惊。他们有些人处于一种由其活动产生的心理冲突之中，而这证明了一种巧妙的合理化，以用来满足他们的良心。他们特别注意避免生殖器的结合。事实是爱抚涉及的性爱接触跟生殖器结合一样有影响，而进行这种接触可能比生殖器结合更成为禁忌，包括某些被认为是变态的东西，但没有让他们产生像实际性行为那样的精神混乱。通过爱抚，他们可以保守住自己的童贞，尽管当他们那样做时可能达到性高潮。他们仍然珍视自己的童贞，就像他们的前辈一样珍视。只是其他大多数活动的评价表上都有了新的内容。

年轻一代认为爱抚行为类型比维多利亚一代压抑的求爱要自然得多。看来弗洛伊德关于个体整个人格被压抑后果的解释是合乎逻辑的。婚姻顾问和精神科医生提供的证据表明，婚前长时期性压抑是许多人在婚姻性调节中遇到困难的根源。

在以后我们将呈现婚姻调节中性因素的数据，现在也可以在这里说明，总是有许多因素关涉着婚姻的成功或失败。要了解在事件链上哪一个因素应该排在第一位，通常是很困难的，那些关注着当下不适的人们通常是一些没有能力理解自己困难之源的人。性调节不是婚姻的唯一难题，而且它们甚至也不是婚姻调节最重要的因素。对本研究中6000个婚姻历史的初步考察，以及对近3000个离婚历史的考察，我们可以做出一个假定，在婚姻中没有任何东西比坚持一个决定更为重要的了。带着这样一个决定，个体迫使自己去调节和接受种种境况，如果婚姻的继续不是首要目的，这些境况看起来就成为婚姻破裂的充足理由。

然而性调节不良导致较高阶层婚姻中四分之三以分居或离异而告终，而在较低阶层的婚姻破裂的百分比是较小的。哪里性调节是贫乏无力的，哪里的婚姻在维持中就会遇到困难。当性调节是不正确的，要维持一个婚姻的决定只是一种理想主义。因此，性因素在一个婚姻中是非常重要的。

特别地说，在较高阶层婚姻中，最通常产生困难的性因素有：

(1)男性在显示性接近和性技巧上遭到失败；(2)女性在带着纵情的共同参与中遭到失败，而这对于任何性关系的成功完成都是必要的。这两方面的困难都是同一个来源造成的：即婚前那些年被发展了的压抑，以及在婚后自由释放这些压抑的不可能。在这一点上，弗洛伊德、其他精神分析学家以及精神病医生总的来说看法是一致的。对于此点，我们的数据提供了充足证据。数千个材料的历史细节将证实本该在以后作出的这一结论，但这一问题必须现在提出，因为它是产生在婚前爱抚的意义之上的。

男性在婚后性生活中的困难包括在性境况中建立和睦关系时缺乏随和、轻松或文雅。婚姻手册的错误在于认为，男子气的失败在于有关技巧知识的缺乏。当一个男性对自己的性行为适当与否心中有数时，性技巧的细节相应地就不成问题了。但作为一个受过教育的年轻人，他获得关于审美接受的思想，获得关于科学解释活动是清洁或卫生的思想，以及当他有性行为时，无意识地获得关于技巧应该是有作用的思想。他决定什么样的性活动是正确的，什么样的性活动是错误的，或者至少是不适当的——也许是不正常和变态的。尽管这些东西在性行为那一刻不可能被有意识地想到，它们以潜意识控制着他的活动。很少有男性在他们的性关系中真正实现了自由，甚至包括同他们的妻子。很少有男性认识到他们在这些问题上是怎样被糟糕地压抑着；而大多数阳痿的例子(在到达老年之前，而且不算那些因身体损伤造成的阳痿)被发现在较高阶层、受过教育的男性中间。精神科医生很好地理解这种阳痿是压抑的产物。这种被压抑男性的犹疑态度甚至在试图进行性行为时也被反映在这个事实之中：在宗教倾向较强的男性和在较高水平的男性那里，婚姻性行为的发生频率总起来说要比较低教育水平的男性低得多。

较高水平女性的压抑比一般男性要明显得多。有些女性拒绝同她们的新婚丈夫发生性行为，有许多妻子在结婚多年后在性活动上仍然处于被压抑状态,拒绝男性尝试的每一种新技巧,指责她们的丈夫下流、淫乱、缺乏思考以及总的来说有性变态的罪恶。为数众多的离婚都是由于妻子拒绝接受性行为技巧中某个项目,而实际上它在人类行为中是很普遍的。一个女性生活了 20 年或更多时间,仍然没有明白男性触摸女性乳房在道德上和社会意义上是正当的,这个女性不理解这一事实:性接触可能比生殖器结合要广泛得多,她会发现,要放弃关于这些问题或对或错的想法并接受婚后任何纵情的性关系是非常困难的。婚前有过爱抚经历的女性,已经体验到由触摸产生的刺激以及对此作出反应的意义,婚后生活自然会在某种程度上避免由性压抑而产生的问题。

可以断定的是,婚前爱抚的体验对婚后保持良好的性关系是有帮助的。有些人并没有经历婚前爱抚,他们对婚后性关系的调节也感到满意,但大多数人在这一过程中感到难以适应。我们这一结论也许跟通常的观点相悖,但也有一些论著表达跟我们相近的观点。当然,婚前爱抚是否正确,这是一个科学家无法加以确认的道德问题;而婚前爱抚将如何对婚后性关系的调节起作用,这是一个科学家应该思考的问题。

5.女性性爱抚与年龄的关系

大约 44%的女性在 15 岁左右时已经有了异性间爱抚的经历。我们整个样本中有 90%的女性有爱抚经历,已婚女性则将近100%的在婚前有爱抚经历。

但是,整个样本中有 80%的女性在爱抚过程中曾被性激发过。已婚的则有 97%的在爱抚过程中被激发过。整个女性样本中大约有 30%的女性在爱抚过程中,或至少有时在爱抚过程中达到高潮。

在各个年龄段中，都有相当多的未婚女性有过爱抚经历，不管是否达到高潮。

各年龄段的发生率

年龄	有爱抚经历的百分比	年龄	有爱抚经历的百分比
青春期到 15 岁	39	26~30	83
16~20	88	31~35	78
21~25	88	36~40	70

青春期到 15 岁间的女性，只有 3% 的曾在爱抚中达到过高潮，但在十八九岁的时候达到高潮的大约有 23%。有三分之一（31% 到 32%）的未婚女性在她们 20 多岁和 30 多岁早期，至少有时在爱抚中达到高潮。在这之后，通过爱抚达到高潮的各年龄段发生率开始下降，对快 60 岁时还未婚的女性，其发生率为 7%。

爱抚明显是一种在较年轻时发生的性活动，那么年龄增大时发生率降低是否是因为生物学或是生理学的原因，这一点尚无定论。同样也无定论的是，女性性活动中的衰老迹象是否在 50 岁后或者是直到 60 岁才会出现。很可能，年龄较大群的低数据是因为她们出生在 19 世纪。就如我们的记录所显示的那样，这个年龄段的女性通过爱抚达到高潮的人数本来就较少。而且女孩没有爱抚经历是因为，她认为这种行为是不道德的，或者是她没有受到男性吸引，也或者是她本身并不动人，或者是一个抱独身主义的人。随着年龄的增大，同龄的单身男性人数锐减，而年轻一点儿的男性又大多对老年女性没有兴趣，而且有四分之一的老年单身女性多为同性恋者。最后，未婚的老年单身男性若对异性有兴趣都希望进行性行为，而对和不想发生性行为的女性进行爱抚没有兴趣，甚至没有兴趣与这类女性约会。

我们对样本中所有女性的总体爱抚频率没有记录，但对女性达到高潮的爱抚频率有具体数据。我们对一般的接触和性接触作了区分,因为对象在接受调查时,很难说清有性激发的爱抚的频率,除了导致高潮的经历外。

由于爱抚的发生通常都比较零散,可以在一星期内甚至一个下午或一个晚上有好几次接触,然后很可能好几个月都没有再次接触。因此对样本中大多数女性而言,除了导致高潮的爱抚外,要记得平均发生频率是很困难的。只有大量的每天活动日历才可能为此提供足够的数据。

由于这些原因,我们不得不满足于只对爱抚的发生频率有个大概的估计。我们考虑到有些女孩可能连续几星期、几个月甚至几年每个晚上都有约会,但有些女孩约会与约会之间可能会间隔好几个月。很少有女性,即使是那些在社交上有诸多限制的群体中的女性,两次约会的间隔时间一般也不会超过一年。有些每次约会都有爱抚行为,但有些则在少数约会中有爱抚行为。很多参加舞会或其他社交活动的女性在一个晚上可能跟好几个不同男性有爱抚行为。很多时候,爱抚仅仅是亲吻,有些时候,亲吻很快就发展到那些能带来性激发或高潮的爱抚方式。就平均值的估算,爱抚经历频繁的人一星期的记录就能平衡那些不太频繁的人几星期、几个月的记录。

考虑到这些因素,在我们的印象中,15 到 35 岁的未婚女性的爱抚平均发生频率可能从每星期 1 次到每月 1 次。对某些类型的女性而言,可能是每 2 星期 1 次。即使这些估计与现实有出入,但结合别的数据进行考察的话,可能还是有用的。

对达到高潮的爱抚的发生频率,我们有更为具体的数据。本文接下来的频率数据都是指达到高潮的爱抚的发生频率。

我们样本中所有各年龄段的女性,从青春期到 50 多岁,她们达到高潮爱抚的发生频率惊人的一致,为每年 4 到 6 次(每星期 0.09 次到每星期 0.13 次)。平均频率从 15 岁时的每星期 0.11 次到 50 岁时的每星期 0.09 次,有略微降低。其中的原因可能是,年龄较大的未婚女性性反应能力较差，同时选择的因素也起了作用，跟生物学上的老化没有关系。

当然，在任何一个年龄段的个体间都存在着明显的差异。很多女性(61%)从未在婚前爱抚中达到过高潮，有的则不止一次经历过高潮，还有一些人在婚前5到10年间，每星期平均经历7到8次这样的高潮。发生频率较高的女性通常都有达到多次高潮的能力。

在我们的样本中，尽管爱抚是在单身女性中分布最为广泛的性行为，但它并不能经常带来高潮。自慰和性行为在女性结婚以前高潮总数中所占的比例要比爱抚高。

爱抚在年龄较小的青春期女孩的总体性发泄中所占比例比较小，是4%。在十八九岁到20岁出头这段时间，爱抚的重要性提高了，所占比例达到18%。在十八九岁时，爱抚是最重要的与他人进行的性活动，但到20多岁时就被婚前性行为所取代，后者成为最重要的异性间性活动。过了25岁，爱抚就越来越少。到40岁时，只有5%仍然单身的女性把爱抚作为发泄途径，到50岁的时候，就只有3%了。自慰和性行为在老年未婚女性的高潮经历中占据了75%到90%的比例。

根据我们样本中已婚女性（意味着已结束婚前各种性经历）的记录，8%的爱抚经历在婚前持续了1年或不到1年的时间。这个数据更接近教育水平低于中学的女性，对于受过较高教育的女性，则略低一些。约15%的女性持续的时间是2到3年，23%的是4到5年，接近40%的是6到10年（包含10年）。平均持续时间是6到7年(6.6年)。

很明显，婚前爱抚持续的时间和伴侣人数取决于女性是多大岁数结婚的，因此持续的时间可以从15岁大多数女孩开始爱抚的年龄一直到结婚的年龄。例如在30岁后才结婚的女性中，将近四分之三(73%)的女性婚前爱抚的时间长达11年及以上。

　　样本中大多数女性开始爱抚是在中学毕业前两三年。在那个时候,多数女性每年有的男性伴侣人数是最多的。但绝对数量在毕业后增多,这是因为爱抚在中学阶段持续的时间不长,而毕业后到结婚为止,持续的时间要长得多。

　　根据样本中已婚女性(意味着已结束婚前各种性经历)的记录,10%的女性在婚前只有一个爱抚伴侣,三分之一(32%)的在婚前有 2 到 5 个。四分之一(23%)有 6 到 10 个。超过三分之一(35%)的有多于 10 个伴侣,有些人的伴侣人数达到 100 个以上。但这种爱抚的杂乱现象并未出现在婚前性行为上。就算是爱抚对象最杂乱的女性,在结婚前一两年都会将爱抚固定在有 1 到 2 个对象上。

6.女性性爱抚与宗教背景的关系

　　在整个女性样本中,对爱抚和达到高潮的爱抚的主要限制来自宗教传统。它似乎限制了女性进行爱抚的人数,限制了爱抚的发生频率、发生时间和地点,也限制了爱抚的方式。宗教传统对于公众对此类事物的看法有着如此巨大的影响,以至于它的限制作用不仅体现在虔诚的教徒身上,甚至至少在某种程度上,对那些与宗教团体没有任何直接联系的人也有影响。

　　我们有数据表明,许多宗教团体的女性在年龄较小的时候,她们的爱抚累计发生率基本上是一样的。这一点无论是对天主教、犹太教、新教中虔诚的教徒、中等虔诚的教徒还是不虔诚的教徒都是一样的。但到 35 岁时,不那么虔诚的未婚新教女教徒的爱抚累计发生率达到了 96%,但虔诚的新教女教徒的累计发生率不曾超过 85%。

　　达到高潮的爱抚累计发生率与对宗教的信仰程度成反比。不那么虔诚教徒达到高潮的爱抚累计发生率比虔诚教徒的要高许多。这主要是因为更多虔诚的女性教徒拒绝接受很可能会导致高潮的方式，或者她们有意识地抑制自己，不让自己达到高潮。宗教信仰程度或许并不能阻碍女性有一些爱抚行为，但它确实限制了女性在爱抚中愿意达到的程度。

样本中女性各年龄段发生率也同样受到了宗教信仰程度的影响。在新教、犹太教、天主教中，虔诚教徒的发生率较低，而不虔诚教徒的发生率较高。例如，在十八九岁的时候，虔诚新教教徒的发生率为19%，而不虔诚新教教徒的比例为22%。相应地，在天主教中，比例为15%比31%，在犹太教中，为23%比33%。

宗教教规似乎对达到高潮的爱抚发生频率影响不大，即使是对女性样本中最虔诚的教徒。由于通过爱抚达到高潮的发生频率在一定程度上衡量了所用方式的有效性以及女性对此种方式的接受程度和反应程度，因此发现虔诚的女性一旦接受由爱抚导致的高潮，她们爱抚的频率就跟其他不那么虔诚女性的平均频率一致，这一点有着重要意义。

为什么虔诚女性的反应在频率上并没有减少，这是一件值得注意的事。在某些情况下，似乎是因为爱抚一旦发生就会以一种主体无法察觉的规律自我重复。在另一些情况下是因为经历导致了对由爱抚带来的满足感的欣然接受。还有一些时候是思考的结果，认为婚前爱抚是一种学会社会和婚姻调节的好方法。

对不同宗教团体的女性而言，由爱抚导致的高潮占总体性发泄的比例有大幅度变化（从2%到26%）。但这似乎与女性宗教背景类别没有关系。

像自慰和性梦这类独自的性活动，虽然有时会伴随着有关他人的性幻想，但主要还是取决于个体自己的性兴趣和性反应能力。而像爱抚、异性性行为、同性恋关系这类与他人的性活动，肯定是取决于两个个体性能力、性兴趣、性欲的综合以及一方愿意对另一方的配合。这类性活动的发生率和频率因此通常表现了一种妥协，即性反应能力较差一方所能达到的上限和性反应能力较强一方所能忍受的下限之间的妥协。因此与他人性活动的发生率和频率既不能很好地衡量男性的性能力，也不能衡量女性的性能力，尽管它可能衡量一方对另一方的适应意愿和能力。

在很多异性性关系中，是男性对更频繁的性接触有浓厚的兴趣，因此是男性决定了最低频率。反之，是女性决定了她能承受的上限。在很少情况下，女性是对性接触更有兴趣的一方。

正如我们在前面所估量的，在女性样本中，从 15 岁到 35 岁的单身女性爱抚平均频率是每 2 星期 1 次，高潮的平均发生频率是每年 4 到 6 次（对有达到高潮的爱抚的，不超过样本中的三分之一女性而言）。我们可以估算女性能达到高潮的爱抚仅占爱抚总数的 5% 到 6%。而在相当一部分爱抚中，女性根本就没有感受到任何性刺激。有些女性在她们被激发之前，已经有 1 年或 2 年甚至好几年的爱抚经历；即使在她们已经开始有反应的时候，她们在大多数爱抚活动中仍然不能找到其性爱意义。任何异性性活动的发生率和频率都是对男性性兴趣和性能力的衡量。

而女性对高潮的反应则衡量了女性的性兴趣和性能力。因此在研究异性性行为的数据时，把女性的经历和她对高潮的反应区分开来，是很重要的。

女性爱抚的累计发生率在 12 岁到 18 岁间陡然上升，到 21 岁时或多或少开始下降。就如我们随后会发现的那样，女性性行为的经历也有类似的陡然上升。它们与男性自慰、梦遗、婚前爱抚、婚前性行为或在较低程度上与男性同性恋行为的累计发生率都有着惊人的相似。男性在进入青春期后这些数据的上升，与他们青春期的发育有关，可能是这一时期某些荷尔蒙的改变引起的。

另一方面，女性达到高潮的爱抚累计发生率只在一段长时间里逐渐上升。这种缓慢增长可能是因为引起女性性反应的生物学、心理学和社会因素的缓慢发展。这种缓慢增长同时表现在女性达到高潮的自慰和性梦的累计发生率上。这些表明达到高潮的性活动发展数据为我们衡量女性基本的性兴趣和性能力提供了一个最好的标准。

7.女性性爱抚的意义

如果不是为了生育这个最终目的,犹太教和天主教教规特别禁止有意追逐或接受这种能带来性激发的行为。在这个国家和很多欧洲国家对爱抚行为的普遍反对反映了这样一种道德取向。严格正统的犹太教教规对任何形式的裸露有着极端的限制。除了脸和手以外身体任何其他部分的全部或局部裸露都被禁止。为了防止会看到身体裸露,无论是公开场合还是在家里,甚至在夫妻性交时,独处换衣或洗澡时都禁止裸露身体。

但没有任何一种爱抚方式本身被天主教教规认为是有罪的,只是在它们不是用于对婚姻性行为起帮助作用时,才被认为是有罪的,而且同时婚姻性行为的目的是为了受孕。

新教在很多方面也持同样的观点,他们也禁止所有婚前与他人的性行为。但有时新教的牧师或俗教徒会对这些需求做出妥协。天主教教规不允许有任何例外,而有些新教团体则接受在已订婚或非常有可能要订婚的男女间存在爱抚行为。有更多的新教牧师和俗教徒开始相信婚前爱抚对于发展年轻人的情感和提高他们对未来婚姻的适应能力方面可能有积极意义。

很明显,宗教和公众对爱抚的禁止和不认同对现在的年轻人的影响不大,但很多有爱抚行为的人还是会有罪恶感。可能美国年轻人不经常对性的哪怕一个方面提出问题并寻找科学解释。当这种罪恶感非常强烈的时候,各种各样的性格问题、性失调、难以适应社会、各种情况导致的阳痿、有时用同性恋关系来做替代品,还有其他可能对以后的婚姻调节带来困难的情况就会增多。

关于可能由婚前性活动尤其是爱抚导致的伤害已有大量描述。但对任何一种普遍存在而且还将普遍存在下去的活动,就像爱抚在美国女性和男性中间存在的那样,加以禁止和长久抨击所造成的心理不适以及随后的婚姻问题,相对来说却讨论得很少。

英国和美国关于性的很多法律脱胎于或直接遵照宗教教规。虽然爱抚作为一种特殊的行为方式并未受到法律的惩罚,但很多爱抚的具体方式则被认为是行为不当或更严重地被认为是一种犯罪而受到惩罚。如果涉及孩子,爱抚会以青少年犯罪或助长青少年犯罪的名义加以起诉。如果爱抚是在成人和一个孩子之间发生,依据最极端的犯罪法在很多州都会被处罚。

但当爱抚是发生在年龄相当的个体之间且双方都同意的话,受到法律惩罚的情况是不多的,只是偶有发生。但有时爱抚会以攻击或殴打罪加以起诉,尤其是当女性不同意或其年龄不足以对这一行为做出同意与否的决定时。在很多情况下,是由生气的父母或邻居告上法庭的。如果爱抚发生在流动电影院、海滩或停在高速公路上的汽车里时,更多的是由警察采取行动。很多时候他们只是简单地制止爱抚行为或有时会以公然猥亵罪或行为不当实施逮捕。如果在爱抚中,有性接触的行为,控诉会更严重,因为至少后一种行为在 48 个州的多数州法律中都被认为是重罪。在我们调查中也发现有些法律执行者会勒索被抓住的年轻人以此来代替被捕。这种法律执行的反复无常证明了想要控制这种几乎全世界都存在的行为是不可能的。很少有美国青年认识到法律问题,即使他们认识到了,他们中的大多数也会故意忽略掉。对现代美国人的爱抚行为能起限制作用的是道德而不是法律。

正如我们所注意到的,爱抚得到广泛接受是因为它能迅速带来满足感。我们整个样本中女性的 39%，出生于 1920 年到 1929 年间。这中间接近 45% 的女性，由爱抚达到高潮而带来了生理释放。

但是，如果在爱抚中有强烈的性激发而最后却没有达到高潮，那么会加剧生理不适。在这种情况下，很多男性和有些女性就会觉得精神沮丧，无法思考，不能对其他事物集中精力，肌肉运动缓慢，可能会有强烈的腹股沟疼痛。要缓解这些不适，他们可能会去做激烈的身体运动，经常也会自慰或有性行为，或有时会有同性恋行为。但多数女性如果爱抚没有高潮就停止了，不会像男性那样难受，但也有女性跟男性一样感到难受。样本中，有过爱抚的女性中，有 51% 的有时会感到难受，而经常感到难受的比例则要小得多。有四分之一（26%）的女性像男性经常感到的一样会有腹股沟疼痛。有三分之一（35%）的女性，像很多男性一样，至少有时在无高潮的爱抚后会自慰。

这种难受主要是因为性激发涉及神经肌肉紧张的加剧，在性行为的过程中会达到一个相当高的顶峰。如果高潮在紧张达到顶峰的时候发生的话，紧张就会突然释放。由于某些我们还不了解的原因，很多男性和有些女性的高度性紧张除了高潮外无法得到释放。如果没有高潮，那就需要一段时间甚至是几个小时来缓解这种紧张。如果有高潮的话，紧张会在几秒、一分钟或两分钟后缓解，个体会觉得舒适和平静。这种舒适和平静是所有性行为结束后的特征，除非因为有内疚感而遭到破坏。

对我们样本中的女性来说，爱抚意义重大。因为爱抚是大约34% 有性激发经历的女性第一次性激发的来源，是 51% 在与异性接触时有第一次性反应女性的第一次性激发的来源。

对曾经历过高潮的女性来说，约有四分之一（24%）的人初次高潮是由爱抚引起的。对初次高潮是在与异性接触中得到的女性来说，有 46% 的人的初次高潮是由爱抚引起的。因此爱抚在初次高潮来源上的重要性，几乎和各种性行为（婚前性行为、婚姻性行为、婚外性行为)组合起来一样重要。

对多数女性来说，她们第一次对异性性行为有了真切认识是通过爱抚得知的，而不是通过家庭教育、课堂教育、宗教教育、讲座、课本、生物课、社会课、哲学课或真实的性行为所得知的。她们既不能从成长家庭的总体氛围中获得这类知识，也不能从母亲的特别指导中获得。相反地，家庭、学校和教堂是禁止性、讨厌性的任何方面，害怕与性有关的身体不适，并给很多女性造成直到结婚后还存在罪恶感的主要来源。我们的记录表明，很多在一进入青春期后最适合学习的事物，在进入青少年晚期后或到20多岁后再学就会出现大量的问题。

女性不能在婚姻性行为中达到高潮是造成婚姻不和谐的一大原因。为了试着确定导致这一问题的原因，我们研究了女性在婚前经历高潮的和在婚姻性行为中反应至高潮的频率间存在联系的可能性。数据表明，在我们的女性样本中，婚前不曾经历过高潮的女性有44%在婚后第一年完全不能达到高潮。而在婚前有相当次数高潮经历的女性，在婚后仅有13%的不能在第一年达到高潮。这是一个数目巨大的差异。在其后的年份甚至在婚后15年里都呈现类似的差异。

爱抚，尤其当爱抚是婚前高潮的来源时，与婚姻性行为高潮之间也有类似关系。在婚前从未由爱抚达到高潮的女性中，有35%在婚后第一年不能达到高潮。而在婚前哪怕只有几次经过爱抚达到高潮的女性中，只有10%不能在婚后第一年达到高潮。在婚后约15年里都有类似的差异。

选择因素在这里可能起了作用。在婚前爱抚中能达到高潮的女性可能基本上都是性反应最灵敏的。因此她们也是婚后最可能做出更好调适的人。但我们相信偶然性同样有关。根据我们进一步的分析，婚前高潮的来源没有女性确实经历过婚前高潮这一事实来得重要。

　　但是爱抚不仅仅提供了高潮经历。它让女性得知在对他人进行情感调适时会涉及生理、心理和社会问题。作为一个社会化的个体，爱抚对样本中大多数女性都有重大意义。

　　由于社会禁忌，各种各样的爱抚方式在女性婚前经历中只能是逐步采用的。婚前岁月为学习这些提供了训练期。在婚后，这种逐步学习经常是不可能的。很多男性都不会妥协和给他们的妻子几个月或几年的时间慢慢来发展他们的性行为方式。在婚前关系中因为女性、有时是因为男性的拒绝而出现难以接受某些方式时，可能会导致关系的破裂。这是不幸的，但并没有婚姻破裂来得严重。即使婚姻没有因为性生活不协调而破裂，因为不满意也使双方关系长期得不到修补。

　　婚前的爱抚经历为女性提供了从情感上适应各类男子的机会。因此可能会明智地选择她希望一辈子相伴的那个男子。许多人认为，让满意的婚前性关系来决定对伴侣的选择，而不考虑其他应该考虑的非性因素是危险的。我们确实看到有些婚姻因为单纯地建立在性兴趣上而陷入困境，但同时看到更多成百上千的婚姻因为没能在婚前认识到彼此无法在感情或性上取得和谐而破裂。

　　据说有时因为女性有婚前爱抚而使得她们难以在婚后性生活中获得满足。这一论断没有足够的数据支持，我们也只见过3到4个这样的个案。另一方面，我们看到将近1000名有婚前爱抚经历的女性，在婚后性生活中有良好的性反应。

七、我看自慰

1.男性自慰的发生率

　　自慰这个术语可以用来表示带来性激发的任何种类的自我刺激。因为正如我们已经看到的,所有触觉反应和其他感官反应对于性活动都是基本的,我们可以把自慰概念扩展到所有有触觉刺激的情况。弗洛伊德和许多精神分析学家以及其他临床医生都是这样用这个词,特别是在关系到幼儿的行为时。在这样定义时,自慰现象被看成是很普遍的,无论是男是女,无论是最小的儿童还是最老的成人。但一般公众心目中的自慰概念并非如此。"自慰"这个词更通常的运用是指任何有意识的试图造成性激发的自我刺激。按照这样一种定义,一个人偶然的自我接触不是自慰,因为这不是有意的。按照这样的定义,不仅触觉刺激而且所有其他感官和精神刺激,如果是有意识的和试图带来满足,都算作是自慰。为了其他目标而不是为了造成性激发,那就不能算作自慰。在本书,"自慰"这个词只指有意识的自我刺激。

　　作这样严格定义后,自慰就不像有些精神科医生和心理学家所说的那样普遍。遗憾的是,对于这个词意义的扩展使得在解释自慰现象实际数据时产生误解;如果精神分析学家对他们观察到的东西,特别是对幼儿中发现的现象,只有在有证据表明儿童是得到一种对自己活动的性爱回报以及其行为由于对这种回报的预期而加强,才把这种触觉体验称之为自慰,这种描述方式也许要更好一些。

即使按照比较严格的定义,在人类男性人口的历史中,自慰的发生率也是非常高的。在这一总人口中,最后大约 92%有达到性高潮的自慰行为。就大学水平群而言,这一比例更高(96%),中学水平群为 95%,而小学水平群要低一些(89%)。一般认为,所有男性在他们一生中某一时间段都会有自慰,许多临床医生和教育工作者很容易接受这一观点,但我们的实际记录却没有证实这种想法。某些个体没有自慰的原因很简单:他们缺乏足够的性能力去发现超出自己原有方式之外的发泄源,而主要依赖梦遗作为达到性高潮的方式。有些男孩,特别是较低社会阶层的,没有自慰是因为他们很早就有性行为,很少再需要其他发泄来源。有些较特殊的个体发现,在自慰时不能达到性高潮,因此在第一次体验之后就不再作进一步尝试了。因此确实有这么一个男性群体,他们是完全没有自慰历史的。

以前几个关于人类男性性行为的研究,在自慰发生率方面获得的数字比较类似。令人感兴趣的是,我们发现欧洲研究报告关于欧洲男性自慰发生率的可比较性(85%到 96%)。有各种理由相信,其他一些美国研究得到的较低数字是不符合事实的。应该认识到,自慰在某些群体是禁忌并甚至遭到强烈责罚;白人大学男性较多地承认他们的体验,而其他群体的一些男性可以承认几乎任何一种性行为,但不承认有自慰。另一方面,自慰在男性中有很高的发生率,并不意味着在女性中发生率也同样高。

大约有三分之二 (68.4%) 的男孩是通过自慰提供第一次射精。其他大多数男孩,第一次射精是由梦遗和异性性活动提供的。不同的社会阶层这方面的数据有所差别。对于那些青春期开始较早的男孩来说,自慰最可能提供第一次性体验(占 72%),而发育较晚的男孩这一比例只有 52%。

　　自慰作为第一次体验带来的影响需要以后的性教育研究有更为广泛的思考。现在我们知道，几乎所有的男孩在他们试图自慰前都听说过这个事，而许多男孩观看过同伴自慰。在小学和中学水平群中这一情况更为普遍；但有些大学群的男性对有男孩是通过发现别人自慰而开始自己的活动感到惊讶，因为在这一水平群自慰主要是独自发现而进行的。在青春早期后，许多男性再没有机会观察另一个男性的性动作，因此，不可能有那么多的男孩是通过观看别人自慰而开始自己最初自慰活动的。而女性更多的是独自发现自慰，而且没有任何先前的知识，哪怕是有过同样活动的人告诉的知识。

　　无论性的接触发生得多么频繁，在较小的男孩中，明确的自慰仍然是极少的。当然，有些 1 岁以下的新生儿可能感到这种刺激的好处，有时这是大人作用的结果；有些男孩从两三岁开始就十分明确而经常地自慰，但对大多数小男孩来说，在试图自慰时，进行这样一种缓慢活动，不能让自己得到满足，很快就停止了这种努力，没有兴趣再作尝试。年龄较大一些的男性能够给自己提供较明确的自慰，这时通常是在成年人中间，儿童也有可能，得到较大性激发；在这种情况下，许多人会造成实际的性高潮。

　　可利用的数据表明，青春期前较小的男孩有严格意义自慰的，人数相对较少。9 岁前不超过 10%，10 岁前达到 13%。大多数男孩是在 10~11 或 12 岁前开始有自慰。这些数据主要来自成年人的回忆，而成年人有时忘记了自己童年的体验。将来自儿童的记录和来自成年人的记录相比较表明，实际数字可能要高一些，但不会高出 20%，也就是说，在 10 岁前自慰的男孩的比例可能不是 13%而是 16%。青春期前自慰的发生率在不同的阶层显然是有差别的。但这一差别要比在青春期发现的小一些。实际上，在接近经常意识到性爱反应的年龄前，很少有男孩开始自慰，这意味着，不会早于青春期前一两年,尽管在有充分接触的情况下,会有不少更小年龄的男孩可能产生明确反应。当然,这是完全可以理解的:除非对其努力有一个充分的回报,一个男孩是不会对此感兴趣的。

有些青春期前男孩通过自慰达到明确而满足的高潮,虽然他们有些人可能不承认所发生的事情,不认同这种体验就是性高潮,也不认为这就是其他男孩向他描述过的东西。然而自慰在这个较小男孩这里通常是一种确定的操作,往往限定在几分钟时间,然后突然停止。这时,如果他有可能报告,他会说自己获得了满足。这意味着他达到了高潮,或者他发现至少有某种对于紧张的放松,正是这种紧张启动了他的自慰活动并在这一操作过程中得到扩张。有些青春期男孩和许多成年人回忆,明确的高潮在他们获得射精能力前就带有成年人的特征;而我们这里有关于数百名男孩的明确记录,他们青春期前性高潮的实现既有自慰,也有社会—性的接触。有些年龄较大的精神科医生教条式地宣称,青春期前男孩不可能体验性高潮,除非他有精神病。这样一种声明不像科学的反对态度,当然,从我们现在正在进行的观察角度看,也是不能接受的。

在发现较小男孩自慰时,成年人往往感到担心和烦恼,而许多临床医生支持父母的担心,却没有给这小男孩什么安慰,反而去治疗他那本是正常的生理能力。由于几乎所有的男孩或早或迟会有自慰活动,我们可以提问:为什么人们要担心青春期前或新生儿的自慰活动。如果这是一个道德问题,回答应该来自科学家以外的人,而且作为一个道德问题来处理。如果这是一个身体结构的问题,那么就应该由生理学家来予以解决;应该弄清楚的是,在我们现有的几千个性历史记录中,没有任何证据可以表明,那些自慰较早的男孩要比体验较迟的男孩(到青春期或更晚)遭受的损害要多一些。而大多数科学家和医生现在都同意,自慰在较晚的年龄是没有损害的。

如果这是一个社会价值问题，那么可以说的是，并没有较早自慰扰乱儿童性适应的记录，除非在有些情况下，成年人发现这种活动，严厉斥责或惩罚这个小孩子，让这种情况暴露于众，或者以其他方式扰乱这个孩子心灵的平和。甚至在父母试图避免去严厉斥责的情况下，仍然会造成这孩子的精神错乱，因为父母自己是局促不安的，或者因为他们不习惯观察任何种类的性行为。父母一种吃惊的表示、一个轻蔑的冷笑，或者一个试图避免这一问题的尝试，对这个孩子来说，都使他感到父母在情感上是混乱的，性活动是跟其他日常事件完全不同的东西。儿童，甚至新生儿和非常小的孩子，对其他人的反应是特别敏感的。如果儿童被他自己的行为严重扰乱，这一扰乱可能对他一生的人格带来影响，正如精神病医生和心理学家所知道的那样。

对那些希望儿童甚至较大的青春期男孩不被自慰而弄得精神错乱的父母，应该接受这一行为，不要把它看得那么重，但很清楚的是，这样的活动如果是显现在其他个体面前，可能会带来社会困难。在家中起作用的有意识的性调节，在被其他孩子或成人看到这个孩子自慰行为并作出强烈反应时，会弄得十分混乱。而有些父母继续完成这种细致的调节：他们会告诉孩子，这种事在家中是可以接受的，而在外面对其他人来说是"不理解的事情"。

2.男性自慰的频率

当自慰发生在青春期前时，它几乎是不可避免地要继续到青春期。

对大多数男性来说，在每一个社会阶层，自慰提供了青春早期主要的性发泄来源。这一时期这个活动达到最大频率。对于那些接着转向社会—性接触以作为他们婚前性发泄的男性来说,自慰的频率不会再像这样高了。

自慰和婚前性行为是在总体性发泄的个体变化中有着相同排列的性活动类型。有些男性从不自慰,有些男性一生中仅仅自慰一两次;另外一些男性自慰的频率可能是在数年间每星期7到14次,或20次,或者更多。有些男性从青春期前开始在整个婚前时期都有很高的自慰频率,而有的男性在结婚后直到老年继续有自慰的平均频率是每星期3次到4次。有少数男性到75岁仍然有自慰,但在我们的记录中,这些老人的自慰没有导致高潮的。有些男性可能有自慰多达几千次。关于自慰是无损害的论断适用于这些最活跃的个案。在我们现在的记录中,自慰最高比率的男性平均频率在青春早期是每星期23次。这一最大平均频率到20岁下降到每星期15次,到50岁下降到每星期6次,到60岁则为每2星期1次。而这些老人最可能去警告青春期的男孩,他自己做得过分了,自慰确实是有损害的。

对活跃人口来说,自慰的平均频率在青春早期是接近每星期两次半(2.4),但有相当数量(17%)的男孩在这一年龄平均是一星期4次到7次,或者更多一些。有数量大得多的男孩偶尔会达到这样高的频率,尽管他们并不是经常有这样高的比率。

在度过11岁到15岁这一时期后,自慰频率随着年龄的增大而逐渐下降。在较低社会阶层这一下降较为突然,因为它伴随着最大量的性行为进行;而在较高社会阶层这一频率的降低则没有这么突然,因为这里婚前性行为较少。

在所有的群中,婚后自慰的发生最经常的是在那些已婚大学水平男性,最后所占的比例是69%,而其频率在婚姻早期平均是大约是每2星期1次,在以后的时期会下降一点儿。但在较低水平已婚男性群中,这一比例要小许多。小学水平群发生率低于三分之一(29%),而中学水平群则低于一半(42%),在婚后任何时期,这两个群的自慰频率都不会高于每3星期1次。在大多数情况下,婚后自慰体验被限制在丈夫离开妻子的时候。有些已婚男性多年没有过自慰了,但他们在某个时期同妻子分开时又进行这一活动作为一种性发泄方式。大学男性尤其是这种情况。有时在婚姻历史中的自慰是妻子不愿意有像她丈夫希望那样频繁的性关系的结果,或者怀孕时期,来月经,或因病影响到经常的性行为。有些男性是作为一种性变化的来源而有意识地转向自我刺激,因此他们的自慰与婚姻性行为可能有的数量没有什么关系。

　　自慰频率最高的男性通常是那些青春期开始最早的男性。这些男性在其一生中有最大的总体性发泄。在青春早期,这些成熟较早的年轻男性自慰频率大约是那些青春期来得较晚男孩的两倍,在16岁到25岁,他们的自慰频率仍然比发育较晚者高50%到60%。在青春期来得较早的男孩中,无论是哪一部分人口,自慰都有最高的发生率(99%)。而青春期开始得较晚的男孩发生率仅为93%。

　　在所有的年龄段,所有的宗教群和几乎所有的亚人口群,自慰的最高发生率和频率都是在大学水平群中,而最低的发生率和频率是在较低教育水平群中。这两个群的累计发生率数字差别并不大,但对于特定的年龄段来说,实际发生率数字可能有较大不同。在大学水平群,有自慰的男性占96%,并直到结婚,自慰的继续是主要的性发泄来源。多于三分之二(69%)的大学男性在他们婚后的性历史中有过自慰,而且这提供了这个群婚后总体发泄的不小部分(大约9%)。另一方面,自慰在教育较少的群那里开始减少时是很突然的。较低水平男性在他们一生中自慰仅仅只有一两次,或者只有很少的几次。他们有些人可能自慰一两年,然后停止。到16岁,他们中的16%停止了自慰,到20岁,他们有将近40%的人停止了这一活动。在较低水平的男性中,在15岁到20岁,自慰仅仅提供了总体发泄的大约四分之一（29.2%）。这一水平的男性发现,要理解一个成熟的人怎么可能考虑去自慰,这是困难的,特别是如果他是结了婚的并同妻子生活在一起。

自慰的平均频率在不同社会阶层的差别要比发生率大。就活跃人口计算，小学水平群的平均频率在青春期开始到 15 岁是每星期 1.8 次;中学水平群是每星期 2.2 次;对于最后上大学的男性群是每星期 2.7 次。在以后的年龄群,这一频率差别变得更大,而在青春期到结婚,大学男性自慰频率是小学水平男性的两倍。

在较低阶层者那里有着对自慰的明确禁忌。这可能加强下述解释:自慰会使一个人疯狂,让一个人得丘疹,使一个人虚弱,或造成其他身体损害。对自慰的较多拒绝是因为它是不自然的。较高水平群对自慰较广泛的接受，是以下述解释为其合理化基础的:科学调查显示,它不会造成对身体的损害。但实际上,较高阶层对自慰的接受可能是这个群对婚前性交非常强的禁忌结果。这种情况并不是更喜欢自慰,而是更不喜欢非婚的异性性关系。

对于大学水平男性而言,年老和年轻两代人之间自慰记录实际上是一致的,无论是在发生率还是在频率上面。现在的大学水平男性自慰模式跟 22 年前是一样的；但今天的大学群接受这一方式更为有意识,更了解其真实情况。较高水平层对于自慰的态度和从科学角度的接受,越来越多地扩展到较低教育水平男性那里。例如,小学水平群中年轻一代,自慰开始的年龄较早,人数也较多,而其频率也是年老一代的将近两倍。

农村地区的男孩自慰情况要比城市或小镇的男孩少,特别是在青春期。但由于农村男孩性发泄总量比城市男孩低,并且农村男孩社会—性接触的比率也要低许多,自慰给农村男孩提供的总体发泄的百分比反而要比城市男孩高。

3.男性自慰的意义

没有其他性活动像异性性行为和自慰这样有这么多个体参加进来；也没有其他活动能像异性性行为和自慰这样给男性一生中提供如此之多的性高潮总量。对大多数男性来说，性行为是首要的，自慰的重要性占第二；但对大学水平男性来说，正像我们看到的，直到结婚，自慰都是主要的发泄来源。有些未婚年轻人在他的性历史中既没有自慰，也没有性行为（也不是同性恋），除了梦遗就根本没有性发泄。这已经接近于节欲，这种梦遗一般在任何群的男性高潮中所占比例不超过10%或12%，没有证据表明这样的梦遗频率可以通过避免其他性活动而有实质性的增加。当然，排除自慰的道德要求有一个"好处"，无须科学家去作出判断。无论这样一个计划是心理或社会需要，还是身体上的可能，对大量男性来说，这都是一个应该提交给科学考察的问题。

在历史上，犹太教会和基督教会都将自慰谴责为不道德或反自然。近些年来，随着公众对科学的尊重有所增强，道德争论用假定这种习惯的持续对身体和精神造成损害来予以支持。从本研究获得的数据资料看，年龄较大的男性在青春期时被普遍地教训去反对这种自我侮辱的过失。每一种可能的疾病，从丘疹到疯狂，包括弯腰驼背、体重减轻、疲劳、失眠、一般虚弱、神经衰弱、主要精力丧失、生理视力模糊、消化系统紊乱、胃穿孔、阳痿、心不在焉、生殖器癌变等等，都归之于自慰的结果。弱智和疯狂的个体被人们当作自慰结果的可怕例子，而精神治疗机构的权威提出警告，这些人的疯狂是来自自慰。在这一机构的病人被观察有频繁的自慰，这看来好像是有充足证据说明疯狂是这种性行为的产物。因为大学生的生活不是那样容易被观察,人们并不知道在他们中间自慰发生得有多么普遍。在精神治疗机构数千病人受到种种抑制,这是因为假定,除非他们的自慰受到控制和被制止,否则他们没有得到治愈的可能。今天精神病机构仍然是用同样的理论来进行操作。在许多关押刑事犯的机构,如果发现有自慰行为,该犯人仍然可能受到严厉惩罚,而在幼儿园和其他一些机构,年龄较大的管理者仍然对这一行为采取压制态度。美国海军有关条例规定:一个候补军人"如果被做体检的外科医生发现有自慰的证据就取消这一资格"。

数百万计的男孩继续生活在这一难题引起的精神冲突之中。尽管有这样的问题,男孩们仍然这样做。许多男孩试图在一段时间停止这一习惯的活动,但这一尝试必然失败,然后是懊悔的时期,接着是新的活动——这整个一轮新的开始。很难想象还有别的东西能给一个个体的人格带来更为永久的损害。

几十年过去了,到现在,教育工作者、临床心理学家和精神科医生以及某些医药界人士都倾向于一致的看法:自慰的身体影响与其他任何性行为没有根本的不同,而任何精神损害是对男孩活动的责罚带来冲突的结果。

在现在的研究中,我们考察了5300个男性的历史,其中大约5100个记录有自慰的经历。很难表明这些自慰活动对这些个体造成可以衡量的损害;其行为是精神失常者的强制,这样的情况是极少的例外。另一方面,我们的记录包括了数千名仍然生活在冲突中的男孩,担心社会羞辱,往往害怕这样的行为影响他们最后的性能力,偶尔试图自杀——作为一种对自慰训诫的结果。这些男孩在生理上不太受干扰,因为自慰提供了经常的性发泄以减轻精神紧张;而记录十分清楚地表明,就整体而言,这些男孩生活要比那些抑制自己性活动的男孩更为平衡。美国医药协会在1917年坚持认为,没有证据表明对性活动节欲是"与身体、精神和道德的最高效率矛盾的"，而这话直到今天还常常被大多数临床心理学家和精神科医生所引证，而这与我们现在研究中的发现是完全对立的。

然而科学判断并没有被那些对性教育最有兴趣的人充分接受。在这一文献中，我们已经习惯于认为早期教育极度夸大了自慰可能的损害；但结论反而是，多数年轻人不希望接受这样一种习惯作为他长期生活的模式。男孩被忠告说，限制一定数量的自慰可能对他是没有损害的，但是否过量，那是需要医生说了算的。因为在哪一点上就是过量，这本来就是无法确定的，那些认真的男孩对他自己的频率是否会损害自己，感到无法确定；而精神科医生很快认识到，这样软弱而非直接的谴责，对男孩人格的伤害不像过去时代那种较极端的教训那样大。我们可以回忆一下，在没有不适当的疲劳或其他身体损害的情况下，人类男性进行性活动的能力在个体差异方面是十分巨大的。有些个体一两星期体验一次性高潮就达到他们的极限了。青春期男孩平均是每星期3到4次射精，而有的男孩有能力每星期7到14次或更多，而并不比那些频率较低的男孩更多一些不适。就像许多其他生理学功能一样，性反应取决于一种十分简单的机制。当一个人达到生理耐受性的限度时，他不再有性反应。有些男性一生中有一两次立即重复自慰引起的性高潮，他们有些人可能试图去建立一个重复高潮的记录，但除了少数精神失常者，自慰这种操作类型是不可能被重复的。

许多人对首先在医生那里引证的性文献中的妥协态度做出反应。甚至精神科医生在这个问题上也是态度各异的。总的来说，那些欧洲出生而现居美国的精神科医生，认为自慰是异性性行为的幻想替代品，他们后来的活动才是一种好的性调节。这些医生常常惊讶地发现，自慰深入美国男性的成年生活中去，在他们看来，自慰在已婚男性的历史上只是一段病理学的短暂时期。当然这仅仅是他们自己欧洲习俗的一种合理化而已,与此相反,具有美国背景的美国精神科医生则较多地接受这种活动。

虽然自慰可能没有身体损害、精神损害,除非造成心理冲突,它仍然继续被自慰和社会—性调节之间的关系所决定。现在这一点已经十分清楚:自慰主要被较高阶层所支持,因为该阶层通过异性性行为的发泄是不充分的。在某种程度上,这是对现实的一种逃避,而这对于个体最终人格的影响是需要认真考虑的。这也再次被提起注意:在 55 岁,大学群体中婚姻性行为仅占总体发泄的 62%,而伴随着自慰或梦遗的梦幻世界的发泄却占总体发泄的 19%。关于自慰意义,应该用这些和其他确定的数据来形成最后的试金石。

4.女性自慰的学习途径

考察哺乳纲(人类所属的纲)各个物种每一现象的分布情况,对我们关于人类性行为的解释具有非常重要的意义。同样重要的是,在人类学数据允许的范围内,对人类的不同文化群体每一现象的分布进行考察。本书对女性自慰进化论背景的解释,以及对性行为其他各个方面的解释,都是建立在这些系统发生学(进化论)数据的基础上。我们会发现人类性行为的许多方面,包括被各种宗教准则和文化习俗认为是最不正常的方面,对整个哺乳类来说事实上都是基本的行为。而且,通过确定哪些是人类行为中基本的哺乳动物特性,就可能确定哪些是人类进化中发展起来的新现象,人类个体行为中哪些方面是形成个体历史的学习和约束过程的产物。

大多数女性都是通过探究自己的身体发现如何自慰的。从诞生开始积累的经验表明孩子能从对身体各个部位的触觉刺激中获得满足，那么孩子迟早会自己发现最大的满足来自对身体的刺激，即由自慰所带来的。

在我们调查的婴儿和青春期前的小女孩中，如果有自慰，绝大多数都是自我发现的。在青春期前就开始自慰的，年龄稍大一点的青春期前女孩中，大约70%也是自我发现的。尽管在我们的样本中，一些成人或许忘了她们早期的自慰受到其他孩子或成人的影响，但在11岁和12岁之间开始自慰的女性中还是有58%反映这种行为是自我发现的。受教育程度越低的，数据也越低，受过大学和研究生教育的数据则高一些。这一现象在我们样本中几代人的情况基本都是这样。

非常有趣的是，很多年纪大一些的，直到20多岁、30多岁甚至到了四五十岁才开始自慰的人也是自我发现这一可能性的。这是一个明显的证据，表明女性普遍对自我经验以外的性行为一无所知，哪怕这些行为在整个人类群体中是普遍存在的。我们调查的男孩中，大约28%的男孩是自我发现的，75%的听说过这事，40%的看过别人这么做，9%的在开始自己自慰前，曾被其他男性刺激过。很明显，没有小女孩或年龄大一点的妇女能像男性那样开放地谈论性经验。

不少女性在发现女性也能自慰以前，早就知道男性的自慰情况。

在我们的样本中，30岁以后才有自慰经历的女性，有19%在此之前从未听说过女性自慰。

多数年轻的专业咨询人士都有研究生学历，而拥有研究生学历的女性中有27%的人直到30岁以后，在她们自己的实践中，才知道女性自慰也是可能的。由于大多数男性在青春期前或则刚进入青春期就开始自慰，因此在他们的母亲或师长发现有这一情况时，他们已经知道自慰并实践了10年或20年了。

有些女性是在自慰好几年后，才知道自己的行为是有性意义的，是属于一种自慰。

约 43%有自慰经历的女性是通过口头传播或阅读得知有关自慰的信息的。对那些在 20 岁左右开始自慰的女性来说，这一途径是她们首次获得自慰信息的第二大来源。而对那些在 20 岁以后开始自慰的女性则是最重要的信息来源。就这点而言，在我们的样本所涉及的四代人中，没有明显区别。另一方面，75%的男性是通过口头传播或阅读，主要是通过口头传播，首次获得自慰信息。女性则更多的是通过阅读有关道德教育或性教育的作品以及意在反对自慰的宗教训诫获得的。

大部分女性在得知有这么一回事后，很快就开始实施，但也有一些女性，在得知几个月甚至几年以后才开始这么做。而男性则很少有得知而不实施的。

大约 12%有自慰经历的女性，她们的自慰是由爱抚或与男性有性行为前经历所导致的。多数男性在有异性间爱抚前就已经知道自慰。而有些女性，就算已经有过男性的爱抚并达到性高潮的经历，仍然不知道自慰也能带来类似效果。尽管广义的异性间爱抚在年轻一代中更广泛地存在，但它所起的对自慰的介绍作用，无论对年轻的一代还是年老的一代都是一样的。

主要是因为看到其他人自慰因而自慰的人只占样本中女性的 11%。而对男性来说，则占到 49%。这一情况在过去 40 年中几乎没有改变。

对自慰的直接观察通常都发生在青春期前或青春前期。女孩通常都是观察男孩自慰而不是观察女孩自慰，然后想要自慰。甚至有事例表明，有些老年妇女初次想要自慰的刺激来自于对婴儿或年幼青春期前女孩的观察。

样本中大约 3%的女性开始自慰是由她们在青春期前、青春期或更年长时与同性性接触引起的。在少数事例中，女孩的初次自慰经历是由护士、女佣或女性亲属引起的。样本中大约 9% 的男孩是从同性恋经历中习得自慰的。

<h2>5.女性自慰与年龄和婚姻状况</h2>

在我们的调查中,在女性的任一年龄阶段,从婴儿到老年都存在着自慰。

在我们的样本中,有对 67 个婴儿和 3 岁以下小女孩自慰的记录,其中一部分是成人回忆在那个年龄段曾有过自慰的记录。7 个月大的婴儿自慰的记录有 1 份,1 岁以下孩子自慰的记录有 5 份。毫无疑问,有更多的女性在小时候有过真正的自慰,但从现有记录中无法算出累计发生率。

我们的记录中包含了对几个无疑产生了性反应的孩子专门和重复的观察。3 岁或更小的女孩在自慰中达到高潮的记录有 23 份。在这样小的年龄,女孩达到高潮的记录多于男孩。约 19% 的女孩在青春期前有自慰经历。

在样本所有的女性中,大约有 62% 的人在她们一生的某些时候有过自慰经历。大约 58% 的人曾通过自慰达到高潮。大约 4% 到 6% 有自慰经历的女性没有达到过高潮,主要是因为只试过一次或不连贯的几次,几乎所有认真尝试过的都会很快学会如何达到高潮。因此本节只探讨那些通过自慰达到高潮的女性。

通过自慰达到高潮的女性在 7 岁左右时大约有 4%,12 岁(青春期开始的平均年龄)时大约有 12%,13 岁(初潮的平均年龄)时大约有 15%。自慰频率和高潮频率从青春期到 35 岁之间都有或多或少的持续增长,在 35 岁以后,也继续增长,不过增长速度减缓。还有一些女性是在 40 岁后才开始自慰。自慰与高潮频率的稳定增长并未受到女性何时结婚的影响。

在我们的女性样本中，有58%的人在她们一生中的某些时候通过自慰达到高潮，但在特定的某一年或几年时间里进行自慰的比例则要小很多。由于很多自慰历史都有大量的不连贯性，因此可能在特定年份进行自慰的女性比例不超过20%。可能有75%的单身男子和30%的已婚妇女在特定的某一年进行自慰。

最低的自慰发生率出现在较为年轻的女性中，而最高的发生率出现在年龄较大的女性中。以一个相隔5年期为例，较为年轻的女性中，进行自慰的只有20%，而在较为年长的女性中，进行自慰的比例高达58%。在较为年长的女性中有着更高的发生率，或许可以由以下几点得到解释：(1)很可能随着年龄的增长，性欲也在增长。(2)随着年龄的增长，与他人进行性行为的可能性降低，客观上导致了女性自慰人数的增长。(3)对年长女性的禁忌通常也会减少。(4)年长女性在爱抚和性行为方面有更多经验，因而知道可以通过自慰得到类似的满足。

年长女性自慰频率的增长和单身男性的记录形成鲜明对比。男性自慰的各年龄段发生率一般在16岁时达到高潮(88%)，随后就稳定地逐渐降低。

通过自慰达到高潮的各年龄段发生率，单身女性比同年龄段已婚女性的比例高一点，前者从20%到54%，后者从23%到36%。很多在婚前依靠自慰减轻性压力的女性在婚后就停止了这种行为。而另一方面，也有一些女性从婚姻性行为前的嬉戏中体会到自我刺激也能带来性满足，从而开始自慰。有些女性在性行为中不能达到高潮，就通过她们丈夫的手刺激或自己自慰来达到高潮。也有一些女性只在她们丈夫离家的情况下才进行自慰。

在我们的样本中，各个不同年龄段的多数单身女性，从20岁到最年长的60岁，她们的平均自慰频率有着显著的一致性。各个年龄段多数已婚妇女和离异或丧偶女性的平均值则基本一致。已婚妇女的频率比单身女性和离异或丧偶女性的频率略低一点。

在有自慰行为的单身女性中,她们平均达到高潮的频率是两个半星期到 3 星期 1 次(每星期 0.3 到 0.4 次)。已婚女性的频率是每月 1 次(每星期 0.2 次)。从 16 岁到 50 岁的单身女性,以及从 21 岁到 55 岁的已婚、离异或丧偶女性,她们的自慰频率的中值只有微小差异。女性其他几种性行为的频率和单身女性总体性发泄的频率的中值差异都很微小。这是女性性行为中最明显地能与男性性行为区别开来的一个方面。这可能有荷尔蒙的影响。

由于自慰频率主要取决于女性的生理状况和意愿,这或许为衡量女性性兴趣的高低提供了一个有意义的标准。由于异性间的性行为通常都是由男性发起,因此异性间性交频率不能很好地衡量女性天生的性能力和性兴趣。

在有些女性的回忆记录中表明,自慰仅限于每月月经将来前夕。这一时期是很多女性性欲最强的时候。

在有自慰经历的女性中,有些 1 年自慰的次数不超过 1 次或 2 次。而由自慰能达到高潮的多数女性,自慰发生频率是从每月一次到每星期 1 次。约有 4%的女性在她们一生中的某些阶段自慰的频率是每星期 14 次或更多, 一些由自慰而体验到性高潮的女性自慰频率则达到每星期 30 次或更多。一些女性能紧连着几次达到高潮, 有的能在 1 小时内达到 10 次、20 次甚至 100 次高潮。这是在各种性活动中都会存在的表明个体差异的一个例子。男性中也存在着大量的个体差异,而在几乎每一种类型的性活动中女性个体之间的差异都要大得多。

由于有些个体的自慰频率非常之高,因此她们的平均自慰频率是频率中值的 2 到 3 倍。

根据通过自慰达到的高潮总数来看,自慰是未婚女性发泄性压力的最主要途径。在各个不同的年龄群中,它占据了整个婚前性发泄的 37%到 85%。

　　与单身女性相比,已婚女性通过自慰来减轻性压力的比例占她们性发泄总数的 10%。对年纪较轻的已婚女性来说, 比这个比例略低,而对年龄较大的已婚女性来说,则比例略高。

　　对那些离异或丧偶的女性来说, 根据年龄不同而有所不同,较为年轻的为 13%,较为年长的为 44%。

　　自慰对有些女性而言只持续了极短的一段时间,但对我们样本中另外一些女性而言,则持续了一辈子。我们的分析将限定于年龄较长的女性,以便确保数据来自有最多机会进行长时间自慰的对象。在 31 岁到 35 岁的女性受访者中,9%的人自慰的时间只有 1 年或少于 1 年。大约六分之一(16%)持续了 2 到 5 年。16%持续时间在 6 年到 10 年之间。超过一半的人(59%)持续时间超过 10 年,在这个群中,平均(中值)女性有自慰经历的接近 14 年。在 50 岁以上有自慰经历的女性受访者中, 有 73%的持续时间超过 10 年,这个群平均(中值)女性有 24 年。

　　15%有自慰经历的女性,她们的自慰是断断续续的。在这种情况下, 自慰在或长或短的一段时间内有时或经常发生, 然后有 1 年或更长的时间完全停止, 然后在以后的某个时间段再次发生。在有些例子中,间隔的时间超过 40 年或更多。在大约一半的例子中,停顿是因为有其他的性发泄途径,尤其是婚姻性行为。也有一些停顿是因为道德束缚。还有一些是因为对以自慰来减轻性压力感到不满足,还有是因为对性发泄完全缺乏兴趣。

6.女性自慰的意义

　　很多女性自慰是为了即刻获得满足,或者是作为一种减轻生理不适的方式，即当女性被性激发却囿于社会习俗而不能与他人发生性行为时，只好采用自慰的方式。

我们已经注意到，在性激发时，会产生各种生理不适，例如神经肌肉紧张的大幅度增强。当性反应达到高潮时，这种紧张会在刹那间得到释放，个体的生理状况会回到一个正常或亚正常状态。然后，在日常生活中她做事就会更有效率。但是如果没有这种高潮带来的释放，很多男性和有些女性就会在一段时期里继续感到不适，这种不适的延长会使人分心，使办事效率打折扣。这样，个体就会变得紧张不安，暴躁易怒，不能集中注意力，难以与人相处。大多数人如果其性激发，无论大小，都会以高潮的形式得以缓解，那么他就能心情更好，能更好地与人相处。

很多人认为自慰会带来身体损伤。有些受调查女性曾经认为，自慰会使她们脸上长痘，思维迟钝，姿态不雅，出现胃部不适、卵巢疼痛、卵巢囊肿、癌症、阑尾炎、不孕、头痛、肾病、心脏衰弱、荷尔蒙缺乏以及其他身体问题。但从这些女性的回忆记录中，我们找不到任何可以表明自慰会引起上述问题的证据。有些人视为自慰后遗症的疲劳并不比在其他性行为后也会出现的疲劳要强烈多少。达到高潮时所有性反应都需要大量的能量。但很多人只要休息几分钟或最多睡一个晚上，就会恢复过来。还有一些女性提到在自慰后会有疼痛，这同样也是身体其他部分在受到不习惯的触摸后会产生的反应。

有意思的是，那些通常对自慰最反感的人，也是最坚持认为自慰会引起了身体和心理伤害的人。这种合理化是一种古老的观点，它留传至今，是一大群内科医师、精神科医生、心理学家和教育家的功劳。但这种观点得不到任何对身体事实进行研究的证明，很明显，只不过是想要维护道德规范罢了。

根据以前所做的对超过5000多例自慰男性的调查，以及现在所做的对大约2800多例自慰女性的调查，我们可以断言，尽管确实有一些由自慰导致的精神病患者,但由自慰引起生理或心理上伤害的例子还是非常少的。我们同时认识到,大多数伤害都是对自慰的担忧或试图戒除自慰所导致的。

宗教禁止自慰的理由是,这是对"性是为了生育"这一主要目的的扭曲。由于自慰不能带来生育,它就和同性性行为、人兽性行为、所有在异性性行为前所用的方式以及其他一些性行为一样,是一种扭曲的行为。在传统的犹太教教规里,自慰是一种大罪,是在犹太教历史上有时可被处以死刑的罪。天主教关于性的教规是由创建早期教会的犹太人设定的,他们把自慰看成一种肉欲犯罪而进行处罚。在过去几个世纪,新教也接受相同的解释,不过最近他们中有些人开始尝试用科学的数据进行解释。

在我们的样本中那些从未有过自慰行为的女性,有44%解释说是由于认为自慰是不道德的。但是很明显,多数这类女性都没有性反应,因而她们觉得容易接受道德对性行为的限制。超过四分之三(81%)的女性解释说没有这样做是觉得不需要这种发泄途径。其中一些已找到其他有效的性发泄方式,例如婚姻性行为。但她们大多数人性反应的能力都较低,因此觉得不需要任何一种常规途径来进行性发泄。另有超过四分之一(28%)的人说不自慰是因为不知道有自慰这么一回事存在。

尽管欧洲人和美国人都普遍接受犹太教和基督教关于自慰的观点,但很明显,这类教规从未成为联邦法律的一部分。只有印第安纳州和怀俄明州的法律认为鼓励人自慰是一种犯罪,但并未规定自慰是一种罪。社会或许会关心一个个体的生育,但不见得会关心不会导致生育的个体性行为。

当不涉及内疚、焦虑和恐惧时,通过任何一种性行为,不管和他人在一起还是一个人,身体上得到的满足会导致个体处于良好的心理调节状态。考虑到宗教对自慰者2000多年的惩戒,再加上内科医生和其他专业团体貌似科学观点的推波助澜,在发现很多人,包括男性和女性,在他们自慰的时候都会很焦虑,就不足为奇了。在我们的样本中,大约一半有过自慰行为的女性都为此有过心理压力。一些人的焦虑感只持续了1年或2年,但平均来说是6年半;大约30%的人多达10年以上。这意味着大约有几百万美国女性(比男性多很多)的自信、社会效率、婚姻性生活都受到毫无必要的损害,不是因为自慰本身,而是因为她们的举动和道德规范之间的矛盾。没有任何其他一种性行为对那么多的女性造成困扰。

弗洛伊德和许多精神分析学家都已认识到自慰不会对身体造成伤害,但他们通过评价发生在成人身上值得引起精神病学注意的幼儿行为、不成熟行为和人格缺陷,介绍了新的引起心理焦虑不安的因素。事实上,很多成熟的成年人确实有自慰,而没有任何科学可以拒绝承认这一点。

能对几百万个体产生影响的事件应该受到社会关注。因此,自慰是否提供了一个满意的性发泄途径,或变成了导致心理焦虑不安的原因,都是一个有社会意义的问题。如果自慰还影响了个体的婚姻性生活,那么它就具有更重要的社会意义。

如果女孩在婚前只有自慰经历的话,确实会因为初次性行为而面临一个新的情况。但这和一个从未自慰过的女性第一次接触自慰的情景是一致的。

有人认为,婚前的自慰经历对女性的影响是如此之大,以至于女性在婚后也更愿意继续自慰而不是进行性行为。但这种例子非常少见。较多一些的例子是由于妻子对婚前自慰行为的负疚感影响了婚姻关系。

更重要的是婚前自慰经历能够帮助女性提高在婚后性行为中的性反应能力。大多数的婚后性生活不协调是因为女性平均的性反应次数少于男性,而且通常在婚姻的性生活中难以达到高潮,这一点已由我们反复指出,并得到了数据证明。不能达到性高潮有很多原因，最重要的一条是女性在婚前不曾经历过性高潮。约36%的女性在她们婚前的各种性行为中都不曾经历过哪怕一次性高潮。在我们的样本中，只有约一半的女性在婚前有经常的性发泄。

关于婚姻历史的数据表明，在婚前没有达到过性高潮的女性，在婚后不能达到性高潮的是婚前经历过一定数量高潮的女性的3倍。确实也有很多女性即使在婚前不曾经历过性高潮，婚后也能做出即刻反应；但对那些从来都不知道释放自己、不知道在高潮中做出毫无顾忌的反应意味着什么的女孩来说，做出这种调节的机会实际上是大大减少了。女孩子在婚前那些年，不做身体接触并绷紧自己的肌肉，为的是避免做出反应，从而造成一种神经和肌肉的不适状态，在婚姻早期她也不可能摆脱这种状况。

女性是通过哪种婚前性行为获得高潮的问题，似乎没有女性有没有经历过性高潮的问题来得重要。确实不管女性是以何种方式获得高潮的，是在异性性行为中，在爱抚中，在同性性行为中还是在自慰中，都不重要。但由于女性大部分是通过自慰达到高潮的，因此自慰相对于其他性行为，就具有特别的重要性。

在那些婚前没有自慰经历，或者自慰却从未达到过高潮的女性中，大约三分之一（31%到37%）的人在她们结婚的第一年，从未达到过高潮，更多的是在她们婚姻的前5年都不曾达到过。但对那些在婚前有过自慰达到高潮经历的女性，只有13%到16%的人在婚姻生活的前几年不能达到高潮。或许这跟一个选择因素有关。性反应能力较强的女性可能是婚前有过自慰行为、在婚后性生活中也更经常做出反应的人。另一方面，似乎也跟一种偶然的关系有关。许多特殊个案的历史表明，女性以前就有的关于性高潮性质的知识会提高婚姻性反应的质量。在任何情况下，女性婚前的自慰经历都没有减弱婚后性生活中对高潮做出反应的能力，这一点是确定无疑的。

八、我看同性恋

1.我们怎样给同性恋分级

在论及性行为方式时,科学家和外行们一样,多数看法产生于这样的结论:有人是"异性恋",有人是"同性恋",这两个类型是互相对立的,此外还存在着一个具有影响的"两性恋"阶层,它在另外两类人中占据了中间地位。这意味着每个人天生不是异性恋者就是同性恋者。它进一步表明,出生之前人就注定不是这样就是那样,人不可能在生活进程中改变自己的方式。

人们普遍相信一个人对这一性别或另一性别的性伴侣选择和偏爱与他的多方面的生理特征和智力水平相关,与使之成为同性恋男性或同性恋女性的生理上、心理上或许还有精神上不同于异性恋者的整个人格互相关联。人们普遍认为这些特质使得同性恋者对于任何对此有着足够理解的人是显而易见的和可辨认的。甚至精神科医生也讨论"同性恋者的性格",他们许多人相信对于某种性别的性伴侣偏爱仅仅是深藏于被称作个性这个不可把握之物的间接表现。

例如,大多数人认为同性恋男性很少有人体格强健,他们的举止不协调或者柔弱,或者他们的外表过于优雅但不是强壮而充满活力的。细嫩的皮肤、尖嗓门、明显的手的动作、臀部的女性体态、独特的步态都被认为是以男性作为性伴侣的偏爱的伴随物。人们普遍认为同性恋男性具有艺术家的敏感，情绪不稳定，性情多变，喜怒无常，难以相处，以及在遇到特别责任时不可靠。在生理特征方面，人们力图说明同性恋男性头发很多、不易秃顶、牙齿与女性相似、骨盆宽大、生殖器比常人大、有发胖的趋势。人们认为同性恋男性对体育不太感兴趣，更喜欢音乐和艺术，经常从事的职业是藏书、服装设计、橱窗布置、理发、演出、无线电方面的工作、护理、宗教服务以及社会工作。与这相反的一切被认为是代表典型的异性恋男性。许多临床医生在诊断他们的病人基本是异性恋者还是同性恋者时很注重这些方面。这些特性的表现是这样的分明，似乎没有怀疑同性恋者和异性恋者代表了两类完全不同的人的余地。

目前研究中可资利用的性历史表明，任何个人的异性恋或同性恋不是一种要么全有或要么没有的命题。也确实有这样的事情，有些人不论他的公开体验还是心理反应都完全是异性恋的，而有些人不论在体验和心理反应方面其性历史都是完全同性恋的。但这些记录也表明，有相当一部分人在他们的性历史中既有异性恋体验也有同性恋体验，或既有异性恋的心理反应也有同性恋的心理反应。有些人的异性恋体验是主要的，有些人的同性恋反应是主要的，有些人两种体验的量基本一样。

有些男性在某一段时期内发生某一种性关系，而在后来的另一时期内只发生另一种性关系，时时出现性方式相当大的波动。有些男性在一个时期内既发生异性恋关系也发生同性恋关系。例如，有些人在一年内，或同一月、同一星期内，甚至同一天内既有异性性活动也有同性性活动。不少人成群地活动，在其中他们可以同时与两种性别的伴侣产生接触。

并不能把人们分为截然对立的两类人，即异性恋者和同性恋者。人不可能像羊分为绵羊和山羊那样来分类，并不是所有的东西不是白的就是黑的。分类法的基本原理是自然界中很少有什么完全分离的类别。类别、范畴都是人的大脑的创造物，人试图把事实纳入分类框架。活生生的世界在其每一个方面都是连续的。一旦我们懂得了这一与人类性行为相关的事实，我们就能充分了解性的真相。

在强调完全异性恋和完全同性恋的性历史之间差别的连续性时，建立在异性恋和同性恋体验或反应的相对量之上的分类看来是必要的。按照下面对此确定的衡量尺度，可以把某一个体在其一生某一时期的情况放在这一尺度的某个位置上：

0级。属于这一级的人所有的性心理反应和明显的性行为都是针对异性的。这一类人对任何的同性性刺激都没有反应，也从不进行任何形式的同性性行为。更广泛的研究成果表明，每个人都会偶尔被同性刺激，或至少有对这种刺激做出反应的可能。因此我们归入0级的人只是我们通常公认的纯粹异性恋者。

1级。属于这一级的人，其性心理反应和明显的性行为基本上是针对异性的，只是很偶然地会对同性有性心理反应，或很偶然地与同性有过性的接触。这种同性性反应和性接触要么是很少出现，要么没有多少心理意义，或者是很偶然发生的。这一类人从来或几乎不会试图重复同性性接触，结果他们的同性性反应和性经历很容易被异性性反应和性经历所覆盖。

2级。属于这一级的人，其性心理反应和明显性行为中异性恋因素占优势，但对同性性刺激有明确反应，有过并非偶然的同性性接触。这一类人有些只有非常有限的同性性经历，有些虽然有较大量的同性性经历，但在总的性生活中异性性经历仍占据主导地位。有些人的性心理和明显性行为会表现为相反的性取向；但总的来说，这一类人总是能在同性性经历及与同性的身体接触中感到性激发。

3级。属于这一级的人处于异性恋—同性恋分级标准的正中间。他们性心理反应和明显性行为中异性恋和同性恋的比重几乎是相等的。他们对于两种类型的性接触都一样接受、一样喜好,在性取向上没有比较强烈的偏好。

4 级。属于这一级的人更容易对同性刺激做出反应,或者更经常与同性进行性接触。尽管他们更偏向于同性,但也会对异性刺激做出性心理反应,或者与异性保持一定量的明显性行为。

5 级。属于这一级的人,其性心理反应和明显的性行为基本上是完全针对同性的。他们只是偶然的会对异性有性心理反应,或者很偶然的与异性有过性的接触。

6 级。属于这一级的人,其性心理反应是完全针对同性的,其性反应导致的明显性行为也完全是和同性发生的。有些人从来没有过明显的同性性行为, 但因为他的性心理反应而被归入 6 级。这一类人从来不会对异性有性心理上的反应,也不会因为受到异性的刺激而与之发生性接触。

X 级。被归入这一级的人,既不会对异性也不会对同性产生性反应,也不会与同性或异性进行有性反应的身体接触。男性在青春期后很少有人属于这一类了,而女性在每个年龄段都有不少人属于这一类情况。如果进行进一步研究,可能会发现她们有时还是会对社会—性刺激做出反应的,但是这些反应和经历用现有的方法还难以确认。

可以看出,这是一个分为七级的衡量尺度,0 级和 6 级是两个极端,而 3 级是这一划分的中点。中点两边有如下对立关系:

0 级是 6 级的对立面;

1 级是 5 级的对立面;

2 级是 4 级的对立面。

我们也看到,一个个体被划为哪一级有双重根据。这是根据他明显的性活动和(或)他的性心理反应。在多数例子中,这两个方面在性历史中是平行的,但有时它们并不一致。在后一种情况,一个个体的级别应该取决于他历史中明显活动和心理反应这两个方面相对重要的一个。

在每一种分级中都有一些没有经历或明显的性经历极少的人，在同一种分级中也可能有人有数以百计的性接触。在每一种情况下，在每一种分级中所有个体都显示了他们历史中异性恋和同性恋因素的同等平衡。某一个体在这一尺度上的位置总是取决于他历史中异性恋对同性恋的关系，而不是取决于明显性活动或心理反应的实际数量。

最后，应该再次强调的是，真实的东西是连续的，人口中的个体不仅具有我们这里划分的 7 个等级，而且还可以处于每一个等级中每一个更小的分类。然而，即使按照这 7 个级别来划分人口，也不会造成与实际情况很大的偏差。

绝对必要的是，如果要对一个人进行任何有意义的分析，就应该了解他的历史中异性恋和同性恋的相对量。陆军和海军官员以及学校、监狱和其他机构的管理人员应该更多关心的是一个人的异性恋或同性恋的程度，而不是仅仅注意他是否有某一种性体验。显然临床医生只有确定了他的病人的异性恋与同性恋体验和反应之间存在的平衡之后，才能给他的病人以切实的帮助。甚至法庭在审理提交上来的特定案例时，也应该对个体历史作全面的考察。

在我们的社会里到处都有这样一种倾向：一旦知道某人与另一个同性别的人发生过一次性关系，就称之为"同性恋者"。在法规中，一个人会因一次同性恋体验而受到与有连续这种体验相同的惩罚。在劳役场所和精神病院，一个男性被发现有过一次与另一男性的性接触，就会被控诉为"同性恋者"。

在整个社会中，一个高度成功地处理好了婚姻关系、尽到丈夫职责的男性如果被人知道有过一次与另一男性的接触，他就可能被斥责为"同性恋者"。所有这些错误判断都是非此即彼的两种性活动分类这一倾向的结果,也是不能认识实际存在着无尽的层次和差异的结果。

从所有这些我们可以清楚地看到,任何关于世界上有多少人是同性恋者,多少人是异性恋者这类问题是不能回答的。

2.男同性恋的发生率

一个男性与另一男性发生了性关系而没有达到性高潮,或者一个人显然没有发生性关系却被同性刺激引起性欲,无疑都是同性恋体验,然而这样的关系和反应并不包括在这儿提供的发生率数据内,也不在本书其他地方列举,因为本书关心的是男性性高潮的根源和次数。另一方面,本节后面要提到的关于异性恋—同性恋分类数据当然不会遗漏这些当事者在此过程中未能达到性高潮的同性性接触。这样,基于异性恋—同性恋分类的累计发生率曲线会略高于基于达到性高潮的公开性接触的累计发生率曲线。

以达到性高潮的身体接触为标准,本研究的数据表明,男性中从青春期开始到老年,37%的人有某种程度的同性恋体验,这意味着在街上行走时每遇见 3 个以上男性中有一个人是同性恋者。到 35 岁还未婚的男性中几乎 50%的人从青春期开始到这个年龄之间的时期内有同性恋体验,他们中有些人仅有一次这样的体验,有些要多得多,有的甚至一生都是如此,但所有的人都至少有一些同性恋引起的性高潮体验。

当然这些数字远高于以前做出的估计;但是正如我们所表明的那样,如果先前的估计与事实有出入,它们就必然是没有将事实充分显示出来。

　　最初进行调查研究时,我们对这样的发生率数据也没有思想准备。在 7 年多的时间里我们时常感到困惑,不知道我们在整个人口中取的交叉点是否正确, 对个案的选择是否使结果产生偏离。然而根据经验,我们所进入的任何一个新的团体、类别都提供了大体相近的数据。不论这些数据的来源如何,来自这个大城市还是另一个大城市,来自城市还是来自城镇或者乡村,来自这所学院还是另一所学院, 来自教会学院或者州立大学或者私立学校,来自国家的这一部分还是另一部分,关于同性恋的发生率数据基本相同。

　　当我们对本研究有关性发泄数据的有效性进行反复核查时,我们特别注意核查有关同性恋的材料。我们是以下列方式对这些同性恋数据进行核实的:

　　(1)通过对性历史累计整体的完全随意抽取,比较各种大小的样本。

　　(2)在核查回忆和数据的准确性的访谈中,注意提供交叉核查和其他技术。

　　(3)比较从百分之百样本和部分样本得到的数据。

　　(4)比较建立在原初历史和再次访谈历史之上的数据。

　　(5)比较 3 个不同访谈者得到的数据。

　　(6)比较同一个访谈者在两个连续 4 年期得到的数据。

　　(7)测量连续年龄段计算的数据显示的倾向。

　　(8)比较从不同年龄进入青春期的男性群的数据。

　　(9)比较从不同教育水平和职业等级的男性那里得到的数据。

　　(10)比较平均相差 22 岁的两代人的同性恋发生率。

　　(11)比较城市和乡村群的发生率。

　　(12)比较不同宗教团体的数据。

　　如果我们仅在单一人口的基础上作一次计算就得出目前这些发生率数字,人们完全有理由怀疑这些数字的有效性。要确定

人口中同性恋的程度,最重要的是精心设计一个样本系统。当 12
种获得数据的方式给出结果都是一致的,那么对于同性恋实际发
生率至少是 37%到 50%,这一点就没有什么可怀疑的了。检验结
果表明,实际数字还要高出 5%或者更高一点。

那些了解人口中同性恋程度的人(不论是通过与同性恋病人
的临床接触,还是与他们相识,还是自己就有同性恋体验)会发现
接受这里的累计发生率数字并不困难。许多人已经注意到这样一
个事实,即每一个年龄段中,每一社会阶层中,每一种职业中,在
城市,在农村,在最边远的地区到处都可以发现有同性恋历史的
人。他们知道不论在刚进入青春期的男孩中还是其他年龄的人中
都有同性恋者。他们清楚单身和已婚男性中都不乏其例,他们知
道在大城市各地区有经验的观察者一天就能辨别出成百个明显
有同性恋兴趣的人。他们知道许多性历史完全不为朋友和熟人知
道的人是同性恋者。他们不断地发现他们相交多年认为只有异性
恋体验的人有同性恋历史。

在中学水平人群中,青春期开始后就有同性恋体验的人数最
多。在这样的人群中 30 岁时仍是单身的男性的 55%都有通过与
另一男性身体接触达到性高潮的体验。在小学水平的男性中相应
的数字是 45%,大学水平的男性是 40%。对于所有这些人群来说,
整个一生的累计发生率数字要稍高一点,因为有些男性直到 30
岁后才开始有同性恋体验。

在单身男性中最高的活动发生率是在年龄较大的人群中。15
岁左右的男孩四分之一(27%)有同性恋体验。在 16 岁到 20 岁左
右接近三分之一,在 21 岁到 25 岁时数字又略为下降一点。在 26
岁到 30 岁还没结婚的男性中发生率为三分之一,年龄再大后仍
没结婚的男性中数字又略高一点(39%)。在不同的社会阶层中略
有差异。

在所有的计算结果中,21 岁到 25 岁之间这一活动的发生率

数字都有所下降,这样人们有理由认为这种反应是真实的。在 16
岁到 20 岁,男性越来越意识到社会对这种接触的反应,因自己的
同性恋活动产生内心冲突。大致在 21 岁到 25 岁,许多人试图中
止他们的同性恋关系,并调整为社会所要求的异性恋。当然这些
人中有一部分做到了,但在许多情况下,在他们二十五六岁时,不
少人最终认识到避免同性恋付出的代价太高,并有意识地、深思
熟虑地、有时是公开地决定恢复这种活动。导致 21 岁到 25 岁年
龄群活动发生率降低的另一个因素应该归之于下述事实:大量同
时有异性恋倾向的男性正在结婚,而这在单身人口中留下了一个
被选择过的群体。

在中学水平单身男性中活动发生率数字最高。这一水平男性
18 岁左右时几乎是二分之一(41%)有同性性接触,26 岁至 30 岁
之间是 46%,小学水平男性四分之一(22%到 27%)在婚前任何年
龄阶段都有同性恋体验。大学水平男性在青春期开始到 15 岁只
有五分之一 (22%) 的人有同性恋体验,18 岁左右是六分之一
(16%)有这种关系,21 岁至 25 岁之间就不到十分之一(10%)了。
小学水平男性中,不论在小学就读的时候,还是 18 岁左右不在学
校期间,还是后来几年直到结婚时,发生这种关系的人数都是一
样的。大学水平的男性在中学读书时发生率最高,随后逐年降低。

较早进入青春期的男性中,同性性活动发生率比较高,而较
晚进入青春期的男性中发生率较低。以大学水平男性为例,在青
春早期,先进入青春期的男孩同性恋发生率为 28%,而较晚进入
青春期的仅为 14%。随着年龄的增长,这种差别逐渐减小,但较早
进入青春期的男性常常在 10 年或者 15 年后还有这种接触。有必
要回顾一下,这些较早进入青春期的男孩在自慰和异性恋接触方
面发生率也最高。这一群体,不论在青春期早期还是他们一生后
来的大部分阶段,总的来说都是性活动发生率最高的一部分。

农村人群中同性性活动的发生率要低于生活在城镇的人。另

一方面,正如我们前面指出的那样,这不仅是城市为某种类型同性性接触提供了更多机会的结果,同时也由于乡村长大的男性总体性发泄一般来说要低一些。还应指出的是,在某些最边远的乡村地区,大量的同性恋发生在伐木工人、放牧人、勘探工人、矿工、猎人和其他一些从事户外工作的人中间。同性性活动与他们的异性恋关系很少发生什么冲突,而且这种同性性活动完全没有什么暗语、生理上的表示,以及其他一些在城里人身上经常可以看到的装模作样。对于这种活动很少有人来干扰,也很少引起社会冲突。这是探险者和拓荒者在他们的性历史中有过的同一种类型的同性恋体验。

总的来说,同性性接触最经常的发生在不特别热衷于宗教活动的人之中。在虔诚的天主教教徒、正统犹太教团体以及经常参加宗教活动的新教教徒中这样的接触较少发生。这些差别并不总是很大,但确实一直存在着。

已婚男性同性性活动最高发生率是在 16 岁到 25 岁的人之中,而整个已婚男性人口中几乎 10%的人有同性恋体验。现有数据表明随着年龄的增长百分比在逐渐下降,但我们已经表明这些数字也许不可靠。较年轻的未婚男性经常给我们提供一些与年龄较大的已婚男性作性接触的材料。

毫无疑问,一些有同性恋体验的已婚男性往往对自己的性历史闭口不谈,那么要想完全了解各种较大年龄已婚男性的真实情况几乎是不可能的,尤其是那些有着较高社会地位的人,这主要是因为他们往往有婚外性活动,有时是因为他们有些人有同性恋历史。文化程度较低的男性中 10%的人承认他们在 16 岁至 20 岁之间有同性恋体验。中学水平群有 13%的人承认婚后在 21 岁到 25 岁之间有这种体验。大学水平的男性只有 3%承认在婚后有同性性接触——大多数在 31 岁到 35 岁之间,对于这几个水平的人我们还无法计算累计发生率数字,但实际数字肯定比上面列举的要高。

3.男同性恋的频率

　　由于同性恋发生率很高,由于同性恋占未婚男性所有性高潮的 8%到 16%,由于它是已婚男性性发泄中相当重要的一部分,显然它的平均频率在整个男性人口中应该是比较低的。即使计算只限于那些有实际体验的男性,平均频率从来都不高。

　　如果没有社会禁止和自身的矛盾冲突,同性性接触实际上会远多于异性恋接触。这些低比率显然与这一事实不协调。一般男性在 10 多岁、20 多岁时更可能被男性而不是女性作为性对象,身体或人品方面有吸引力的年轻男性往往更多地卷入同性恋关系,而不是为发展异性关系去接近女性。有同性恋体验的男性无疑在男性中会比有异性恋体验的男性在女性中找到更多的性伴侣。当然这只是对那些了解同性性接触是完全可行的有经验的男性而言。社会强加于这些活动和对它们公开讨论相当大程度的禁忌使得大多数人不了解进行同性性接触的渠道;即使在那些愿意发生同性恋关系的男性中,相对来说也只有极少数人知道如何去充分发展这种关系。因此许多热衷于同性恋的人会不断地努力寻求,通过几个月甚至是几年,而一次能引起性高潮的接触机会都没有找到。

　　一个仅有异性恋的男性固定与一个如同妻子关系的女性接触时,他会有规律地进行性发泄。同性恋男性则更关心去找一连串的性伴侣,这些同性恋伴侣一般只会提供几次这样的接触,有的甚至仅仅一次。一些有同性恋历史的乱交的男性对征服产生的兴奋、对各种各样的伴侣、对可能有的各种体验感兴趣,这样他们有意识地不与一个人重复发生性关系。这种寻找新伴侣的必要性往往使得这些男性几天或者几个星期没有任何性关系。

　　由于要与特殊的性伴侣接触，即使是最有经验的同性恋男性也做不到对任何可能的性接触都无一遗漏。审美情趣很高的男性，感情细腻的男性，一个对不喜欢的情景反应过度的男性，一个喜欢某种年龄或某种社会地位的性伴侣的男性，或者希望自己的同伴有一定的身高或体重、头发是某种特殊的颜色或者有其他一些特别生理特征的男性——一个只在特别的情况下、在一天特定的时间里、在特定的环境下才发生性关系的男性——在发现一个他愿意与之发生性关系的人之前，会成百次地错过其他发生性关系的机会。

　　许多有同性恋历史的男性实际上知道他们违犯了社会习俗，他们从事的是一旦被他们生活于其间的社会知道就会给他们带来许多不利的活动。因此许多这样的男性对他们接受这种关系的环境过分敏感。所有这些障碍使得同性恋伴侣间不和谐，减少了成功的性关系的机会。

　　两个男性的长期关系是特别少的。如果没有强制婚姻中持续关系的法律约束，异性恋的长期关系或许会更少。但是，没有这样维持同性恋关系的外在压力，却有个人和社会的冲突不断地干扰、妨碍他们，在最初的不和睦后，两个男性之间的关系很少能继续维持下去。

　　有些男性的同性恋毫无疑问是内在的或习惯上的羞怯，或者其他性格特点造成的，这使得他们很难接近其他人，很难发生任何形式的社交接触。这样的男性发现与他们同性别的人接触要容易一些。他们的同性恋是他们不善社交的直接结果。即使和自己同性别的人在一起，这些生性胆怯的人也觉得很难接近陌生人。他们会经常去那些知道可以不太困难地获得同性性接触的酒店、俱乐部和其他一些地方，但总是一个人去，有时候一去几个星期或几个月而不跟集会中的任何人谈话。他们中的有些人性发泄的低比率在整个男性中都是很突出的。

　　有些男性在他们的心理感应中,同性恋是第一位的或者是唯一的,但他们会由于道德原因或害怕社会上的责难等等而完全放弃这种关系。这样没有社会—性接触,他们有些人从根本上没有性发泄,因此十分烦恼。

　　由于这几种原因,有同性恋历史的男性中平均频率通常很低,很少有高频率。在任何年龄层和任何一部分人中,有同性恋关系的男性中,只有不超过 5.5% 的人平均频率为隔天 1 次(每星期3.5 次)。仅仅对有实际同性恋体验的男性进行计算,从来没有超过 5.2% 的人在他活动最频繁的年间平均频率超过每星期 6 次。与整个男性人口中 25% 的人总体性发泄平均为每星期 3.5 次以上相比较,与已婚男性 24% 的性发泄在频繁时期平均高于每星期 6 次相比较,显然来自同性恋的性发泄的确很少。

　　在有同性恋体验的单身男性中,平均频率从青春初期的每星期 0.8 次上升到 25 岁时的每星期 1.3 次和 35 岁时每星期 1.7 次。由于总体性发泄频率随着此后年龄的增长而稳步下降,应该注意到,同性恋为有着这样接触的单身男性补充了不断增加的性高潮部分:青春早期性高潮的 17.5%,21 岁到 25 岁性高潮的 30.3%,40岁时的 40.4%。年龄较大男性对他们同性恋性发泄不断增长的依赖,与异性恋男性对以性行为为性发泄形式的不断增长的依赖是平行的。然而着重指出同性恋中的这一境况,是因为较年轻的男性在一种社会禁忌活动中面对不断的"忠告"时产生极大的疑虑。

　　不同社会阶层中同性性接触的频率相差很大。大学水平群活动频率最低。与之相比,中学水平男性的活动频率要高出 50% 到100%。小学水平群的频率在这两类人中间。不同社会阶层之间的差别主要表现在较早年龄阶段。

　　城镇和乡村人群之间同性性接触的频率差别和发生率的差别一样。在受过小学和中学教育的农村孩子中这种接触较少,而对于受过大学教育的两类人之间几乎没有什么差别。

在那些有这种关系的男性中,同性性接触的频率在对虔信宗教的人中较低,而在很少参加宗教活动的人中较高。

4.男同性恋的社会意义

所有的男性,从青春期到老年,在单身和已婚的人中,性发泄的 24%是独自进行的,69.4%是出自于异性恋（爱抚和性行为）,所有性高潮的 6.3%是出自于同性性接触。不到 0.3%的性发泄是与动物联系在一起的。

因此同性性接触只是男性所有性发泄很小一部分,同时也是很有影响的部分。更进一步说,由于相当一部分,或者说,男性的大部分人从青春期前到老年之间都至少有过一些同性恋经历,因此,同性恋的意义远远超过了它所表现的性发泄频率。此外,青春期男孩中 60%有过同性恋行为,而另外一些成年男性,他们避免这种公开的接触,但内心却清楚地知道他们对于其他男性有着潜在的反应。

同性恋的社会意义由于这样一个事实而更加引起人们的重视:犹太教和基督教会认为人的这种行为是反常的、不道德的。社会习俗和英、美法律有时在给那些有同性恋关系的人定罪时非常严厉。因此许多有此经历的人在心理上受到干扰,他们中不少人公开敌视社会机构。

因此在西欧或美国文化中,我们很难获得同性恋性质和程度与事实相符的数据。大多数关于同性恋的文献代表的是两种截然不同的倾向,要么抨击这种行为,认为极度反常,是性变态;要么认为应该维护各人选择自己性行为方式的权利。

　　除非我们对人类行为的各种形式有充分了解,否则无论是对有经历的人还是对整个社会,都很难估计它的意义;除非我们了解同性恋的程度和范围,否则完全不可能去弄清楚它的生物学和社会学起源。如果我们要处理一种不寻常的,在其他动物中毫无先例的,而且在人类中仅限于某些极独特的人之间的行为,这是一回事;但如果这一现象表明的不仅是人的性行为,同时还是整个哺乳类动物方式的一个基本部分,那就是另一回事了。

　　鉴于我们现有的同性恋发生率和频率,特别是在相当一部分男性中同性恋与异性恋共存的数据,人们很难再坚持这一看法:同性之间的心理性反应是罕见的,因而是不正常的、不合自然规律的;也很难坚持认为,同性之间的心理反应构成了神经病或者甚至是精神病的迹象。

　　如果同性恋活动不顾相当大的舆论反对,不顾英裔美国人文化几个世纪以来对此设下的重重障碍和困难,已经在这么大的范围内存在,那么有理由相信,如果没有社会禁止,这一活动将会在更大部分的性历史中出现。古希腊同性恋的广泛发生,以及今天某些对此不加禁止的文明中同性恋的普遍出现,都说明一个人对各种刺激(不论是另一个同性人或异性人提供的)的性反应能力都是以人为基础的。异性恋方式和同性恋方式在相当大程度上体现了那些个人生长于其中的特别文化习俗所产生的行为。在接受同性恋是遗传的,或者每个人的方式是生来固有的、在他们一生中不可能有所改变这一论点时,我们应该对此作全面的考虑。

　　同性性行为本身提供了心理变态的迹象这一观点已经被现有的发生率和频率数据从根本上推翻了。有同性恋经历的男性中40%或50%的人,没有任何迹象表明他们是心理变态者。有人争辩道,一个人对社会反应如此迟钝,以至于继续了同性性活动并使之成为他一生的重要部分,这本身就说明这人缺乏适应社会的能力。但是一般来说，精神科医生和临床医生应该自我反省一下，他们要求所有的人都遵循特定行为方式，这是否有道理。事实上，最有经验的医生中越来越多的人不再试图去改变人们的行为，他们把注意力转向帮助人们承认自己、引导自己习惯于不跟社会发生公开冲突的生活方式。

当然，有些有同性恋历史的人有神经质，经常与自己也经常与社会冲突。有些异性恋的人也是如此。有些同性恋者心情烦乱，很难在事业或工作上有所成就，他们发现即使是进行最一般的社交接触都免不了摩擦。然而，是因为这些人神经质才成为同性恋者的呢，还是同性性活动和社会对他们的反应造成其身心失调，这本身就是一个问题。这些问题还有待我们进一步调查研究。但是，当人们认识到同性性行为的实际范围时，这些问题将更有意义。

十分明显的是，社会对任何个体同性恋行为的解释，实际上是受当前对整个人口行为认识的影响。社会对同性恋的反应显然取决于这种一般看法：一个变异的个体是独一无二的，因此需要给以特别的注意。如果我们认识到，某个在学校被发现有同性恋关系的男孩、某个有这样活动的商人，以及某个有着同性恋记录的刑事机构的在押者，他们的行为与其他占所有人口四分之一或三分之一的人的行为没有任何根本区别，单个人的这一活动就获得了某种不同的社会意义。

对完全同性恋历史起了很大促进作用的诸因素中有一点十分值得注意：即社会对仅发现一次有这种体验的人的排斥。一个中学生因此会被学校开除，如果是在小城镇，他还会被全镇人驱逐。同性恋行为暴露后，他不再有发生异性恋接触的可能性，他被迫与其他的同性恋者交往。在他们当中，他最终发展成为完全的同性恋方式。面对这一个体男孩的难题，每一个教师和校长都应该认识到，在同一所中学，所有男孩的四分之一到三分之一在进入青春期后至少有某些同性恋经历。

应该制约对某些社区成员历史中有同性恋行为的传闻引起的闲话和反应,我们应该记住,这同一个人的历史中也有相当的异性恋成分。由于知道某人有某些这样的活动,就把这样的人称为同性恋者,持这种态度的社会工作者应该弄清楚,在纯粹的同性恋与纯粹的异性恋之间是有多种变异的。公共机构的管理人员、陆军和海军的官员以及各种男性团体的负责人应该考虑一个人历史中异性恋和同性恋之间的平衡,而不是仅仅看他的同性恋一面,这样似乎更为适当一些。

刑事机构和精神病院的管理人员往往对被视为同性恋而关进来的男性感到不安。这样的人会受到这些机构官员特别严厉的对待,由于害怕他们会给在一起的人带来潜在威胁,他们会被隔离开来。如果这些机构聘请了心理学家和精神科医生,他们会特别注意每年以同性恋罪送进来的五六名个案。然而,我们对这些机构的调查表明,所有关进去的人中 25%或 30%在进去之前就有同性恋经历。显然,碰巧以这一罪名关进去的男性并不会给这些机构带来更多的特别问题, 实际上其他四分之一或三分之一的人本来也可以以此罪名关进去。就这些刑事机构的管理而言,纪律的问题不取决于对历史上有同性恋体验的人的控制,关键在于对那些特别有进攻性的人的控制,他们可能强迫其他人发生同性关系。

法官在考察因同性恋活动而被捕的男性案情时应该记住,一个城镇所有男性中几乎 40%的人都可能在他们一生某个时候以同样的行为被捕;还应该记住,一个城镇未婚男性 20%到 30%可能在同一年内因同性恋活动被捕。这个法官更应该记住,他要遣送这个男性去的刑事机构或精神病院中,30%到 85%的关押者有同性恋活动。

另一方面,有些法官会驳回提交给他们的同性恋案情,或仅对这个男孩或成年男性处以缓刑，这些法官会发现自己成了地方新闻界攻击的对象，被谴责将危险的"性反常者"推给了社会。执法官员只是在社区支持的条件下，才会利用对人的行为科学研究的发现。除非整个社区了解人类同性性行为的真实情况，官方对个体个案的处理不会有太大改变。

当我们认识到，同性恋活动的发生率和频率在不同程度上普遍关系到社会每一阶层，关系到社区每一职业、每一年龄的人时，困难的境况就变得更加明显。企图执行性法律的警察和法官经常呼吁执行法律——特别是反"性变态"法律——的教士、实业家和城市其他每一个群，他们给出的同性恋发生率和频率记录一点也不比他们所属社会阶层其他人低。导致有同性恋历史的官员变成社区同性性活动的起诉人的，并不是个体的虚伪。他们自己就是社会习俗的牺牲品，而公众要求他们维护这些习俗。只要传统习惯与人们的实际行为之间有着这样的差距，这种不一致就将继续存在下去。

'有些人坚持认为，不管男性中发生率和频率实际上有多高，应该对不道德的同性性行为加以禁止。有些人要求，必须集中各方面的力量对同性恋进行打击，采取孤立任何有同性恋倾向者的"办法"，从社会上彻底根除同性恋。这样的计划在道德上是否合乎要求，不是一个科学家所能判断的；但这一计划在实际上是否行得通，这是一个科学可以确定的问题。

我们现有同性性活动发生率和频率的证据表明，如果所有有同性恋能力的人照此处理，至少有三分之一的男性人口会从社区其余的人那里被孤立出去。如果所有主要是同性恋倾向的人都被按照这种方法处理，这意味着至少有 13% 的男性人口（在异性恋—同性恋程度表中为 4 到 6 级）将被关押和隔离。由于美国总人口的大约 34% 是成年男性，这就意味着，在这个国家，有大约 630 万男性需要作这样的隔离。

　　如果有任何同性恋历史迹象的人，或者主要倾向是同性恋的人，统统从今天的人口中消失，我们也没有理由相信，下一代同性恋的发生率就会有实质性的减少。自有历史以来，同性恋就是人类性活动的重要部分，这主要因为它是人类动物本能的一种表达。

5.女同性恋的发生率和频率

　　跟其他类型的性行为相类似，在女性同性性行为中，存在着：(1)被其他同性个体激发性冲动的个体(不管是否有肉体接触)；(2)与其他同性个体之间发生肉体接触的个体(而不管是否被激发性冲动)；(3)在与其他同性个体的肉体接触中达到性高潮的个体。在下面提供的数据中，这三种情况的区别是很明显的。

　　样本中某些女性在三四岁的时候就意识到自己对其他女性的性反应。有类似性反应的女性占全体的百分比随着年龄逐渐上升，直到 30 岁左右。在这个年龄上，有四分之一(25%)的女性意识到曾对其他女性产生性反应。累计发生率在 30 岁以上只有很缓慢地上升，最高达到 28%。

　　样本中与其他女性有特别性接触的女性人数也随年龄(从 10 岁到 30 岁)逐渐增长。到 30 岁，有 17%的女性有这样的性经历。到 40 岁，有 19%的女性与其他女性发生过自愿的性接触(至少两者中的一方是有明确的性企图)。

　　样本中的女性同性性行为大部分局限于单身女性，其中又有不少曾经结过婚而正处于丧偶、分居或离异状态。在已婚女性中，无论是发生率还是频率都是相当低的。因此尽管在 40 岁时女性同性性接触的累计发生率能达到 19%，在未婚女性中这个数字是

24%,在已婚女性和曾婚女性中却分别只有 3% 和 9%。女性结婚的年龄看起来对婚前同性性行为的发生率并无影响,尽管我们发现婚前异性性行为预示着婚姻将至。婚姻的主要影响是使同性性行为变得不可能,因此也就影响了样本中已婚女性在这一行为中的发生率和频率。

在与同性发生性接触的女性中,有一半到三分之二的人在某次接触中达到性高潮。在 20 岁这一年龄段,只有占样本总数 4% 的女性在同性性关系中达到性高潮;而到了 35 岁,仍然有 11% 的女性有这种达到高潮的经历。累计发生率在 45 岁左右达到了 13%。因为受教育程度不同的女性在发生率上有不同,而且在我们的样本中,大学水平和研究生水平的女性的比例大大高过中小学水平的女性,这个数字可能要高于全美国女性的整体情况。

因为在随意、不带任何性意味的肉体接触和带来某种性反应的接触之间存在很大差异,所以无法保证我们样本中关于同性性接触各年龄段发生率数据的准确性。只有那些达到了性高潮的接触才能被确认是性接触。但是,通过比较接触行为的累计发生率和达到高潮的累计发生率,可以看出,至少是在比较年轻的群体中,同性性接触各年龄段的发生率大概正好是达到高潮的发生率的两倍。

在整个样本中,有 2% 到 3% 的女性在青春期或少年时期的同性性关系中达到性高潮,而有 5 倍多的人曾意识到性的激发,3 倍多的人曾与同性有过带有性意味的肉体接触。在过了 20 岁而仍然未婚的女性中,达到高潮的性接触发生率逐渐增高,到了 40 岁达到峰值,即 10%。超过这个年龄后,这个数据开始降低。在 46 到 50 岁之间仍然未婚的女性中,有 4% 的人保持着能带来性高潮的同性性关系。对于 50 岁后单身女性在同性性关系中达到性高潮的情况我们没有完整记录,但我们在这方面仍掌握了一些信息,即 50 多岁、60 多岁甚至 70 多岁的女性中仍然有人进行能达到性高潮的同性性接触。

在已婚的女性中,从 16 岁到 45 岁的各年龄段中都有略多于 1%的人曾主动进行达到高潮的同性性接触。

另一方面,在结过婚的目前分居、丧偶或离异的女性中,从 16 到 45 岁各年龄段中都有大约 6%的人有达到高潮的同性性接触。高于 45 岁的女性中,这个比例大约是 3%到 4%,不过到了 55 岁左右,这一比例降低为 1%。

在样本中的未婚女性中,同性性接触达到高潮的平均频率(中值)如下:青春期早期为每 5 星期 1 次(每星期 0.2 次),在年龄稍长的未婚女性中频率逐渐增高;接近 30 岁时,平均频率为每 2 个半星期 1 次(每星期 0.4 次),此后 10 年间的频率大致也是这么高。这就是说,同性性接触达到高潮的平均频率要大于性梦和异性爱抚达到高潮的频率,而与通过自慰达到高潮的频率基本持平。

频率的平均值为中值的 3 到 6 倍,原因是在每个年龄段的女性中,有部分人的频率要比中值高很多。个体差异部分是因为性接触的频率间差异很大,另一个原因是有些女性在每一次同性性接触中经常经历多次性高潮。

在大部分年龄段中,四分之三或更多的单身女性在同性性接触中达到高潮的频率为每星期 1 次或少于这一数值。但在从青春期到 45 岁的每个年龄段中也有一部分个体在同性性接触中达到高潮的频率高达每星期七次或更多。在 20 岁到 40 岁年龄层中,有少数个体达到每星期十次或更多,有一例甚至达到每星期 29 次。跟其他类型的性活动不同的是,同性性关系中个体差异的极端例子不是出现在年龄最小的群体,而是出现在 31 岁到 40 岁这一年龄段。

跟其他女性性行为的类型(除了婚姻性行为)一样,同性性接触经常是偶然发生的。有时几天内会发生几次这样的性接触,而接下来几星期或几个月都不再发生。在不少例子中记录显示,在很短的时间内会发生高密度、高频率的同性性接触,然后在几年间又从不发生这种接触。另一方面,在不少记录中,同性性伴侣住在一起并有着稳定的性关系。在有些例子中,性伴侣同居达10年或15年之久,并基本保持着稳定的性关系。这种长期的同性性关系在男性间是很罕见的。两个女性保持长期稳定的联系在我们的文化中更容易被接受,因此女性保持一定时间的连续关系要更加容易。不过,女性间的长期关系同时也是男女间基本心理不同的产物。

在样本中的已婚女性中,每一个年龄段中都有一些人(通常少于1%)在同性性接触中达到高潮。在这么小的比例中,个体差异也是相当明显的。大多数的已婚女性从来没有过同性间性接触,但几乎在每个年龄段中都有一部分女性同性性接触的频率达到一星期两次或更多。在记录中,有些已婚女性是完全的同性恋者,不与丈夫进行性行为,只是因为社会需要而与丈夫生活在一起。在有些这样的例子中,夫妻间有很好的人际交往,尽管双方的性生活都是婚外的。

样本中曾经结婚而目前分居、丧偶或离异的女性中,同性性经历的频率要大大高于已婚女性。在有些例子中,这些女性在婚姻结束后与和她首次发生同性性接触的其他女性重组家庭,并与之保持稳定的性关系。尽管同性恋只是影响女性离婚的一个非重要因素,有些女性的确是因为同性恋性取向而离婚的。需要强调的是,住在一起的未婚女性中,有很大一部分是不带有任何性的成分的。

同性性接触对于女性达到性高潮是相当有效的。尽管发生率相对比较低,同性性接触在未婚女性达到性高潮的总数中所占比例是比较大的。在15岁之前,作为性发泄的来源,同性性接触仅次于自慰和异性性行为处于第三位,在超过30岁的未婚女性中,也处于同一位置。在这些单身女性中,同性性接触占青春期早期女性总体性发泄的 4%左右，占 21 岁到 25 岁未婚女性性发泄的 7%,占 36 岁到 40 岁未婚女性性发泄的 19%。

样本中的已婚女性中,同性性接触占达到性高潮的比例通常为 0.5%。

但是,对于曾经结过婚、目前单身的女性而言,同性性接触又成了重要的性发泄来源。在这一类型中,同性性接触占年轻女性总体性发泄的 2%左右。而对 31 岁到 35 岁之间的女性来说,这一比例高达 10%左右。

对于样本中的大部分女性而言,同性性接触仅限于相对短暂的一段时期。有大约三分之一(32%)的女性同性性接触的经历不超过 10 次,有的只有一两次。对接近一半人(47%)而言,这种经历只发生在某一年内的某段时间。另外有四分之一的人(25%)在两三年间有这种经历。有意思的是,样本中年龄较小的群和年龄较大的群所给出的数据并没有明显不同。这就意味着,对多数人而言,她们的同性性接触大多发生在比较年轻的时候。有四分之一左右(28%)的人同性性接触的经历超过 3 年。有少数女性的这种经历持续了三四十年。而对于某些年龄更大的女性而言,这段时间肯定还要长得多。

在单身女性的样本中,有很大一部分(51%)有过同性恋经历的女性直到接受调查时只有单一的同性性伴侣。另有 20%的人有两个同性性伴侣。有 29%的人在同性性关系中有过 3 个或更多性伴侣。有 4%的人有超过 10 个性伴侣。

女性同性恋的记录在这个方面与男性的差别非常大。在有过同性性经历的男性样本中, 有很大一部分都有过多个同性性伴侣,而有超过 10 个性伴侣的达到 22%。有一些甚至经历过数十或上百个不同的性伴侣。显然,男女之间的基本心理因素的差别导致了多性伴侣的不同程度。

6.女同性恋与教育水平、宗教背景等的关系

样本中女性同性性行为的发生率与其教育背景有很大关系，甚至比其他任何一种类型的性行为关系都要大。

同性性反应在中小学水平的女性中发生得较少，在大学本科水平的女性中要多得多，而在研究生水平的女性中就更多了。以30岁这一年龄层为例，小学水平女性中，曾被其他女性导致性激发的仅占10%，中学水平的女性为18%，大学本科水平为25%，研究生水平为33%。

同样的，公开进行同性性接触的比例在教育程度低的女性群体中要小于教育程度高的群体。以30岁这一年龄层为例，这一项的累计发生率在小学、中学、大学本科、研究生水平的女性中分别为9%、10%、17%和24%。

还是以30岁为例，在同性性经历中达到高潮的比例分别为：小学水平6%，中学水平5%，大学本科水平10%，研究生水平14%。

我们只能用假设来解释较高教育水平人群中这种性行为比例较高的现象。我们相信对于婚前异性性行为的道德约束是同性性经历最重要的原因。这种约束对于将女儿送入大学的家庭而言会更加严厉。在大学中，年轻的女性又受到学校的限制，因为学校很清楚家长所担心的问题。接受教育时间的延长以及由此造成的结婚时间推迟会对她们的异性性行为发展造成影响。当她们进入研究生阶段后情况更是如此。所有这些因素都跟同性性经历有关。在较高教育水平群中也许有一种对同性性经历更坦率接受、对同性恋的社会关注相对较少的现象。

从进入青春期起到15岁这一阶段，在同性性接触中达到性

高潮的情况在中学水平的女性中较为普遍，在小学水平女性中要少一些。而在 21 岁到 35 岁这一阶段，中学水平女性的这一比例维持在 3%到 6%，在大学本科和研究生水平的女性中却达到了 7%到 11%。

从进入青春期到 15 岁这一阶段，中小学水平女性在同性性接触中达到性高潮的频率(中值)要高于教育程度较高、因而性方面的限制较多的女性。在这一年龄之后，这种差异逐渐消失了。到了大于 20 岁的各年龄层中，每一种受教育程度女性在同性性接触中达到性高潮的平均频率(中值)都是每两到三星期 1 次。

在年龄较小的少女中，小学水平女性达到性高潮的途径中同性性接触占 14%，大学本科和研究生达到性高潮的途径中同性性接触只占 1%或 2%。在年龄较大的阶段中，这种情况向反方向变化。到了 30 岁到 40 岁这一年龄段，未婚的研究生水平女性达到性高潮的途径中，同性性接触占到了 18%到 21%。这一类型的女性总体性发泄的五分之一为同性性接触，而这一女性群中只有略多于十分之一(11%)的人有过同性性接触，这就表明，有同性性接触的女性比依靠其他类型性行为的女性达到性高潮的频率要高得多。

调查显示，宗教背景和教育水平是与女性同性性行为最明显相关的两个社会因素。

在我们有记录的基督教新教徒、天主教徒和犹太教徒中，有过达到性高潮的同性性接触的女性中，较虔诚的女性较少，而最不虔诚的女性要多得多。

毋庸置疑，特别是在那些最积极参与宗教活动的人群中，道德约束阻止了很多人进行同性性接触，同时也会阻止有些人进行异性性接触。另一方面，宗教教义禁止婚前性行为，也会导致某些女性开始同性性接触。有时这些虔诚的教徒在调和自己的行为和道德规范之间的矛盾时非常痛苦而不得不脱离教会，这样就会使得同性性接触的发生率进一步提高。

在我们调查的 12 个年龄段中，有 11 组人群达到性高潮的同性性接触的发生率在较虔诚的教徒中较低，而最不虔诚的女性则较高。以青春期前期这一阶段为例，只有 3%的虔诚天主教徒有过达到性高潮的同性性接触，而不虔诚的天主教徒中这一比例为 8%。在 26 岁到 30 岁这一阶段，在未婚的新教徒女性中，虔诚的教徒中只有 5%的人有过达到性高潮的同性性接触，而在不虔诚的教徒中这一比例高达 13%。

在样本中，各年龄段中的女性达到性高潮的频率(中值)与她们的宗教背景没有什么一贯的联系。

同性性关系占各个年龄段总体性发泄的比例跟这一年龄段中曾有过同性性行为的女性人数(各年龄段发生率)有关。但是在宗教上比较虔诚的女性群体中，特别是在较高的年龄段中，同性性行为占总体性发泄的比例要大大超过从发生率可能推算出的数值。这部分原因是很多虔诚的教徒在任何一种性行为中都不会达到性高潮，而对既有同性性行为又达到过性高潮的那些人而言，同性性关系就成了这一类人达到性高潮的主要途径。这里也有可能存在一个选择的因素，也就是说那些性生活活跃的女性更容易接受同性性关系。

7. 女同性恋的社会意义

我们为了确认人们对同性恋行为的态度，曾问每一个被调查的人是否接受自己的同性性行为，以及是否接受其他女性或男性进行这种行为。可以想象，每个人的回答要受到自己有没有过同性性经历、有过什么样的经历的影响。结果如下：

在 142 个同性性经历最丰富的女性中,有人对自己的经历表示后悔,其他人却鲜有或完全没有悔意。

142 个同性性经历最丰富的女性记录

后悔的情况	比例 %
完全不后悔	71
很少后悔	6
有些后悔	3
后悔	20
人数	142

在从未有过同性性经历的女性中, 只有 1%的人说想进行这种行为,有 4%的人说如果有机会也许会尝试。

但在有过一些同性性经历的女性中,有 18%的人说想继续这种行为,20%的人表示不确定,62%的人说不愿继续。这 18%的女性中很多人表示她们的选择是有意识的,因为在各种经历中她们发现在同性性活动中要比其他性接触得到更多满足。而很多选择不确定或者不愿意继续的人只是选择社会阻力最小的性途径,或者是接受多少是强加给她们的一种性生活方式。

有过同性性经历而又希望继续的女性包括了从社会经济最高层到最底层的各个群体。名单上包括售货员、工人、护士、秘书、社会工作者和妓女。在较年长的女性中,有许多经济地位和社会地位很好、有一定社会影响的女性表示自己的同性性生活是愉快而成功的。这其中的很多人都是职业女性,在她们的生活中曾有过异性性接触的机会,但随着时间增长,同性性接触的机会更多。她们包括商务人士(有些是管理层)、中学或大学教师、大公司的科研人员、女医生、心理医生、心理学家、军队后勤军官、作家、艺术家、演员、音乐家以及很多在其他领域有着重要或比较重要社会地位的女性。对这些女性而言,要保持自己的职业、异性性关系和婚姻有时会变得比较困难。对有些较年长的女性而言,她们只可能和与她们长期生活在一起的人发生性关系。在这种关系中，有时会存在强烈的感情纽带。

一方面，有些有过同性性经历的女性会对这些经历非常反感。她们通常会对这样一种社会、法律和宗教都反对的行为抱有罪恶感，从而坚决不再继续进行同性恋行为。而有些不满意同性性关系的女性只是因为跟某个性伴侣有矛盾，或者由于同性性行为而面临一些社会压力。

27%有过丰富同性性经历的人就面临着这种困境。其中一些人发现不可能再跟她们最喜欢的性伴侣继续肉体关系和情感交流，也不想和其他人发生新的关系。其中一半的人是因为被伴侣拒绝，或者因为家人不接受她的同性性经历。

另一方面，在有过和没有过同性性经历的女性中，都有人否认自己会开始或继续性行为，因为社会规范要求她们这么做。如果有机会而环境有利，这其中的许多人是会接受这种行为的。所以要真正弄清楚一个人在有性接触的机会时会有什么样的行动是相当困难的。

为了进一步了解女性对于同性性行为的态度，我们还问了每个被调查的人对其他人(男性或女性)进行同性性行为是赞同、反对还是保持中立。我们还问到她们在发现某个人的同性性经历后是否还与之保持友谊。后一个问题是关于曾是她们朋友的人，这对了解当前对同性性行为的社会态度非常有意义。我们将收集的数据概括如下：

(1)赞成其他女性进行同性性行为的女性比赞成自己进行这种行为的人要多得多。23%的人表示完全赞成，而只有15%的人表示绝对不赞成。

(2)有过同性性经历的女性中赞成女性同性性行为的人要多于赞成男性同性性行为的人。只有18%的人赞成男性同性性行为，赞成女性同性性行为的人却有22%。

（3）没有过同性性经历的女性不太赞成其他人进行同性性行为。有 4%左右的人表示赞成男性同性性行为,而表示明确反对的有 42%。在女性同性性行为的问题上,表示赞成的也有 4%,而表示明确反对的有 39%。

（4）在有过同性性经历的女性中,有 88%的人表示如果发现女性朋友的同性性经历,还会保持和她的友谊,4%的人说不会。后者中的一部分人的回答反映了她们对自己的同性性生活的不满,但也有一部分只是想避免被这些人诱惑而重新开始新的同性性经历。

（5）在有过同性性经历的女性中,有 74%的人表示如果发现男性朋友的同性性经历, 还会保持和他的友谊,10%的人说不会。反对男性同性性行为的通常是因为觉得这样的男性品性恶劣,但在我们的这项调查中可能情况并非如此,因为涉及的男性已经是她们的朋友。

（6）相比较而言,未曾有过同性性经历的女性不太容易接受女同性恋者朋友。只有 55%的人说会保持和女同性恋者朋友的友谊,22%的人说肯定不会。这种评判尺度来自犹太—基督教文化中对任何与风俗不符行为的不容忍态度。

（7）在未曾有过同性性经历的女性中有 51%的人会保持与男同性恋者朋友的友谊,26%的人说不会, 另有 23%的人表示不确定。我们在以前的调查中提到过,来自女性的这种排斥会使有过一些同性性经历的男性转变成纯粹的同性恋者。

根据常理,对女性同性性行为和男性同性性行为的道德谴责和法律制裁应该力度相同。但是在古赫梯文明中,基本上只是在特定的情况下对男性同性性行为有所谴责,而根本没有提到女性的同性性行为。同样,在《圣经》和犹太教法典中提到同性性行为也主要指的是男性。后两者对越界的男性惩罚尤为严厉,有时会判处死刑,而很少提到女性同性性行为,即使提到,也不会采取很严厉的惩罚。在中世纪的欧洲有非常多的记录表明许多男性因为与同性的性行为而被处死，但很少有女性这方面的记录。现代英国和其他欧洲国家的法律仍然是只适用于男性的。而美国法律的措辞使其对男女两性同样有效。这些处罚通常是针对"所有人(all persons)""每个人(any person)""无论是谁(whoever)""有如下行为的人(one who)"或"任何人类(any human being)"的。这些用语都没有区分性别。实际上在美国各州中只有五个州的法律把女性同性性关系包括进去，而这些州的法官在解释法律时仍然会像其他各州那样同样将它应用到女性身上。

美国公众对于女性同性性关系的态度似乎不如法律条文来得严厉，基本上没有女性曾以这一罪名被美国法律起诉和定罪。在我们调查过的几百名有过同性性经历的女性中，只有三个人曾经被警察找过一些小麻烦，只有一个人的问题比较棘手，而没有一个人被送上法庭。我们的记录中包括那些曾被刑事机构或其他机构惩罚的例子，也有在美国军队服役时受惩罚的例子，有时候社会的反应也是某种严厉的惩罚，但没有一桩例子是上了法庭的。

我们在收集从 1696 年到 1952 年在美国有记录的同性恋事件时，没有发现一个妇女因同性性行为被定罪的例子。我们调查 1874 年到 1944 年关押在印第安纳女子监狱的妇女档案时发现，只有一人是因为同性性行为而被定罪的，而这还是因为这一行为发生在另一所监狱内。在纽约这么大的城市，从 1930 年到 1939 年也只有一例女性因同性性行为被判罪的例子，而同一时期内有 700 位男性因同性性行为被判罪、几千名男性被指控在公共场所行为不当、诱拐或进行其他跟同性恋有关的行为。在我们最近调查纽约跟性有关的法律执行情况时发现有三例女性因同性性行为被逮捕的案子，但三个案子后来都撤诉了，而同期有上万名男性因同性性行为被逮捕并定罪。

　　社会和法律对于男女同性性行为的态度有着这么大的差距，原因不是非常清楚。这些差距也许跟下面因素有关，也可能跟其他因素有关：

　　(1)在古赫梯、犹太和其他古代文明中，女性的社会地位没有男性高，因此她们的私生活常常被忽视。

　　(2)女性同性性行为的发生率和频率都比男性低得多。不过即使是按比例算，男性被法庭审判的人数还是要大大超出女性。

　　(3)男性同性性行为因为涉及街头诱拐、男妓和其他方面而常常受到社会关注。

　　(4)男性同性性行为被谴责，并不仅仅是因为这是在同性间发生的，而是因为它的性接触方式。相反人们并不很了解女性同性性行为的方式。

　　(5)同性性行为对男性结婚和维持婚姻的影响很大，而对女性婚姻生活的影响相对较小。

　　(6)天主教教义认为男性除与异性外的性行为都是有罪的，是因为这些性行为浪费了精子。在女性的非异性性活动中没有同样的罪恶感。

　　(7)公众对于某些男同性恋者表现出的诸如女人气的性格特征很反感，而对于女同性恋者性格特征的反感则要少得多。

　　(8)公众对于未婚(特别是年长的)女性除了同性性关系外很难有其他性接触的途径这一点抱有同情态度。

　　(9)很多男性会通过想象两个女性间的性行为而感到性的兴奋。有时他们甚至鼓励女性进行同性接触。而女性间很少有人因为想象男性同性性行为而得到性激发。

　　(10)男性比女性更害怕自己对同性发生性反应的可能性。因为这个原因，他们对于自己同性别的这种行为比女性的这种行为谴责得更为严厉。

　　(11)当前我们的社会很担心成人和孩童之间的性关系问题。

这种关系在男性同性性行为中占有很大比例,而年长的女性和女童之间的性关系则要少得多。

女性的同性性经历影响到她的婚姻前景,或者影响到她已经存在的婚姻关系时,就出现了社会利益的问题。但是我们的社会组织从来都不声称要用法律手段惩罚不结婚的人。

欧洲文明和美国文明中的大部分人会容忍那些并非处于暴力胁迫、也不影响婚姻状况的女性同性性行为。不管怎样,就算是认为同性性行为有道德上的问题的人,也不认为为了维护基本的社会利益,就可以对那些在同性性行为中寻找生理发泄和情感需要的女性采取激烈的法律手段。

8.男女同性恋程度的比较

概括我们所有的关于男性明显同性恋体验的发生率数据和这些男性中不同程度的异性恋—同性恋平衡状态的分布状况,我们可以得出下列结论:

全部男性中,37%在青春期和老年之间至少有某些达到性高潮的明显同性恋体验。

到 35 岁仍未结婚的男性中,50%从青春早期开始有达到性高潮的明显同性恋经历。

到 35 岁仍未结婚的男性中, 中学水平的 58%, 小学水平的50%和大学水平的 47%,有达到性高潮的同性恋经历。

所有男性中有 63%在进入青春期后从未有过达到性高潮的明显的同性恋经历。

所有男性中 50%进入青春期后在同性恋方面既无明显的经历也无心理反应。

接近 13%的男性,青春期开始后在没有任何同性性接触的情况下对其他男性有性反应。

所有男性中的 30%在 16 岁至 55 岁之间至少 3 年的时间内偶尔有同性恋经历或反应。

所有男性中的 25%在 16 岁至 55 岁之间至少有 3 年非偶然的同性恋经历或反应。

男性中的 18%在 16 岁至 55 岁之间至少有 3 年不少于异性恋经历的同性恋经历。

男性中的 13%在 16 岁至 55 岁之间至少有 3 年多于异性恋经历的同性恋经历。

男性中的 10%在 16 岁至 55 岁之间至少有 3 年几乎完全的同性恋经历。

男性中的 8%在 16 岁至 55 岁之间至少有 3 年完全同性恋经历。

白人男性中的 4%在青春期开始以后一生都是完全同性恋经历。

下面是根据样本中女性在接受调查时所有的性经历而作出的概括:

11%到 20%的未婚女性以及 8%到 10%的已婚女性在 20 岁到 35 岁间的每 1 年至少有偶然的同性性反应,或至少有偶然的同性性接触,即属于 1 到 6 级。在曾经结过婚的女性中,这一比例为 14%到 17%。

6%到 14%的未婚女性以及 2%到 3%的已婚女性在 20 岁到35 岁间的每 1 年有过并非偶然的同性性反应和并非偶然的同性性接触,即属于 2 到 6 级。在曾经结过婚的女性中这一比例为 8%到 10%。

4%到 11%的未婚女性以及 1%到 2%的已婚女性在 20 岁到35 岁间的每一年的同性性反应和同性性接触程度等同于异性性反

应和异性性接触,即属于 3 到 6 级。在曾经结过婚的女性中这一比例为 5%到 7%。

3%到 8%的未婚女性以及 1%弱的已婚女性在 20 岁到 35 岁间的每一年的同性性反应和同性性接触多于异性性反应和异性性接触, 即属于 4 到 6 级。在曾经结过婚的女性中这一比例为 4%到 7%。

2%到 6%的未婚女性以及不到 1%的已婚女性在 20 岁到 35 岁间的每一年的性反应和明显性行为基本是纯粹同性恋性质的,即属于 5 到 6 级。在曾经结过婚的女性中这一比例为 1%到6%。

1%到 3%的未婚女性以及不到 3‰的已婚女性在 20 岁到 35 岁间的每一年的性反应和明显性行为是纯粹同性恋性质的,即属于 6 级。在曾经结过婚的女性中这一比例为 1%到 3%。

14%到 19%的未婚女性以及 1%到 3%的已婚女性在 20 岁到 35 岁间的每一年没有任何的社会—性经历(不管是同性的还是异性的), 即属于 X 级。在曾经结过婚的女性中这一比例为 5%到 8%。

在同性性反应和同性性接触的发生率与频率,以及同性恋级别的发生率上,女性都大大低于男性。女性同性性反应的累计发生率达到 28%, 而男性则高达 50%。达到性高潮的明显性接触的累计发生率女性为 13%, 男性则达到了 37%。这说明有同性性反应的女性人数只有男性的一半,在同性性行为中达到性高潮的女性只有男性的三分之一。而且,任何年龄段的纯粹同性恋者中,女性人数也只有男性的三分之一到一半而已。而保持相当长时间同性性行为的女性比例比男性就更小了。

在有同性性关系人群中,性伴侣只有一到两个的女性比例要比男性大得多(女性为 71%,而男性为 51%)。很多男性在这方面是杂乱的,有时候性伴侣的数量可以达到几十个或上百个。

　　在临床医生和公众间有一个普遍的观点,认为同性恋反应和完全的同性性接触在女性中比在男性中更为常见。无论我们目前的研究,还是前人研究所得到的数据都不能证明这种观点的正确性。这种观点也许是因为在我们的文化中女性间的感情比男性更外露。她们在公共场合也会手挽手、肩并肩,甚至互相抚摸和亲吻。女性公开表达对其他女性的爱慕之情并不一定会被指责为有同性恋倾向。而男人要是公开表露对同性的这种感情就很容易被认为是同性恋。男性习惯于用男性的心理来理解看到的现象,所以他们认为女性这种感情的表露迟早会转变成同性恋关系。然而,我们的数据表明,大部分的这种情感表露都跟性无关,也极少会转变成明显的同性性行为。

　　不少男性会幻想两个女性的同性性行为而被激发性的兴趣。那种女性更经常发生同性性行为的观点也许是这些异性恋男性的一厢情愿而已。精神分析理论在这种心理中还看出了男性想要证明自己的同性性行为的正当性(或相反)的企图。

　　男性之间会大量谈论或取笑彼此的性行为。这些行为可能表明了男性普遍的同性恋倾向, 而这种倾向在女性中是不常见的。为男性同性恋而服务的咖啡馆、酒馆、夜总会、公共浴室、健身房、游泳池这些场所、体育杂志和更明显的同性恋杂志和有组织的同性恋沙龙在女性群体中很少有其对应物。其中有些场所,例如同性恋浴室和健身房有其古老的历史传统,而在历史上从来没有类似为女性服务的同性恋场所。全世界都有为男同性恋者服务的街头暗娼和固定男妓,而极少有为女同性恋者服务的娼妓。所有这些男女同性性行为中的差异都是因为两性之间存在着基本的性心理差异。

九、男女性反应的心理差异

1.性反应中主要的条件反射和共鸣反应

动物的经历会使其具有某种特定的行为模式,即对某种类型的刺激有积极反应,而对另外的刺激有消极反应。但是反应也有不同的程度,而且动物总是对某一种刺激具有比对其他刺激更强烈的消极或积极反应。在可以选择的情况下,总是会对某一种活动表现出很强的偏好。

个体也可能会在选择另外的个体作为性伴侣方面具有偏向性;有人可能会偏好高个子的性伴侣,有人更喜欢矮个子;有人喜欢金发碧眼白皮肤,有人喜欢深色皮肤;有人喜欢比自己年轻很多的性伴侣,有人喜欢年长得多的性伴侣,也有人喜欢和自己年龄接近的人;有人只对一个特定的性伴侣有反应,而无法对任何其他人产生反应,有人对很多人都能产生性反应;有人选择异性性伴侣,有人选择同性性伴侣;有人喜欢在性行为前有大量的爱抚,有人则不要任何前戏;有人在性行为中喜欢变换姿势,有人喜欢保持同一个姿势;有人会选择动物而不是人作为性伴侣。所有这些选择,这些对某一特定刺激的反应对于相应的个体本人都是合理或甚至是无法避免的,在与其反应不同的人眼里则可能是无法理解、奇怪或不正常的。

　　甚至某些最极端的人类性行为也可以用我们对学习和条件反射过程的理解来解释。对有些人，甚至大多数人来说是古怪、不正当、完全无法接受的行为可能对于另一些人来说是非常有意义的，这取决于这些个体在这种经历中条件反射的方式。施虐狂、受虐狂、异装癖和各种各样的恋物癖都是条件反射的产物。这些行为也会因为个体性格的其他方面和个体天生的解剖和生理机能而得到加强。对于长袜、内衣、其他布制品、鞋子、长发的性反应并不比对于性伴侣身体的性吸引更难以解释。

　　看见有轨电车会有性反应甚至会勃起的男性可能只是在回忆早年在有轨电车上与一位有吸引力的性伴侣之间的经历；这种行为并不比看见自己妻子脱衣上床而有反应的男性行为更难解释。一种类型的性行为可能比另一种具有更多的社会优势。在少数例子中，有些所谓的反常行为，即不太常见的条件反射类型，会被认为是有害的，但在大多数例子中，这些行为却不会引起社会注意。那种特别强调性行为的正常与不正常之分，而且用一长串的术语来进行分类的做法完全是某种道德分类，而不是什么试图解释这种行为起源的科学精神，也不是为了确定这种行为社会意义而进行的研究。

　　有很多与人类性行为相关的条件反射是由以下因素决定的：人类具有非常强的沟通能力，可以通过视觉交流、印刷品、图像材料以及其他现代化的工具进行沟通，这样就可以替代性地分享其他人的性经历。了解到其他人在某种特定类型的性活动中感到的满足或障碍对于自己决定采用或不采用类似的性活动类型是有影响的。

　　有很多人在听到别人的性经历时、听到杜撰的性故事时、读到关于性的东西时、看到性对象和性活动的图片时都会感到明显的刺激。很多个体在真正经历某些类型的性活动之前就会对这种类型的性活动有强烈的或消极或积极的条件反射。

通常个体的性行为模式在很大程度上取决于社会对各种类型性活动的长期看法。社会态度在很早的时候就对孩童发生影响，可能会迫使孩童将自己的性态度、性反应和公开的性行为限制在社会文化接受的范围之内。

条件反射不仅会使动物对某种特定的刺激有反应，也会使其对与第一次经历有关的物品和其他现象做出反应。在巴甫洛夫的经典实验中，狗会因为条件反射在听到铃声时分泌唾液，也会在接触到第一次铃响时的相关食物而做出相同的反应。这一实验可以看作相关条件反射的典型。

性行为与其他哺乳动物的行为相比包括很多对与以前经历相关的现象的条件反射。公猫、公狗和很多其他哺乳动物在经过以前发生性活动的地方会有性反应；雄兔、公豚鼠、公臭鼬、公浣熊、公牛和牡马闻到雌性同类的分泌物会有反应。它们通常在闻到雌性动物的尿液时有这种反应，特别是雌性动物处于发情期的时候。在实验中发现，很多雄性动物会对雌性接触过的某些碗碟、木板、家具做出反应。对与之有过性接触的异性，它们的反应往往更加强烈，而对没有与之有过性接触的异性反应就会弱一些——不过其他现象、心理疲惫的程度等等也会导致正好相反的结果。

如果曾经与某个异性有过满意的性关系，动物通常会对异性有反应。而如果以前的这种经历是和同性发生的，动物会因为相关条件反射的缘故而更容易对同性做出反应。在实验室研究中，动物进行性活动时如果研究人员在场，那么当研究人员再出现时动物的反应就会变得更强烈。

人通过看到、听到、闻到、尝到的东西得到的性刺激取决于这些东西引起的联想，而不是这些东西对感官的直接物理刺激。对于所有较高级的哺乳动物而言情况都是如此，对于人类而言更是如此。从很小的时候开始，孩童就会将某些物品和现象跟让他们舒服或满足的事物联系起来。成年人一生中会将性活动跟温暖、触觉满足、特定的食物、酒、家具、性伴侣的着装、气味、光亮强度、特定的声音、音乐、人声、曾用于描述某种性行为的词汇、房间或户外某种与以前的性经历类似的布置、在性关系中采用的某种方式以及无数其他的东西联系起来。

有时个体对这种相关现象的反应可能跟对性接触中身体刺激的反应同样强烈或者更强烈。不少个体发现他们在期待进行性活动的机会时得到的性激发比实际进行这种活动时得到的激发还要强烈。

在大多数哺乳动物中，很多雄性和雌性动物在观察其他个体进行性活动时会得到性激发。对于其他动物的简单在场不会有反应的动物，在其他动物进行性活动时也会有反应。很多雄性动物在这种刺激下会有迅速反应，并寻求自己进行性活动的机会。这一点在人类男性身上也同样明显。

这些反应术语称作共鸣反应。即一个动物随着另一个动物反应。在所有能使动物条件反射的刺激中，性活动本身是最能引起性反应的。大多数人类社会都会对公共场合的性行为进行限制，这倒并不是因为我们有什么先天的对性感到羞耻或罪恶的感觉，而是为了防止旁观者的共鸣反应，防止集体性活动所导致的可怕后果。在动物实验中，集体性活动通常会导致激烈的竞争和冲突。人类社会中，这也有可能是集体性行为的后果，除非每个个体可以控制自己的嫉妒心而尝试从中得到特别的刺激。

在社会的性关系中，性伴侣不仅互相有反应，而且对互相做出的性反应也有反应。因此大多数人发现在社会的性关系中要比在独自的性活动中能获得更多满足。

当发生身体接触时，人体所有的感觉器官都会帮助个体意识到性伴侣的性反应和身体运动，身体赤裸而有大面积的接触时更是如此。性活动中的一方身体紧张感的增加会立刻在伴侣身上反映出来。当一方接近性高潮时，他（她）激烈的反应会刺激伴侣同时达到性高潮。这种性反应的同时性可能是因为性伴侣双方的性反应确实一开始就同步，但更可能是因为这种共鸣反应。

2.男性比女性更容易受条件反射的作用

总的来说，男性比女性更容易发生性经历引起的条件反射，引起条件反射相关的因素也比女性要更丰富。在这方面尽管有很大的个体差异，但是总的来说男性的性反应和性行为更容易受到以前的性经历、跟以前性经历有关的联想、对其他个体性经历的替代性分享以及对其他个体性反应的共鸣反应的影响。一般女性较少受这些心理因素的影响。要特别注意的是在人以外的哺乳动物中，雄性和雌性之间也存在这种差异。

我们在女性和男性身上与性反应相关的解剖反应方面没有发现什么根本差异，在两种性别性激发的生理现象中也没有发现什么区别，但是我们发现两性对心理刺激有一些不同反应，这也可以解释在两性各种性行为的发生率、发生频率和行为模式上的差异。

应该特别强调的是个体受到心理刺激的情况有着巨大的个体差异。我们已经指出了某些差异。例如，我们提到过女性样本中有很大一部分人会在没有性幻想的情况下自慰，也有很多女性从来没有在睡眠过程中有过性梦。在这一方面，这种女性和一般的男性是很不同的，因为几乎所有的男性在自慰时都会有性幻想，而且几乎所有的男性都有过性梦的经历。另一方面，我们也提到有些女性自慰时总是会伴随性幻想，有些女性有过大量的性梦经历，还有些女性在白日梦中就可以得到强烈的性激发，甚至不用刺激身体的任何部位就能达到性高潮。在一两千个男性中只有一个能在性幻想中达到性高潮。因此,在我们的样本中女性之间对心理刺激的反应存在着比男性之间大得多的个体差异。我们也许可以强调普通男性和普通女性之间的差异,但是必须注意到,有很多个体,特别是女性,其情况是与平均数据大不相同的。

样本中三分之一(32%)的男性表示,他们会在观察某些女性(穿衣或裸体)时得到明显、经常的性激发,这些女性包括妻子、女友和他们想与之发生性关系的其他女性。另有 40%的男性表示这样做的时候会有某种程度上的性反应。但只一半比例的女性(17%)表示她们观察男性(丈夫、男友或其他人)时会特别感到性激发,有41%的人表示会感到某种程度的性反应。

观察异性的性反应(一)

性反应	女性	男性
明显以及/或频繁	17%	32%
某种程度的反应	41%	40%
没有反应	42%	28%
个案数量	5772	4226

这些男性观察女性时的反应是典型的性激发性质的反应;这些反应包括身体反应,而且通常促使男性试图接近女性并与女性发生性接触。也有些女性会有类似的反应,但是大多数女性并不会有如此显著的生理反应。

观察潜在的性伴侣的反应也是人类以外的哺乳动物雄性典型的反应,但是人类以外的哺乳动物雌性较少在与性伴侣发生性接触间表现出任何性激发的迹象。当雌性动物处于发情期时比较容易受到心理上的激发。有些动物,如母狗、母猿、母牛、母豪猪等,会在发情期非常容易受到性激发,而且会更热切地接近雄性;但是即使在这些物种中,雌性也往往没有雄性那么热衷于接近异性。

观察同性个体而感受到性激发的现象无疑是一种同性性现

象。在我们强烈谴责男性同性恋的文化中,大多数男性都愿意认为自己是异性恋者,所以甚至不愿意承认他们在别的男性身上会发现任何美感。另一方面,女性倒是被允许在观察裸体女性形象或穿着华美的女性时有审美快感。我们的文化传统也允许女性表达对其他女性的仰慕而不被认作同性恋。其实女性对其他女性的兴趣确实通常不含有性的因素,而仅仅是赞赏。

有趣的是,考虑到男性对男性的兴趣较不被社会接受,而女性对女性的兴趣比较容易被接受的情况,我们发现其实有更多的男性发现并承认自己对其他男性的性反应,而较少的女性发现并承认自己对其他女性有性反应。

观察异性的性反应(二)

性反应	女性	男性
明显以及/或频繁	3%	7%
某种程度的反应	9%	9%
没有反应	88%	84%
个案数量	5754	4220

我们有 33 组数据表明男性比女性更容易受到性经历的影响。男性更经常替代性地分享别人的性经历,也更经常地在观看别人进行性活动时发生共鸣反应。他对于某种特定的性活动类型可能更有偏好,也可能对能引起性活动联想的东西更有反应。数据显示,在这些心理因素中,女性性行为受到影响的例子较少。

在所有心理因素中只有 3 种(电影、读爱情文学、被咬),其中女性受到的刺激和男性相同或更多。在所有 33 项心理因素中,有29 项对较多的男性有影响而对较少的女性有影响。在有些项目中,女性受到性激发的比例只是略低于男性的比例;但是在 12 项中,女性的比例还不到男性的一半。

在这些情况中还存在着很大的个体差异,而且有三分之一的女性也会像男性一样受到心理刺激的影响。有些个体差异的极端例子中,有2%到3%的女性会比任何男性都受到更多种心理因素的刺激,也比任何男性在这些心理因素中得到更强烈的刺激。她们的反应会更频繁,更经常达到性高潮。有少数女性非常频繁地在心理刺激中达到性高潮,而这种情况在男性中几乎从来不会发生。

女性和男性性反应上的很多差异早就为人所知,也有很多人给出了不同解释。有人认为这些差异取决于两性身体分布的感觉器官数量和位置的差异。有人认为这些差异是男女两性在性行为中角色不同而造成的。也有人认为这些差异跟男女两性在生殖中的作用不同有关。还有一种观点认为这些差异是由男女两性性器官的生理机能差异决定的。

但我们注意到,两性的性反应和性高潮的解剖学以及生理学机能上没有什么重要的差异可以导致性反应的不同。女性和男性对触觉刺激做出反应的能力没有不同,在达到性高潮的能力上也没有不同。在受到足够、持续的触觉刺激时,女性的反应速度也不会低于男性。我们没有理由认为女性和男性在性高潮的生理本质和从性高潮中得到的性满足这些方面有什么差异。但是两性确实在对心理因素的性刺激反应能力上存在着差异。

我们是否愿意接受这些数据表现的事实,决定了我们是否可能调节男女在性兴趣和性能力上的差异、是否可以在婚姻中达到性和谐、是否可以改变社会观念以接受男女两性的差异。

3.观察裸体时的差异

样本中超过一半(54%)的男性在看到裸体女性的照片和画像时会受到相当于看到真的女性时的性激发。很多男同性恋者在看到裸体男性图片时有类似的性激发。看到男性裸体或女性裸体而感受到性激发的女性要少得多(12%)。

看裸体图片的性反应

性反应	女性	男性
明显以及/或频繁	3%	18%
某种程度的反应	9%	36%
没有反应	88%	46%
个案数量	5698	4191

一般的女性很难理解为什么男性在看到裸体照片或肖像，而无法和画中的人发生明显性关系时也会受到性激发。另一方面，男性也无法理解为什么女性可以跟某个人保持满意的性关系，却无法在看到这个人，或类似这个人的裸体肖像时得到性激发。我们的记录中有的男性曾经通过给女性性伴侣看裸体照片和图画来激发她，而且大多数男性无法理解对方为什么没有被这些材料激发。当男性意识到妻子或女友不会对这种刺激有反应时往往会认为她已不再爱他，在看到他时也不会再有反应。男性不知道的是，对这种刺激缺乏反应并非是某一个女性的表现，而是所有女性的共同特征。

女性和男性这种在性反应中的区别可以在用于商业的裸体图片的发行量上找到明显的证据。这种图片卖得很好，不管是裸体绘画、照片、电影、人体艺术还是裸体杂志都销量极大。在几乎所有带插图的杂志中，正文和广告页总会出现裸体或近似裸体的形象。这些材料中有很多并不是有意要提供性刺激，有些甚至富有艺术价值或其他严肃的价值；但是所有这些材料都会对男性消费者产生性的刺激。

女性裸体的图片以及带有裸体或近似裸体女性形象的杂志主要是针对男性生产的。也有一些图片和杂志表现的是裸体男性的形象，但是这些也主要是针对男性消费者的。几乎没有任何男性或女性裸体形象是针对女性消费者而生产的。裸体图片和杂志的发行者深知裸体形象无法对女性造成性刺激，因此他们认为针对女性而生产这种图片是无利可图的。

在艺术作品中含有多种多样的性元素，但是最明显的是针对人体或人体部位的画作。这种作品要么表现了创作者对创作对象的性兴趣，要么会给观看作品的个体造成性刺激。

我们对于艺术中性元素的广泛研究表明，男性艺术家中有很大一部分人会进行人体绘画创作，既画女人体，也画男人体。在创作过程中艺术家的创作手法往往表现出对这些人体的性兴趣。即使画中不出现人体生殖器、不表现性行为，裸体本身就可以在作画的过程中激起画家的情欲，以后也会激起看画的男性的兴趣。根据我们咨询过的一些高水平的艺术家的说法，米开朗基罗、列奥纳多·达·芬奇的作品，拉菲尔的画，鲁本斯、罗丹、雷洛阿、马约尔等人的作品——还有许多其他艺术家的作品——是不带有这种性元素的。

当然，像埃及人那样以一种不带性意味的手法来描绘裸体是完全可能的；但是在所有表现裸体的欧美艺术中很难找到不带性意味的作品。目前我们仅发现不到6名画家经常画裸体而不表现性的内容。

尽管从事绘画的女性艺术家要大大少于同类的男性艺术家，在欧美艺术史上也有好几千人。但是在多年的搜寻中，我们只发现了8名从事人体绘画的女艺术家的作品含有性意味（据我们咨询过的男女两性高水平艺术家所说）。如果跟我们关于女性较少因看到裸体绘画而感到性激发的数据结合起来，就不难理解为什么女性艺术家自身不会对所描绘的裸体人物有性反应；这一点在她们完成的作品中表现得非常明显。需要注意的是，在所有8名创作具有性意味作品的女艺术家中，有7名只描绘女性人体。

很多男性异性恋者会因为观察女性的身体而感到性激发。样本中(被问及这个问题的女性有 617 名)只有较少的女性表示看到男性生殖器时会感到性激发。一半以上的人(52%)表示从来没有因为看到男性生殖器而感到性激发。

观察异性生殖器的性反应

性反应	女性	男性
明显以及/或频繁	21%	很多
某种程度的反应	27%	很多
没有反应	52%	很少
个案数量	6	17

很多女性对于有人会因为看到男性身体而受到性刺激感到惊讶。有些精神分析学家认为女性的消极反应可能是因为曾和男性有过不愉快的性经历,这也许是对的;但这种消极反应无疑更取决于这样一个事实:大多数女性不像男性那样容易被与性有关的物体激起心理反应。

样本显示,舞台、夜总会、色情表演以及其他展示女性裸体的商业演出几乎从来没有给展示自己的女性带来任何性刺激。尽管有些女性在表演中的身体运动使很多男性认为表演者受到了强烈的性激发,但是这些女性表演者的生理状况表明她们没有感受到性激发。大多数给我们提供性历史的这类女性,对于男性这么容易相信她们在这种表演中会感受到任何性的意义表示极大的不屑。

4.观看有性场景的电影等的性反应差异

在当前的商业电影中,对性场景的表现非常普遍,所以这种电影不管对女性还是男性而言,作为性激发的来源的意义已经远远不如以前大了,其影响也远远不如官方或非官方的监察员所想象的那样。当然,很多男性在家中独自观看恋爱场面、爱抚和亲吻的特写以及半裸的身体等场景时,或者和某个性伴侣一起观看这些场景时,还是有可能感受到性激发的。然而,在公开的放映场所中,观众似乎表面上对于这些性的场景更多的是消遣而不是得到性激发。不过观众们的声音反应、嘘声、口哨等等,可能表明他们是有冲动的,只是用相反的反应来掩饰而已。

我们样本中男性和女性对商业电影性反应的数据如下:

观看商业电影的性反应

性反应	女性	男性
明显以及/或频繁	9%	6%
某种程度的反应	39%	30%
没有反应	52%	64%
个案数量	5411	3231

这些数据表明,女性由电影受到的刺激比男性多一些。在样本中,这是为数不多的对女性影响大过男性的心理刺激来源之一。

有些电影提供的刺激来自它表现的浪漫行为,有些来自对某个人的表现。在很多例子中,性刺激是来自电影所营造的情感气氛,正如看到一片风景、读到一本书、跟某个人坐在一起时会产生某种情感反应,进而发展成性反应一样。有时电影中的性元素并不具有明显的性意义,但可以引起个体的条件反射。有时性激发是来自和个体一起去观看影片的同伴。

低俗表演多少总有给观众提供某种性刺激的意图,很大一部分去观看这些表演的人也总是期待在那里得到性激发。很多低俗表演的套路也经常被用于一般的夜总会色情表演。

大多数男性在低俗表演的入口处看到表演的广告时就会得到性激发,在很大程度上这种性激发来自他们对即将看到的场景的期待。样本中有很多男性(62%)在第一次或第二次观看这些表演时会感到性激发,但是在这之后再次观看时,就会觉得这些表演并不能带来什么刺激。这些男性中有一部分人会继续去观看这些表演,这说明即使表演不像前两次那样能给他们带来具体的满足,但还是会给他们带来某种一般的满足。有些人继续去看这些表演是被表演中的幽默因素所吸引,但在大部分例子里,男性继续去看这些表演是因为期待得到跟开始几次观看时同样的刺激。

样本中女性和男性对低俗表演或夜总会色情表演的反应具体数据如下:

观看低俗表演或色情表演的性反应

性反应	女性	男性
明显以及/或频繁	4%	28%
某种程度的反应	10%	34%
没有反应	86%	38%
个案数量	2550	3377

一二十年前去看低俗表演的观众几乎清一色是男性,今天观众中男女的人数趋于相等。但是很难解释为什么有那么多女性会去观看这些表演,因为在表演中感受到性激发的女性是非常少的。很明显,大多数女性去看低俗表演只是因为这是使她们感到好奇的社会活动,也是可以和男性同伴分享的活动。她们也可能在表演的幽默元素中找到了某种乐趣。只有极少女性去看这种表演是想从表演中的女性身上得到同性恋性质的刺激。

尽管各州的法律和联邦法律都禁止发行表现性行为的照片、绘画和电影,而且执法者也在努力执行这些法律,但是这些材料仍然在美国大量存在,可能在其他国家更多。用图像表现性行为的做法在历史各个时期、各种文明中都存在。这些表明,这种材料对于其消费者而言有着重要的意义。这些消费者大部分都是男性。

样本中几乎所有的男性都曾有过观看表现性行为的图像的

机会,而且大都会利用这种机会。大多数(77%)看过这种东西的男性都表示受到了性激发。样本中的女性较少有机会看见这些材料,或较少利用这种机会。只有三分之一(32%)的女性在观看这种材料的过程中感受到性激发。

观看低俗表演或色情表演的性反应

性反应	女性	男性
明显以及/或频繁	14%	42%
某种程度的反应	18%	35%
没有反应	68%	23%
个案数量	5698	4191

很多女性表示她们对于表现性行为的图像感到反感,认为它们不道德、不符合社会礼仪,也不具备美感。这通常表明女性对于礼节的重视;但是考虑到我们之前关于女性和男性对于心理刺激的不同反应的数据,这种现象可能更说明大多数女性对于这些材料的存在漠不关心甚至反感,是因为这些材料不能使她们得到性激发。

很多男性觉得很难理解女性为什么不会因为这种表现性行为的图像得到性激发。男性经常试图向妻子和女性性伴侣展示这些材料,以为这有助于在性接触前使女性得到性激发。妻子们常常不能理解,为什么在家中可以获得满意性关系的男性,会到表现性行为的图像中寻找性刺激。她们常常因为丈夫除了自己提供的性刺激外还想要额外的性刺激而感到痛苦,有不少妻子甚至觉得这是一种不忠。我们注意到,在婚姻关系中,有许多因为这种对丈夫使用其他性对象意见不一而导致的麻烦,有些妻子因为发现丈夫拥有表现性行为的照片或图画而要求离婚。

各地对于所谓淫秽物品的反对,以及各州、联邦以致国际上禁止这些物品流通的禁令往往是由女性制定的。这些女性既认为这些物品是道德败坏、不符合社会礼仪的,也无法理解它们对大多数男性和某些女性的意义。

5.观看性行为的反应差异

样本中,有很大一部分男性曾经观看其他人进行性活动而产生共鸣反应。样本中曾观看过其他人性行为的女性很少有人表示有过这种共鸣反应。她们大多数人要么会因为这种行为不当而感到不舒服,要么这种反应会十分冷淡。因此,从古罗马开始,性行为的展示经常会作为面向男性的商业活动出现,而几乎从未针对女性出现过,这并不完全是因为文化传统的关系。有很多男性因为觉得道德上无法接受而不去观看这种展示,但是他们承认假如自己去看,也会受到性激发。

有一种倾向是把这种女性和男性之间的差异解释为由文化传统造成的。有一种流传很广的观点认为,女性比男性更容易接受社会礼节,因为女性要比男性更有道德。然而这种女性和男性在共鸣反应上的差异,在其他哺乳动物中也能发现。几乎所有人以外的雄性哺乳动物,在看到其他动物进行性活动时会得到性激发。对于这一点,农民、饲养员、研究实验室动物的学者都是相当清楚的。这些哺乳动物中的雌性较少在看到其他动物进行性活动时得到性激发。这些数据表明,女性比男性更容易接受社会礼节,实际上是因为她们没有大多数男性那么容易受到心理刺激,也没有大多数男性那么容易发生共鸣反应。

很多人类男性和一些女性看见其他动物交媾时会发生共鸣反应。具体的数据显示,样本中32%的男性有这样的反应。有些女性(16%)也会因为看到其他动物的性活动得到性激发。

观看动物交媾的性反应

性反应	女性	男性
明显以及/或频繁	5%	11%
某种程度的反应	11%	21%
没有反应	84%	68%
个案数量	5250	4082

很少有男性异性恋者会放弃观看女性裸体或者异性性活动的机会,特别是可以偷偷地看,不用害怕因行为被发现而丢脸时更是如此。对很多男性而言,观看女性脱衣比观看女性完全赤裸能得到更多的性刺激,因为脱衣的行动暗示着接下来可能看到的东西。因此,有很多不惜违犯法律的偷窥者,有在美国一度流行、现在在其他地方仍然流行的偷窥秀,大多数男性一生总有过一些秘密的偷窥行为,透过自家的窗户偷窥、透过旅馆的窗户偷窥、只要有机会就会有偷窥的行为。我们的数据还不足以确定到底有多大比例的男性有过偷窥的行为,但这一比例有可能是很高的。

偷窥者所看到的东西对其而言具有多大的性意义,取决于偷窥者受到心理刺激的能力。但是,无论在我们的研究中、其他人的研究中以及医学和心理治疗文献中都很少能发现女性偷窥者的例子。当然有些女性肯定也会有偷窥的行为,有些在偷窥过程中还会得到性刺激,但是这种行为在女性中无疑是非常罕见的。

样本中有很多男性(40%)倾向于在有光亮的环境下进行性活动。比较少(19%)的女性喜欢在有光亮的环境下发生性关系。这种现象通常被用来说明女性比较含蓄,但是这种现象其实是因为男性会因为看见性伴侣等而受到刺激。我们已经分析过,女性不太有兴趣观察性伴侣。

对光亮或黑暗的偏好

偏好	对自己偏好的描述		对自己偏好的描述	
	女性	男性	女性配偶	男性配偶
明显偏好光亮	8%	21%	11%	21%
喜欢有一点光	11%	19%	13%	10%
喜欢黑暗	55%	35%	58%	34%
没有偏向	26%	25%	18%	35%
个案数量	2042	798	662	1633

人类学数据显示,在进行性行为时处于光亮中还是黑暗中这一点,在不同的文明群体中有不同的风俗,我们的文明中也有着决定这种行为的文化传统;但是这并不能解释为什么在同一种文化中,男性比女性在性活动中更偏好有光亮。这种偏好再一次说明了男性更容易因为过去的经历而发生条件反射。

6.性幻想、性梦和性行为走神方面的差异

几乎所有的男性,只要不是纯粹的同性恋者,都会因为想到某个女性,或女性这个概念而得到性激发。在教育程度较低的男性中很少有人因为这种幻想得到性激发,较年长的男性有时也会失去被幻想激发的能力,而且纯粹的男同性恋者也许不会由关于女性的幻想而得到性激发。但是我们样本中大多数男性(84%)表示,他们至少在某些时候、某些情况下会因为想象和女性的性关系——曾经同女性有过,或者可能会与女性发生的性关系——而得到性激发。在男性所有的心理刺激中,这种性刺激也许是出现得最频繁的。

大约有 69%的女性表示她们曾经有过关于男性的性幻想,而

大约有三分之一(31%)的女性表示她们从来没有因为幻想男性或与男性发生性关系而得到性激发,甚至在想到丈夫或男友时也没有这种反应。大多数不会因幻想男性而得到性激发的女性都是异性恋,而且与男性有着频繁的、能在其中达到性高潮的性关系;有些在身体关系上反应非常强烈的女性也完全不会因为对男性的幻想而得到性激发。

关于女性和男性的这些差异具体数据如下:

对异性的幻想

性反应	女性	男性
明显以及/或频繁	22%	37%
某种程度的反应	47%	47%
没有反应	31%	16%
个案数量	5772	4214

女性和男性间的这些差异与此有关:有更多的男性寻求明显的性经历,而较少有女性寻求这样的性经历。这种差异也可以解释为什么男性通常在性关系开始前,或与女性性伴侣开始身体接触前就会得到强烈的性激发。这些差异也可以解释男性对频繁性接触的渴望以及不能忍受没有定期性接触的生活,以及无法得到寻求的性接触时的苦恼。这种差异还可以解释为什么女性无法理解丈夫会因为性生活的频率稍稍降低而感到痛苦,或者会因为家务、社会活动等原因放弃性生活时感到如此苦恼。

很多丈夫同样很难理解为什么他们的妻子在期待一次性关系时不会像自己一样得到性激发,而且他们也不知道她们在进行性活动前会需要全身的刺激。男性常常认为,女性在性关系开始时对性的兴趣不那么大,是她们对自己不再有感情的表现。假如丈夫更理解他们的妻子的反应代表的是全体女性的典型特征,假如妻子更理解丈夫表现出来的性兴趣实际上是大多数男性的典型特征,那么夫妻双方之间的性和谐就会容易得多。

男同性恋者在对其他男性或与其他男性发生性关系的幻想中得到的性激发几乎和男性异性恋者对女性的幻想同样频繁。这种性幻想在女同性恋中没有那么频繁,但出现的频率(74%)跟女异性恋者对男性的性幻想持平或更高。

对同性的幻想

性反应	女性
明显以及/或频繁	28%
某种程度的反应	46%
没有反应	26%
个案数量	194

大约有 89% 的男性曾在自慰中使用性幻想作为性刺激的来源。其中有 72% 的人总是在自慰时有性幻想。这种幻想通常是围绕着男性曾经有过的性经历、将来希望发生的性经历,或者某种他不会真正想要发生,但假如法律和社会习俗允许的话,会得到性满足的经历。在不少例子中男性会在自慰时想象很复杂的虚构场景。有很多男性,特别是受教育程度较高的男性,会使用色情图片、自己画色情图片、读色情文学、自己写色情故事等作为自慰中的刺激来源。样本中大约 56% 的男性表示,他们在自慰中至少是偶尔会观察自己的身体。这一点在男性同性恋中更为明显,但是在很多没有其他任何同性恋倾向的男性中间也会有这种情况。这些观察过自己身体的男性都会觉得这是一种性刺激来源。有很多男性非常依赖自慰中的心理刺激,因此很多中老年男性在自慰中如果没有性幻想就无法得到高潮。

自慰中的性幻想

性反应	女性	男性
明显以及/或频繁	50%	72%
某种程度的反应	14%	17%
没有反应	36%	11%
个案数量	2475	2815

　　数据显示,样本中曾有过自慰经历的女性中有 64%的人在自慰时会有性幻想,而有 50%的人在一生中有某段时间有经常的性幻想。我们还没有女性使用色情书籍和色情图片作为自慰中性刺激来源的例子。

　　几乎所有男性都有过性梦,而且从中得到性刺激。而总的来说可能有 75%的女性有过这种性梦。

　　从我们的样本判断,大约有 83%的男性(累计发生率)有过足以刺激他们达到性高潮的性梦。而女性对应的数值是 37%。

　　男性和女性在性梦频率上的差异也是类似的。在有过性梦的男性中(活跃样本),在较年轻的男性中性梦发生的中值平均频率是每年 10 次左右,而在较年长的人群中为每年 5 次左右。在有过性梦的女性中,足以达到性高潮的性梦的平均频率(中值)是每年 3 到 4 次。其中有 25%的女性在一生中只有过 1 到 6 次达到性高潮的性梦。这种差异,同样也是由心理刺激对一般男性和一般女性重要性的不同造成的。

　　在性行为中女性要有有效的性反应, 需要持续的身体刺激。如果这种刺激被打断,性高潮就会被推迟,主要是由于女性在这段不活跃的时期内会回到正常的生理状态。这可能是因为女性得到的心理刺激不足以产生性激发,以在没有身体刺激时保持激发状态。男性可以在身体活动被打断的情况下保持一段时间勃起状态,或者其他形式的性激发表现,这主要是因为他在这段时间内可以继续受到心理刺激而保持性激发状态。

　　同样,因为男性在性活动中受到心理刺激更强烈,他就不像女性那么容易在性活动中走神。女性在性活动中会因各种情况而走神,如婴儿的啼哭、孩子走进房间、门铃响起、想起了睡觉前该完成的家务、听到音乐、有人跟她说话、闻到食物香气、有抽烟的欲望或者其他种种和性活动无关的东西。男性有时会造成这些跟谈话、香烟、音乐等有关的干扰,但男性更愚蠢的错误是,他常常因为不了解女性性反应的来源跟自己不同而造成女性在性活动中的走神。

　　男性都会抱怨说他们的女性性伴侣在性活动中"不专心"。这种评价是不正确的，因为女性这种表现只是因为那些对男性很重要的心理刺激对女性完全没有作用。这种男女差异几百年来一直是为人所知的，在古典文献和东方文献中也一再提到。在最古老和最现代的色情艺术中，女性都常被表现成在性行为中读书、吃东西或进行其他活动；然而没有任何艺术家会描绘男性在性行为中进行额外活动的场景。

　　对于女性和男性间的这种差异可以有种种不同的解释。很多人同样从文化影响方面来说明这种现象。但是这种差异一定包括某些基本的生理因素，因为至少有一些人类以外的哺乳动物也表现出了同样的差异。在老鼠交配的过程中撒下一些奶酪，可以转移雌性的注意力，对雄性却没有影响。同样，老鼠交配时有另外的老鼠跑过也只对雌鼠有影响，而对雄鼠没有。当交配过程受到干扰时，母牛会感到不舒服，而公牛通常会继续交配。如果说这些现象是由动物两性的"性动力"造成的，并不能说明什么问题。两性之间的这种差异可能有更基本的神经学解释。

7.在文学作品刺激方面的差异

　　读小说、散文、诗歌或其他的文学作品得到的性刺激可能是来自作品的情感内容、某种罗曼蒂克的素材、带有性意味的词汇（特别是俗语）或者对性活动较具体的描写。读者因此替代性地分享书中人物的经历。对此类文学作品的反应可以用来衡量读者从心理因素中得到性激发的能力。

女性和男性的反应如下:

阅读文学作品的性反应

性反应	女性	男性
明显以及/或频繁	16%	21%
某种程度的反应	44%	38%
没有反应	40%	41%
个案数量	5699	3952

很明显,样本中的女性和男性在阅读文学作品时得到性激发的人数差不多。样本中对文学作品有性反应的女性人数是对表现性行为的图片有反应的人数的两倍,是对表现裸体的图片有反应的人数的 5 倍。我们并不清楚是什么导致了这种不同。对于这一点有不同的心理分析解释,但是考虑到在女性和男性之间可能存在着根本的神经生理差异,我们还不能根据手头的数据轻易对这一问题做出解释。

样本中几乎所有男性,甚至包括最小的青春期少年都听过有意刺激性欲的故事。这种刺激通常是通过对性行为的描述实现的。大约有一半(47%)的男性表示,他们至少是偶尔会从这种故事中得到性激发。教育程度不同的男性的反应有所不同。大多数受教育程度较高的男性是有反应的,而受教育程度较低的男性较少从这种刺激中得到性激发。全部样本中大约有 53%的男性表示是会从这些故事中得到性激发的。

样本中大约有 95%的女性曾经听到或读到过有意激起性反应的故事,但是只有 14%的人回忆说,从这些故事中得到过性激发。具体数据如下:

被色情故事刺激的性反应

性反应	女性	男性
明显以及/或频繁	2%	16%
某种程度的反应	12%	31%
没有反应	86%	53%
个案数量	5523	4202

　　值得注意的是,听过色情故事的女性中有 86% 的人从来没有在其中得到过任何性激发。有些女性会对这些故事很反感,她们不会从这些故事中感受到性激发,这说明她们可能接受了普遍的观点,认为这些故事是不体面、不道德的,而这种观点导致了一种拒斥的态度。另一方面,有很大一部分女性很喜欢听这种故事,这可能是因为受到这些故事特有的幽默元素的吸引。虽然我们还没有足够的数据来证明,但是可能在美国,这种故事当前在女性中越来越多地被接受了。禁止在女性面前讲这种故事的老传统在 20 年前已经被打破了。既然这种故事已经被很多女性广泛接受,只有这么少的女性在这种故事中得到性激发这一点就更值得注意。

　　我们称作色情的东西,实际上是以造成读者或观者性激发为主要或唯一目的的文字和绘画。在其他文学作品和艺术作品中也会含有性的元素;但是在很多研究者的观点中以及各种法庭判决中,这些文学和艺术作品不属于色情作品是因为它们是以文学或艺术价值为首要目标的,性元素只是次要的、为了实现首要目标而采取的手段。

　　用各种现代语言创作的色情作品数不胜数。用欧洲各国语言印刷的这类材料就有几千种之多,东方文学和其他文学中更是充斥着这种材料。同样地,在世界各地都有一些比较有才华的艺术家创作出无数的色情绘画,表现性行为的业余画作就更多了。

　　但是这么多色情产品中,极少能找到女性的作品。在公开出版的材料中,可能仅有两三种色情作品是出自女性之手。确实有很多色情作品宣称是女性作品,内容也是女性对自己个人经历的叙述。但是很多情况下会发现作者其实是男性,而且作品的内容也表现出某种男性作者的内在特征。我们的数据表明,女性对这些内容是不感兴趣的。这种文学中的女性会赞颂男性生殖器和男性的性能力,作品还会极力刻画女性在性活动中的性反应以及贪得无厌的性欲望。所有这些其实表现的是大多数男性希望女性成为的形象。这些形象很明显代表了男性在一般女性对心理刺激的性反应能力方面的错误理解。这些因素的出现是因为它们对于男性作者而言具有很重要的性意义，而且对于消费这些作品的公众——几乎都是男性读者——而言也具有重要的性意义。

在我们看到的成千上万种没有公开出版、由业余作者创作的色情文学中，只有三部手稿是女性所写而具有通常男性作者笔下才有的那些性元素。同样，在我们看到的成千上万幅色情绘画中，不管是成名画家的作品，还是业余的、没有什么艺术性的画作，只有五六幅是出自女性之手。

女性会创作另外一些我们称作情欲文学或情欲绘画的作品；但这些作品中含有更多的情感状态、感情联系和爱情。这些元素不会在男性身上激起特别的性反应，但是我们发现它们会激起女性可观的性反应。

8.在性涂鸦和性谈话方面的差异

在楼房、乡间小道、公厕和其他地方的墙上涂鸦(inscription，字面意思就是"写")是一种由来已久的现象。在男性的涂鸦中有很大一部分是跟性有关，而且是以激起涂鸦者和观看者的性激发为目的的。

很少有女性在墙上涂鸦。即使她们这样做，内容也很少是和性有关的，而即使跟性有关的涂鸦也很少是以激起涂鸦者或观看者的性激发为目的的。

在参考其他人统计数据的基础上，我们从公厕里收集了几百种涂鸦的例子，试图包括各种类型的涂鸦——与性有关或无关的、异性恋或同性恋的等。

和性有关的涂鸦的发生率

性反应	女性	男性
明显以及/或频繁	50%	58%
某种程度的反应	25%	86%
没有反应	94	259
个案数量	331	1048

　　男性公厕中有很高比例的涂鸦是含有性意味的。这些性的材料包括图画、单词、词组或更长篇的文字。

　　女性公厕中只有不到 25% 的涂鸦跟上述内容有关。大多数女性涂鸦内容是爱情、某些相关的名字（"约翰和玛丽""海伦和唐"等）、口红印或心形图案；这些涂鸦中很少有性形象、性活动或性俗语的。

　　女性不经常在墙上涂鸦，更不经常进行有性意味的涂鸦，也是因为她们更多地考虑到道德规范和社会规范。但是，既然我们前面的数据表明女性不会从那些对男性而言非常重要的心理刺激中得到性激发，不会因为观看性行为、观看表现性行为的图片、进行跟性行为有关的性幻想而得到性激发，我们可以比较肯定地说，女性没有兴趣在墙上涂鸦主要是因为这种行为对她们而言不具有什么性意义。男性通常在涂鸦中得到性满足，而且在期待自己的涂鸦对别的男性产生性激发时会得到更大的满足感。

　　要注意的是，男厕墙上的涂鸦对男性身体及其功能的表现比对女性身体的表现要多。这种现象乍一看是有同性恋意义的，但是我们并不接受这种解释。当然也有可能男同性恋者比男异性恋者更喜欢在墙上涂鸦。男同性恋者更喜欢涂鸦是因为他们在其中更能得到性激发，因为他们更期待其他男性看到自己的涂鸦而有反应。男异性恋者没有这样的诱因是因为他们清楚没有女性会看到这些涂鸦。但是我们倾向于认为有很多表现男性身体的解剖结构和男性性功能的涂鸦是由没有明显的同性恋反应、没有明显的同性恋行为的男性完成的。这些男性也有可能对男性身体解剖结构和男性性功能在异性性活动中的作用感兴趣。

　　不管涂鸦者有意识的动机是什么,墙上涂鸦都表现了男性和女性被压抑的性欲望的本质。这些涂鸦表现的大都是真正的性经历中不太会出现的活动。这就意味着制造和观看这些涂鸦的男性都在表现他们没有被满足的欲望。涂鸦的内容实际上是他们想在现实中经历的东西。通常涂鸦都是匿名的。这些涂鸦常常涂写在隐秘或偏僻的地方。很多涂鸦的男性都不会在可能被认出的地方公开表达他们的性兴趣。女性和男性在涂鸦上的差异也表现了两性最基本的性方面的差异。

9.在施虐—受虐、恋物癖、异装癖方面的差异

　　有些人想到关于酷刑、鞭打、折磨等场景或其他引起痛苦的行为时会感到性激发。有更多的人在想到这些施虐—受虐场景时感到情感上的不适,而且觉得这种不适与性无关;我们认为很难判断这种情感的不适,甚至是具体的施虐—受虐行为中到底有多少性的因素。

　　男性中对施虐—受虐场景有反应的人的比例较高。

施虐—受虐故事的刺激

性反应	女性	男性
明显以及/或频繁	3%	10%
某种程度的反应	9%	12%
没有反应	88%	78%
个案数量	2880	1016

　　较少女性、较多男性对施虐—受虐场景有反应,因为对这种故事的反应要依赖性幻想。实际上有同样多的女性和男性在被咬

或参与其他更具体的施虐—受虐行为时有性反应,因此,这进一步表明了两性在心理反应上的差异。

很可能如果女性或者男性想象自己处于某种施虐—受虐场景中时会更容易对这种场景产生性反应。我们样本中有很多例对施虐—受虐反应的发展就是这样开始的。

很难知道个体受到伤害时得到的反应有多少是由身体刺激造成、有多少是由心理条件反射,对于性现象和施虐—受虐现象的联想、在服从性伴侣的过程中得到的满足等造成的。同样也很难确定在施虐—受虐场景中表现出的身体和情感反应有多少是性意味的,有多少是其他类型的。

在异性爱抚和性行为中,在同性性关系中,最常见的施虐—受虐反应出现在对性伴侣身体各个部位的轻咬上。这种行为在其他哺乳动物中也很普遍,但在人类中的普遍程度更是超出大多数人的想象。由这种咬的行为导致的明显性反应在我们样本的男女两性中发生的次数是相等的。

被咬的反应

性反应	女性	男性
明显以及/或频繁	26%	26%
某种程度的反应	29%	24%
没有反应	45%	50%
个案数量	2200	567

因被咬而得到性激发的男性是因施虐—受虐故事而得到性激发男性人数的两倍。因被咬而得到性激发的女性是因施虐—受虐故事而得到性激发的女性人数的 4 倍多。这组数据同样表明男性既可以被身体刺激造成性激发,又可以被心理刺激造成性激发,而有较多的女性只能由身体刺激造成性激发。

我们已经提到,几乎所有的男异性恋者当看到女性身体或身体某些部分时会感受到性激发。当带来性反应的身体部位是远离生殖器的部位时，例如头发、脚、手指等，我们通常称其为恋物癖。但这种概念是很模糊的，因为所有这些反应都只不过是来自联想引起的条件反射，而且很难在一般男性看到女性器官的性反应和看到女性其他部位的性反应之间划出明确的界线。这些对于不同对象的性反应或多或少都跟个体以前的性经历有关。

当个体对某些完全和性伴侣身体脱离的对象有性反应时，如衣物（特别是内衣）、长袜、吊袜带、鞋、家具、某种布料或更不相干的物品，这种恋物癖的性质似乎更加明显。但是在任何情况下，它还是跟其他各种性反应一样，取决于个体的心理条件反射。

在总人口中有不少人只对或主要是对与性伴侣、与性伴侣进行的明显性行为无关的物品产生性反应。其中典型的是对高跟鞋、靴子、胸衣、紧身衣、长手套、鞭子或其他暗示施虐—受虐关系的物品的反应，这些也都可能跟个体以前的性活动有关。

以前一直认为恋物癖通常是只在男性中才会出现的现象，而我们的数据也证实了这一点。我们只发现了两三例女性经常、明显地对跟性活动没有直接联系的物品有性反应。在我们的样本中看到赤裸或不赤裸的男性身体部位而得到性激发的女性是非常有限的。这样我们就可以设想，对于那些跟性伴侣的联系更不紧密的物品，女性不会从中得到什么性激发。看来可以确定，女性和男性在恋物癖的发生率上的差异，是因为男性更容易产生由自己的性经历或者跟性经历有关的物品引起的条件反射。

喜欢穿异性的服装并希望社会将自己作为异性看待的个体被称作异装癖（transvestite，trans 意为变换，vesta 意为服装）。但是我们应该强调，易装癖并不只是服装的变换。在假面舞会或舞台表演中穿着异性的服装不应被视作易装癖，因为易装癖要包括对社会接受自己成为异性的期待。

真正的易装癖现象包括很多不同的情况，有很多不同的起源。有些人是永久的易装癖，在工作场所和家中，从早到晚、一年四季都喜欢打扮成异性。另一些人只是部分的易装癖，只是在某些场合下，如家中、晚上、周末等会改变自己的性角色。

这种现象在心理上可以归结为个体受到异性的吸引。例如，一个男性个体可能因为太受女性吸引而希望永远成为女性。他既想和女性发生性关系又想永远和她们生活在一起，作为另一个女性和她们生活在一起。有时邻居们认为两个女性生活在一起的例子实际上在性关系上是异性恋的关系。

有时易装癖是因为个体对自己本身性别的强烈反感。在这种情况下，他或她既可能被异性吸引，也有可能不会被异性吸引。如果被吸引，男性个体会有异性恋的关系；但也可能因为他将女性过于理想化而不愿意与之发生性关系，而因为他不喜欢自己的同性，当然也不会与之发生性关系，因此这样的个体不会有任何与他人的性接触。

有些心理医生会认为所有的易装癖者都是同性恋者，但这是错误的。易装癖和同性恋是完全不同的两种现象，而且只有一小部分的易装癖者是同性恋者。这种误解有时会导致悲剧。有些心理医生会鼓励那些完全不想与同性有任何关系的易装癖者接受自己的"同性恋"本质而与同性发生明显性关系来解决自己的心理冲突。

另一方面，有些男性是易装癖并且希望作为异性被接受确实是因为他是同性恋。因为他想吸引自己的同性，又担心自己如果不具有某种女性特质就不能吸引他们。

在不少易装癖的例子里，还包括对异性服饰的恋物癖。在这种例子中，使用异性服饰作为性激发来源可能不是因为个体以前的性经历，不管这个个体是异性恋者还是同性恋者。

有很多易装癖跟施虐—受虐狂有关。受虐狂的男性会希望被当作女性，是因为想如同女性一样被男性征服。

很明显，易装癖很大程度上取决于个体发生心理条件反射的能力。实际上这是最能表现心理条件反射力量的现象之一。因此，注意到很大一部分易装癖者解剖结构上是男性、希望成为被社会作为女性而认同的个体，是很重要的。在这一点上，我们还无法提供具体的百分比。我们曾试图收集活跃样本以确保可以大致估计出美国易装癖者的人数，但是我们发现希望被认为是女性的男性与希望被认为是男性的女性的比例大约是 100:3 至 100:6 之间。这种现象有趣之处在于，女性常常会在家中、田里、工厂等处劳作时穿上男性的衣服；而我们没有任何证据表明这些女性希望被社会作为异性认同，而这些女性改变服装跟易装癖完全无关。而男性除非是易装癖，一般是不会穿着女性服饰的。

易装癖再一次有力证明男性比女性更容易因心理刺激而发生条件反射。希望被认作女性的男性，实际上在条件反射的能力这方面是很典型的男性。

10.在性活动中社会因素方面的差异

女性的性活动往往是不连续的。在两次性活动之间女性可以几星期、几个月甚至几年不进行性活动。这种情况无论是在女性的自慰、达到高潮的性梦、婚前爱抚、婚前性行为、婚外性行为或同性性经历中都是如此。对于女性总体性发泄的情况而言也是如此。有些女性可能在一段时间之内有高频率的性发泄，而接下来几星期、几个月或几年几乎没有或完全没有任何性发泄。但是当女性经历了短暂的不活跃期后，高频率的发泄又会重新出现。总体性发泄的不延续性在男性的性经历中几乎是不会出现的。

这些性活动延续性上的差异可能由不同原因造成。可能部分是因为女性和男性对心理刺激的反应不同。男性很容易因为想到

以往的性经历、期待新的性经历的机会、由各种日常事务联想到
性经历而受到刺激，一般的年轻男性往往会由此得到性激发。一
般的女性不会这么经常得到性激发。有时男性的性激发可能会很
温和，但有时会导致勃起和强烈的生理反应。几乎所有的年轻男
性都会有达到勃起程度的性反应，有时一天会有几次这样的反
应。而女性可以几天、几星期或几个月在不直接与性伴侣发生身
体接触时根本不受到任何性激发。大多数男性，特别是年轻男性，
因为这种持续的性激发常常感到不适，除非立刻将这种性反应发
展成性高潮。尽管有一些女性可能有同样的不适感，但大部分女
性即使没有经常的性发泄也不会有这么强烈的不适感。很多婚姻
问题都是由这种对于两性性发泄需求不同的误解而产生的。这也
是很多性以外的社会问题的原因。在制定跟性有关的法律时，在
考虑女犯人和男犯人不同的性需求时，在考虑男性和女性对于非
婚性发泄途径的需要时，以及在各种各样其他的社会问题中，我
们如果不理解这种两性在性需求方面的明显差异，就无法真正解
决问题。

　　在所有地方、所有人群中，男性都比女性更倾向于跟不同性
伴侣发生性关系。有人指出，女性比男性更忠于一个单一的性伴
侣，是因为她们在维持家庭和照顾孩子方面比男性有更强的责任
感，也更喜欢考虑性行为的道德意义。但这些特征可能只是因为
女性没有一般的男性对多伴侣性行为的兴趣大而已。

　　我们认为男性中多伴侣性行为现象较多的情况是因为在男
性身上有很多女性没有的心理功能。我们已经讨论过其中的几
种。男性会因为看到潜在的性伴侣而得到性激发，而女性大多不
会；男性会因为以往性经历造成的条件反射而得到性激发，而大
多数女性不会；男性会因为期待新的性关系、新的性伴侣、在新的
性关系中可能得到的新的性满足、尝试新的性技巧的机会、重温
以前得到过的性满足的新机会而得到性激发。不管是在异性恋还

是同性恋关系中,男性这样做的原因往往是由于期待在性接触中运用新的性技巧、期待看到新的性伴侣的身体反应。所有这些因素对于一般的女性而言都没有太大的重要性。

男性多伴侣性行为的现象常常是因为在追求和得到新的性伴侣中的满足。某些男异性恋者和较多的男同性恋者通常只跟任何一个性伴侣发生一次性关系。而一旦在同某个性伴侣的关系中表现了自己的能力,男性通常会转而寻求新的性伴侣。

男性更倾向于多伴侣性行为这一点在男性的爱抚、婚前性行为、婚外性行为、同性性关系中都有表现。在所有这些性关系中,很少有女性像男性一样拥有那么多的性伴侣。

性伴侣数量

性伴侣数量	婚前爱抚		婚前性行为		同性性接触	
	女性	男性	女性	男性	女性	男性
	百分比		百分比		百分比	
1	10	6	53	27	51	35
2~5	32	20	34	33	38	35
6~10	23	16	7	17	7	8
11~20	16	21	4	3	6	
21~30	8	10	1	4	–	2
31~50	6	11	–	3	–	3
51~100	4	8		4		3
101 以上	1	8		1		8
个案数量	2415	1237	1220	906	591	1402

有人认为男性能被任何女性,甚至是生理、心理和审美上都没有任何吸引力的低级妓女激发性欲,是因为他们不像女性在得到满足的性关系方面这么依赖心理因素。其实恰恰相反,男性对任何女性都有反应正是心理条件反射的结果,而不是直接的身体或生理方面刺激的结果。从男性心理反应的角度来看,男性往往

并不只是在跟面前的性伴侣有性行为，而是跟所有有过性关系的的女性有性行为，或者不如说，是在和他想与之有关系的整个"女性"发生性行为。

我们的数据显示，一般的女性结婚是为了建立家庭、与单一的配偶建立长期的情感关系，以及养育后代。很多男性承认这些也是他们想从婚姻中得到的东西，但是大多数男性结婚时都同时期待能和妻子有经常的性活动。男性有时会接受不完全具备女性所要求的因素的那种婚姻，但是大多数男性都不会情愿接受没有性行为的婚姻。

反过来说，当婚姻不能满足男性的性需求时，他更倾向于认为婚姻不能使自己满意，并会比女性更容易结束婚姻关系。还没有足够的统计数据在证明这一点，但是我们和一些女性及男性个体讨论过他们结婚的原因以及维持婚姻的原因。

将这种男女两性对待婚姻态度的不同归结为内在的道德差异太过于简单化了，认为这些差异只是因为女性在生儿育女和繁衍种族的过程中更加重要也是不够的。这些解释虽然都有道理，但是两性在婚姻态度上的差异主要是因为男性条件反射的能力更强，因此会比女性更需要定期、频繁的性发泄。

我们发现受教育程度对于男性的性行为模式有着极大影响。例如，最终进入大学的男性在婚前性发泄中较多使用自慰而不是进行婚前性行为。而只有小学或初中水平的男性婚前通过自慰实现性发泄的比例只有前者的一半，而婚前性行为的比例则是前者的五倍。同样，亲吻的习惯、身体抚摸、性行为姿势、性行为时的裸露程度、非性活动时对裸体的接受程度以及许多其他方面的性行为都会跟自己同一社会群体中的男性一致。这种差异并不是由学校中学到的东西导致的，因为教育程度不一样的男性在小学和中学可能会在同一所学校上学，而他们的性行为模式是在十四五岁、进入大学之前就固定了的。这种性行为模式上的差异取决于个体所处的社会阶层对性的态度。这就意味着，男性个体会受到自己生长于其中的社会群体，或自己的教育程度会让其进入的社会群体引发的心理条件反射。

我们发现在跟各种性活动相关的性行为方式在女性中很少受到教育程度的影响。在女性的婚前爱抚、婚前性行为、婚外性行为和总体性发泄各方面确实有一些因素跟受教育程度有关。但是我们发现比较明显的差异其实是源于这样一个事实：女性结婚的年龄跟受教育程度是相关的。当我们将结婚年龄接近的女性放在一起比较时，会发现婚前性活动的模式中各种发生率和频率几乎是一样的，不管这个女性属于什么教育水平。这就意味着，女性不像男性那样容易因为自己所处的社会群体而发生条件反射。

此外，进入青春期年龄的差异以及城乡背景的差异对女性性行为模式的影响也没有对男性那么大。

对样本中的男性和女性而言，宗教虔诚程度跟性行为各种模式的发生率都有一定的联系。宗教虔诚程度会阻止女性或男性进行某种性活动。而且除了婚姻性行为，几乎所有的性活动类型在宗教较虔诚的女性和男性中都要低于宗教不太虔诚的女性和男性。

但是，宗教虔诚程度只在男性个体开始某种不符合道德标准的性活动时仍然起作用。这些活动在宗教较虔诚的男性身上发生的频率要低于在不虔诚的男性中的频率；但是在所有进行不符合道德标准的性活动的女性中，活动的平均比例在虔诚的人和不虔诚的人之间是一样的。这在自慰、达到高潮的性梦、婚前爱抚、婚前性行为和同性性接触中都是如此。尽管宗教背景使很多女性和男性都不能或推迟进行某些性活动，但是一旦这些性活动发生，宗教背景对女性就几乎没有什么影响了。

金赛年表

1894 年

　　6 月 23 日　阿尔弗雷德·金赛出生于美国新泽西州霍波肯市。

1914—1916 年

　　在鲍登学院学习生物学和心理学。

1919 年

　　9 月　获哈佛大学授予的生物学博士学位。

1920 年

　　在美国自然博物馆的赞助下出版数篇关于五倍子蜂的论文。

　　8 月　在印第安纳大学动物学系任教。

1921 年

　　6 月　同克拉拉·麦克米兰(印第安纳大学化学系学生)结婚。

1923 年

　　第一个孩子丹诞生。

1924 年

　　第二个孩子安妮诞生。

1925 年

　　第三个孩子乔安诞生。

1926 年

　　10 月《生物学入门》出版。

1927 年

丹因病去世。

1928 年

第四个孩子布鲁斯诞生。

1929 年

晋升为正教授。

1930 年

关于五倍子蜂来源的专著出版。

1937 年

成为研究墨西哥和中美洲黄蜂的主要权威，被《美国科学家》列为杰出的科学家之一。

1938 年

印第安纳大学应女学生协会之请，安排金赛给那些已婚和即将结婚的学生开设一门性方面的课程。

7 月,金赛开始获取第一位个案的性历史。

1940 年

对芝加哥和印第安纳波里斯的不同社会阶层进行了广泛的个案访谈调查。

1941 年

金赛获得洛克菲勒基金会医学部第一批资助基金。

1947 年

金赛性调查的个案已达 12000 多人。

发起成立性调查研究所，其目的是明确调查访谈记录的所有权，确保访谈记录的秘密不受侵犯，以及保护即将出版的著作版税所有权。

1948 年

《人类男性性行为》出版,立即在社会公众中产生巨大反响。

1953 年

《人类女性性行为》出版,产生同样巨大,甚至在某种程度上说是更加巨大的反响。"金赛报告"家喻户晓，金赛的名字成了性研究的同义词。

8月24日　金赛成为《时代》杂志的封面人物。

1954年

洛克菲勒基金会停止对金赛研究的赞助。

1956年

8月25日　因心脏病发作去世。